萬有漢字

《說文解字》部首解讀（修訂本）

何大齊 著

生活·讀書·新知 三聯書店

圖書在版編目（CIP）數據

萬有漢字：《說文解字》部首解讀 / 何大齊著. 修訂本. — 北京：生活・讀書・新知三聯書店，2024. 8. — ISBN 978-7-108-07878-0

Ⅰ. H161

中國國家版本館 CIP 數據核字第 2024129TT2 號

責任編輯　曾　誠　鍾　韻
裝幀設計　何　浩
責任校對　張國榮
責任印制　盧　嶽
出版發行　生活・讀書・新知三聯書店
（北京市東城區美術館東街 22 號　100010）
網　　址　www.sdxjpc.com
經　　銷　新華書店
印　　刷　北京隆昌偉業印刷有限公司
版　　次　2018 年 9 月北京第 1 版
2024 年 8 月北京第 2 版
2024 年 8 月北京第 1 次印刷
開　　本　635 毫米 × 965 毫米　1/16　印張 36
字　　數　34 千字　圖 441 幅
印　　數　0,001-4,000 冊
定　　價　120.00 元
（印裝查詢：01064002715；郵購查詢：01084010542）

給墨塵、墨池

目録

前言

漢字是一個宏大的代表音節的表意文字系統。中國第一部同時也是對後世影響最深遠的字書是東漢人許慎所著的《說文解字》，許慎之子許沖在給皇帝的上書中自豪地介紹這部書，『天地鬼神、山川草木、鳥獸昆蟲、雜物奇怪、王制禮儀、世間人事，莫不畢載』。這話其實一點也不誇張。

漢字又被人們稱爲方塊字，它是由横、竪、點、撇、捺、挑、鈎、折等基本筆畫組成一個個模件，再採用左右組合、上下組合、包圍組合等靈活多變的方式組合成一個個漢字。有的模件在漫長的書寫過程中漸漸在固定位置出現、具有穩定表意功能，這就是我們常說的『部首』，如人字旁『亻』，水字旁『氵』。漢字系統就像一張大網，部首如同網上的節點，筆畫構成的成千上萬的字符可以藉着這些節點向四面八方延伸，把世間萬物網羅殆盡。我們中國人是通過漢字把握萬物的。

《說文解字》這部書

關于漢字形成的規律和法則，我們的祖先在兩千年前就已有深刻的認識，并且做了透徹精闢的分析和總結，其代表著作就是東漢的經學家許慎所著的《說文解字》。它是我國第一部分析字形、說解字義、辨識讀音的字典。

許慎，字叔重，汝南召陵（今河南漯河）人。《說文解字》始作于漢和帝永元十二年（公元一〇〇年），完成于漢安帝建光元年（公元一二一年），前後歷時二十二年。書寫成之後，許慎已然病重，他的兒子許沖代他將書進獻給皇帝，使這本書進入官學視野。

《說文解字》收錄漢字九千三百五十三個，異體字一千一百六十三個，共一萬零五百一十六字，再按字形分成五百四十個部首，『分別部居』，『據形繫聯』，成爲有系統的部首編字法。

《說文解字》是對漢字音、形、義三個方面進行綜合研究的字典。我們知道，每個漢字都具有三個因素：讀音、字形、字義。文字學家黃侃說：『三者之中，又以聲爲最先，義次之，形爲最後。』可知，讀音對于認識漢字最爲直觀。面對一個字，我們首先要知道它的發音，但是讀音與此字的形、義并沒有必然的聯繫。聲音是語言的物質外殼，文字是記錄語言的符號。讀音代表某個事物，完全是『約定俗成』的。這個讀音一旦被大眾所承認，這個聲音就和這個文字所反映的事物聯繫在一起了。這就說明了語言和文字的關係。文字的目的即在于將語言記錄下來。因此語言就成爲可以看的視覺圖形（文字）。文字較之口語可以傳播得更加久遠。我國五千多年悠久的文明史就是依靠漢字流傳下來的。

按照《說文解字》對漢字發展史的理解，分爲『文』『字』兩個階段。『文』代表的是字源，是漢字的形體根源、聲音的根源、字義的根源。由『文』到『字』是漢字發展的方向。『文』是『依類象形』的簡單圖畫符號，『字』是在『文』的基礎上『形聲相益』衍生擴充的複雜符號。在《說文解字》中，『形聲字』占百分之八十左右。而從『文』到『字』這一發展過程，又是和『書于竹帛』的歷史密不可分。許慎說，經歷了三皇五帝的漫長歲月，有的字改動了筆畫，有的字產生了新的異體，看看泰山上的封禪石，七十二代君主們留下的石刻，字體都各不相同。談漢字，絕對繞不開它的寫法。

許慎對漢字史的整理，背後是漢代今、古文經學對峙的歷史，更關係到經學家對經典闡釋權的爭奪、對當代政治理念的發揮，絕不僅僅是爲了官學教育與行政官員選拔時能有一個明確的標準。時移世易，失去了具體的歷史背景之後，《說文解字》的影響越來越限制在學院和專才之間。而我這本小書對漢字進行整理和書寫，重新追述許慎的功業，懷抱的是完全不同的文化承擔：我要寫一本人人可讀，能夠輕鬆、正確、全面地破解漢字構成『密碼』的普及性讀物。

『六書』：漢字的理論

許愼在前人研究的基礎上總結出『六書』，并且提出漢字的字形結構可分爲兩大類：第一類是形體不可拆開，如果拆開就不能獨立成字，此類字用『象形』或『指事』來解說；第二類是形體可以拆開，對這類字則指明『會意』或『形聲』。

『象形者，畫成其物，隨體詰詘，「日、月」是也』；『指事者，視而可識，察而可見，「上、下」是也』；『會意者，比類合誼，以見指撝，「武、信」是也』；『形聲者，以事爲名，取譬相成，「江、河」是也』；『轉注者，建類一首，同意相受，「考、老」是也』；『假借者，本無其字，依聲託事，「令、長」是也』。

其實，在許愼之前已經有人用『六書』分析字形了，但都沒他說得這麼透徹。下面我將『六書』造字方法作一點通俗的解說。

一、象形。『象形』就是把實物的外形輪廓勾畫出來，像實物的形狀，以形表義。例如：日、月、牛、羊、人、水。象形字在《說文解字》中只有三百六十四個，雖然字數少，却是造字的基礎。掌握了象形字的形、音、義就可以舉一反三，破解一大批漢字。在《說文解字》五百四十個部首中有三百二十四個象形字。例如：『木』部屬字四百二十一個，『水』部屬字四百六十五個。這些字都與木和水的字義有關係。例如：『松、柏、枝、架、江、河、湖、海』都是從象形字『木、水』孳乳出來的。

二、指事。有些事物無法用象形來表達，于是漢字就從象形發展爲表意。指事字就是用『指點』的方法來表示字義。指事字有兩種情況：一是在象形字上加指事符號，例如在『木』上加一横是『末』字，表樹梢；在下加一横是『本』表樹根。二是用符號來指事，例如用横畫『一』表數字一、二、三，以及『丄、丅』『上、下』。指事字靠符號指點，又被稱爲『象事』。在《説文解字》中只有一百二十五個。象形和指事都屬字形不可拆分的『文』。真正抽象的意義，也很難『指事』出來。于是又出現『會意字』這一造字方法。

三、會意。『會意』是把兩個或兩個以上形體其中大多是象形字組合起來，表示出它們之間的相互關係，表達一種抽象的意義。例如用左右兩『止』（脚）一上一下組成『步』字，表示邁步行走之意。用『人』和『木』組合成『休』字，表示人靠在樹上休息。用兩個『手』中間一個『分』，『掰』，表示用手把物體分開。

會意字可以表示很多抽象的意義。它的造字能力强，在《説文解字》中有一千一百六十七個。從漢代以後直到今天又陸陸續續産生了一些會意字，例如『甭、孬、灶、卡』等等。但是仍有很抽象的意義無法用會意的方法來表達。

四、形聲。『形聲』是由形旁和聲旁兩個部分組成的。形旁也稱爲『形符』或『意符』，在《説文解字》中用『從……』來表示，是表意成分，聲旁也稱『聲符』或『音符』，表示這個字的讀音，是表音成分。例如『湖』從『水』，『胡』聲，表示陸地上聚積的大水；『柏』從『木』，『白』聲，表示一種樹的名稱；『芳』從『草』，『方』聲，表示花草的香味。由于這種形加聲的造字方法簡單，所以造字能力很强，漢代以後造出的字大多是形聲字。

五、假借。『假借』是口語中有這個字義，也有讀音，就是沒有這個字，于是找一個同音字來代替。例如『北』是兩個人相背之意，假借爲方位詞『北方』之意；『我』是古代的兵器，假借爲第一人稱代詞；『來』是麥子的象形字，被假借爲動詞『到來』之意。『假借』是用字方法，不是造字法。

六、轉注。『轉注』，許慎說是『建類一首，同意相受』，『建類一首』是說轉注出來的字同屬一個部；『同意相受』是說轉注出來的字和本字意義相同。從『考、老』這一對轉注字，可以看出這兩個字形似、同義、音近。這就是轉注的標準。先有『老』後有『考』，『考』是『老』的轉注字，它們同屬『老』部，字義相同，讀音相近。轉注字是爲了反映語音的古今變化，或方言的語音不同。否則就沒有必要轉注了。

『六書』是以許慎爲代表的文字學家根據漢字音、形、義的關係總結出來的，是先有漢字，後有『六書』的。

提綱挈領說『部首』

『六書』中『象形』和『指事』是屬于『文』；『會意』和『形聲』是屬于『字』；『假借』和『轉注』是屬于用字法。能造字的只有『四書』，即象形、指事、會意、形聲。

『象形』『指事』屬于『文』，是獨體字，不能拆分。『會意』『形聲』是由幾個『模件』組成，『模件』就是偏旁，表示字義的叫『形旁』，形聲字必有一形旁和一聲旁。會意字中每個偏旁都是表意的。例如『魚』作爲形旁在其屬下有一百零三個字，都以魚爲形旁，其字義都和魚有關，所以稱魚爲一部之首，簡稱『部首』。

《說文》部首五百四十個，其中象形字三百二十四個，會意字一百八十二個，指事字二十二個，形聲字十二個。其中有少數象形符號不能獨立成字，只能充當部首，例如：『厂』（可組成『弋』），『乁』（可組成『也』），『丿』（可組成『弗』），『匚』（可組成『匪』），『丨』（可組成『中』）等。

《說文解字》共分十五篇，正文十四篇，第十五篇是敘。五百四十個部首按形體或意義相近的部首歸爲一類，共分十四類。也就是十四篇。例如：第十一篇彙集了與水有關的三十七個部首。每個部首下統領若干個字。在『木』部下有四百二十一個字；『衣』部下有一百十六個字；『水』部下有四百六十五個字；

『竹』部下有一百四十四個字。可見五百四十個《說文》部首是統領漢字音、形、義的綱領。掌握這些部首是打開漢字大門的鑰匙。

《說文解字》的價值是不言而喻的，但其局限性同樣不可回避。許慎所處的時代甲骨文尚未出土，商周時期的青銅器也鮮有發現，許氏未見甲骨文和金文。《說文》的語言文字資料取自周秦文獻，其中所收的文字只是晚周到秦皇以來訖于漢朝字體的總匯。由于見聞所限，加之受漢代社會唯心主義思潮的影響，難免對文字做出誤猜誤判。例如對『王』的解說：『天下所歸往也。』其根據是董仲舒曾說『古之造文者，三畫而連其中，謂之王。三者，天、地、人也；而參通之者，王也』；而孔子曰：『一貫三爲王。』實際上『王』字在甲骨文中寫成，金文中寫成，是一個斧頭形，上一横是斧柄，下邊是斧頭，是鎮壓廣大奴隸的武器，是政權的象徵——誰掌握這柄斧子誰就能稱王。這才是對『王』字的準確解釋。此外，《說文》中還有一些純屬誤讀產生的謬誤。例如『有』字，許慎錯把其下半部的『肉』字看成是『月』，于是認爲『有，不宜有也。《春秋傳》曰：「日月有食之，從月又聲」』。古人把日食、月食看作不祥之兆，因此『有』的意思被解釋成『不宜有』。在金文中，『有』的字形爲，（肉）與（月）字形迥異，故『有』字其實是從『又』（右手）持『肉』以表獲有、占有。類似以上列舉之錯謬，我參考歷代文字學家的研究成果對其加以糾正。

我眼中的漢字危機

我從事語言文字和書法教學已經五十餘年，在教學實踐中，我對漢字的篆、隸、楷、行、草各種字體和書體都進行了細緻深入的分析研究，對所講的每一個漢字都按『六書』的造字法則進行說解，收到了很好的教學效果。我深感漢字的博大精深，也常常感到學無止境！

但使人感到遺憾的是，我們的大眾教育長期忽視對漢字造字原理和法則的講授，造成了國人對于漢字的字形與音義的關係缺乏基本認識，更遑論對『六書』的了解，所以現在寫錯別字的現象很普遍。例如：盲人摸象的『盲』與病入膏肓的『肓』不分；針灸的『灸』和膾炙人口的『炙』不分；『己、已、巳』相混；把『文采』的『采』寫成『辨』的古字『釆』……目前國家大力提倡弘揚『國學』，加强文化自信，可是『國學』是以漢字作爲載體的，不能正確掌握使用漢字，怎麼傳承國學，又怎麼能有『文化自信』呢？許慎說『文字者，經義之本，王政之始』，這是至理名言，不能輕視。

除此之外，更有甚者，現在在各種媒體上還會經常出現一些對漢字望文生義的既錯誤又庸俗的曲解，誤導青少年，影響極壞。例如某報刊上公然這樣曲解漢字，僅列舉『俗、雅』兩例：『「俗」字是一個人一個「谷」，人吃五谷，就是「俗」。誰能脫俗？除非不食人間煙火……』『俗』字正確解釋爲：形聲字，從人、谷聲，本義爲『習慣』，引申義爲『大衆化的』。『谷』字本義爲『山澗泉水』，和『五穀』無關，只因音同而作爲『穀』的簡化字；『「雅」字是一個牙一個佳，要想雅，就要先吃飽了。所以雅從俗中來。要想成爲一個雅士，就先做好一個俗人……』其實『雅』亦是形聲字，從『隹』（音zhuī，意指短尾巴的鳥）『牙』聲。本意是烏鴉。後被假借爲古代的一種樂器。這是雅樂的由來，又引申爲正統的、高尚、美好等義。『隹』與『佳』兩個字音、形、義都不同，不能混淆。

上面所舉『望文生義』是對漢字曲解的一種，而由『望形生義』帶來的對漢字的歪曲亦不鮮見。漢字最初起源于圖畫，例如甲骨文『山』字寫成，『月』字寫成。但是圖畫不等于文字。文字是『音、形、義』的統一體，一個字必須有讀音，有字義，字形則必須綫條化、符號化。漢朝時，漢字由篆書發展成隸書，蛻變爲不象形的綫條化符號，文字學上稱之爲『不象形的象形字』。從圖畫到文字，是一個飛躍的質變。從象形的『文』向表意的『字』的衍變，是漢字不斷發展成熟的正確方向，是絕不可以逆轉的。近些年，隨着中國經濟的崛起，國人對于傳統文化的覺醒也伴隨而來。但由于基本知識和文化素養的缺乏，在試圖追尋傳統的同時也出現了許多讓人啼笑皆非、不堪卒讀的事實。以舉世矚目的二〇〇八年北京奧運會爲例，其徽標爲一鐫刻在印章上呈跳躍人形的『京』字，名曰『舞動的北京』。這個徽標寓意如何暫且不表，其造型的蹩脚却是不言而喻的。『京』爲象形字，本義是指建在高臺上的建筑，因此這個字的結構特徵爲帶有聳立感的左右對稱形。奧運徽標把『京』字的下半部臆想演繹成了跑起來的兩條人腿，不啻于把步輦安上軲轆改裝成了板車。文不對題自然不倫不類，而漢字構成的高明之處本在于從具象到意象的轉換與升華，反其道而行則只能使之矮化，這種做法本身即是庸俗化的表現。

說說我這本書

學校不教，媒體的誤導，加重了漢字正確使用和傳承下去的危機。但是，必須得承認，以往嚴肅的文字學書籍往往偏重考據和訓詁，與普通讀者確實存在着一定的距離；而通俗讀物又大都是把複雜的漢字構成簡單地統統附會成象形、會意兩類，就字論字并加以簡單、庸俗的圖解，其不得要領必然錯誤百出。寫一本人人可讀，能夠輕鬆、正確、全面地破解漢字構成『密碼』的普及性讀物是我多年的夙願，我也爲此做了大量的積纍和長時間的準備。

在這本書中，我把五百四十個《說文》部首做音、形、義的通俗講解，并爲其中大部分配畫了插圖。《說文》部首，有很多是可以用圖畫來佐證其形義關係的，例如『馬、羊、牛』等象形字，自然有其物象原形。而對于會意字，例如『印』，其形爲一隻手按着一個跪坐人的頭部，本義是『按壓』。生動地畫出『印』字的本義，對于人們更直觀地理解這類字的形義關係是大有裨益的。

插圖使深奧難懂的文字學一看就能明白，使其既有知識性又有趣味性。但同

二〇〇八年北京奧運會會徽

時需要説明的是，這些插圖只是圍繞着如何直觀生動地詮釋漢字而作，并非古代物質生活的名物考證。漢字發軔于高古，在動態中逐漸發展成形，若一定要爲某一個字找到其確切對應的圖解則無異于刻舟求劍，并不可爲。因此，這些插圖可謂『寫實其表，寫意其心』，而由此產生的不夠確鑿或可商榷之處，還請讀者方家批評指正。

何大齊　丁酉春月于京華

凡例

一、《說文解字》五百四十個部首，是解讀小篆、掌握漢字的總綱。爲了適應現代讀者的閱讀習慣，本書對五百四十個部首的音、形、義做了通俗概括的注釋，使讀者瞭解文字學的基礎知識，理解掌握漢字音、形、義的關係。

二、部首的排列順序與《說文解字》（分爲十四篇）的順序一致。在每頁邊緣下方頁眉處標注該部首所屬篇目序號。

三、每個部首用小篆字體書寫，在其右上方注上繁體楷書字，幫助認讀、比對。

四、在每頁的下方分音、形、義三項注釋：

（一）音：用漢語拼音字母標音。多音字只注本字本音，不注異讀音。例如『燕』只注yàn，不注yān，并且注一個同音字（不避本字）。

（二）形：用『六書』造字法分析字形，先注明此字是屬于哪種造字法，再分析字形。例如『燕』字，象形字像飛動的小燕子。『男』會意字，從『田』、從『力』（農具犁）會用犁耕田之意，表示男人從事農業生產。

（三）義：先注此字的本義，再選一個常用的引申義。例如：『男』本義：男子；引申：兒子。『至』本義：到達；引申：極點、窮盡。

五、字體演變：文字發展的各個階段寫法不同。在左下方列出從甲骨文、金文、古文、籀文此字的寫法。使讀者瞭解漢字的演變過程。

六、《說文解字》共收入九千三百五十三字，这些字分屬各部。每頁左上方標明此部首屬字的數目（包括部首），并列舉若干字例。用楷書繁體字書寫。如遇生僻字加上注音和注釋，例如：『見』屬四十五字，如：視、覽、觀、親、覬。『覬』音jì，本義：希望。五百四十個部首中有三十六個部首未收一字，後世研究者認爲由于这些單字找不到部首歸屬，只能以各自單算爲一個部首的方式來解決。在本書中，这類情況屬字數標注爲『一』，即只有其部首本身一字。

七、『檢字表』按部首（楷書繁體字）筆畫數目排列，查檢部首所在頁數即可。

八、給一部分部首配以插圖，說明此部首的字形來歷，及形義關係。

示

說文卷一

屬字 六〇

福 神 禁 祖 齋

音：shì 示

形：象形。甲骨文丅。像兩塊石頭搭起的祭臺。篆文加一横兩竪，是表示祭祀的食物灑落狀。

義：祭臺。

甲 丅 亍

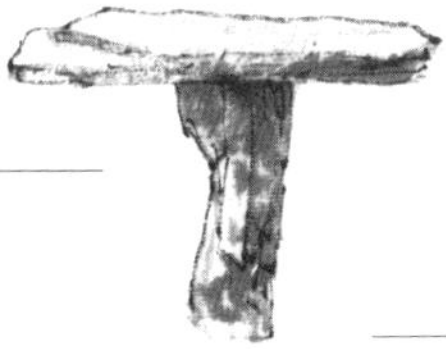

楷体

此部首在《說文解字》中所處卷次

此部首在《說文解字》中的組字數量

小篆

所組例字

拼音

同音字

釋義

字形演變

字形解釋

圖釋

備註

甲骨文：

中國最古老的文字，出現在殷商時代。是刻在龜甲或獸骨上的文字。那時候商王室遇到重大的事件都要占卜凶吉，并用文字記下來，用尖利的工具契刻在甲骨上。

例字：

酉　月　之　生

金文：

青銅器上的銘文。夏、商、周三代是中國的青銅時代。在盤、簋、彝、鐘、鼎等器物上都鑄有銘文。其内容爲論撰先祖之德善、功烈、勋勞等。其書法圓轉委婉，筆畫豐滿，形成塊面關係。

例字：

王　丙　乙　在　天

古文：

春秋戰國時代秦篆以外群書故籍所使用的文字都叫古文。秦始皇燒滅經書滌除舊典而古文由此絕矣。傳説在漢魯恭王擴建王宫拆除孔子故宅時從牆裏發現了《尚書》《禮》《論語》《孝經》《春秋》，皆古文也。

籀文：

周宣王太史籀著大篆十五篇。所謂『籀文』爲春秋戰國時代的西方文字，也就是秦始皇之前的秦國文字。史籀篇由章句組成，用韻語行文，作爲學童的識字課本。小篆是以籀文爲依據的或稍加簡化，例如：籀文車字作，小篆作。

萬有漢字

墨塵十歲敬书

一

一

音：yī 一

形：指事。是古人記數的符號。

可能是畫的一橫，或是籌碼。

義：數字一。引申同樣，整個。

甲 一　金 一　古 弋

屬字 元 天 吏

《說文解字》中此部首下屬（包括部首本身）共五字。
以下頁面只標注屬字數目，不再贅述。

上

丄

音　shàng 上

形　指事。甲骨文（二）。在一長橫（象徵物體）上加短橫，表示上部。

義　上邊。高處。引申天。君主。

甲（二）　金 二　古 丄

屬字　四

帝　旁

示

音	形	義
shì 示	象形。甲骨文丅。像兩塊石頭搭起的祭臺。篆文加一横兩豎。	是表示祭祀的食物灑落狀。祭臺。甲丅亍

屬字 六〇

福 神 禁 祖 齋

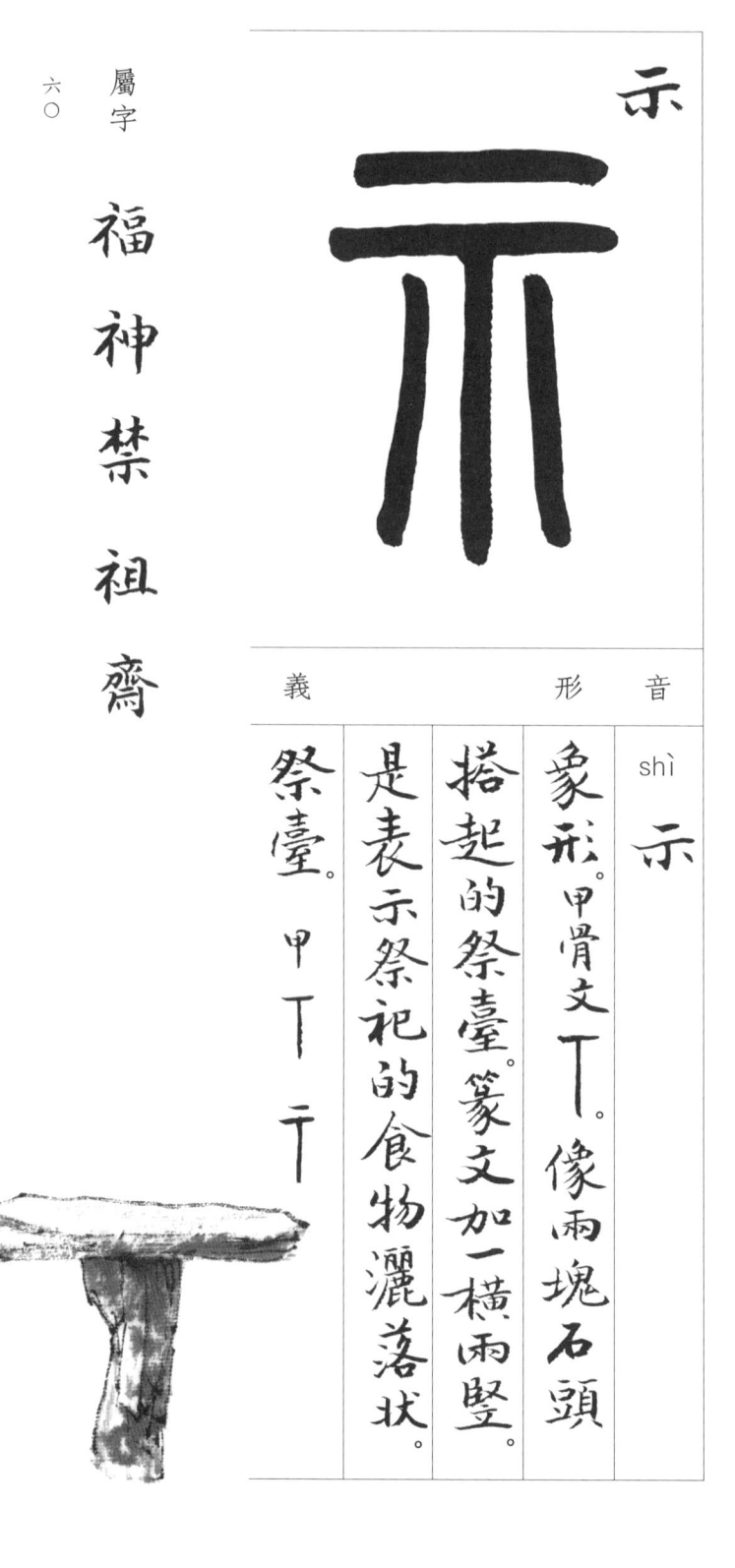

三

三

音 sān 三

形 指事。用積畫爲數來表示數字三。

義 數字三。數字三。又泛指多數。

甲 三　金 三　古 弎

屬字

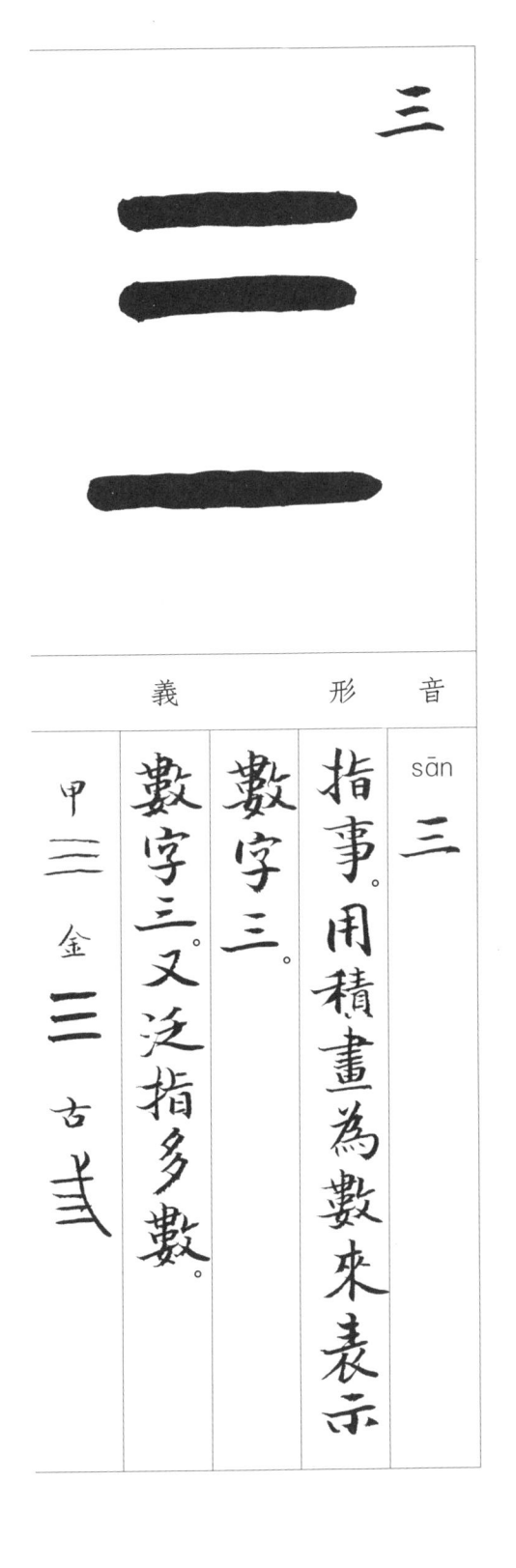

一

王

王

音：wáng 王

形：象形。甲骨文 。像大斧形。上横是斧柄。下邊是斧頭。

義：大斧。引申最高統治者稱號。

甲  金 

屬字 三

閏 皇

玉

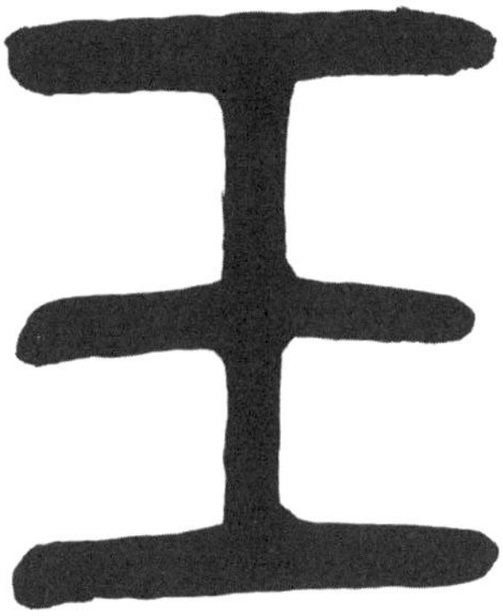

音	形	義
yù 玉	象形。甲骨文。像一串碧玉形。上邊是繩系。	玉石。引申泛指玉製品。

甲　金 王

屬字 一二六

璧 玩 瑞 瑩 理 碧

玨

玨

音 jué 決

形 會意。兩串玉合并之形。

義 二玉相合。

甲

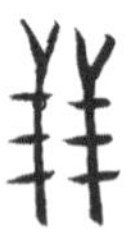

金

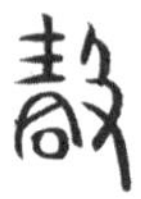

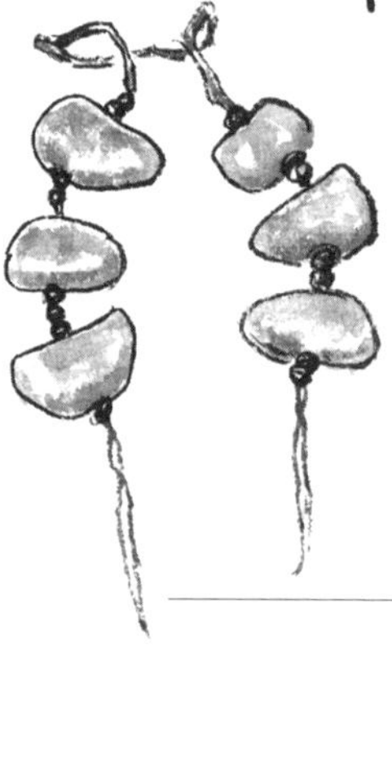

屬字 三

班

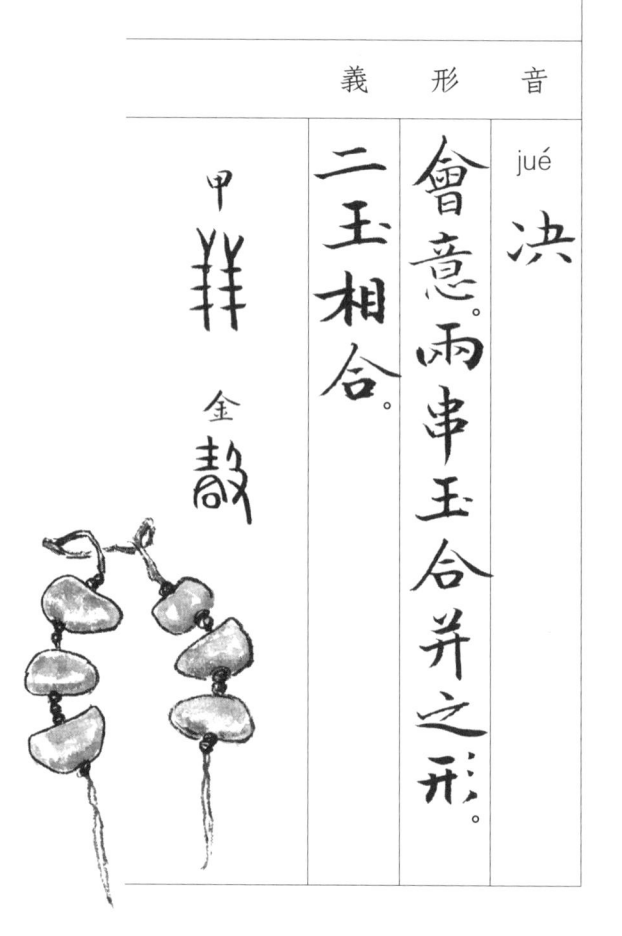

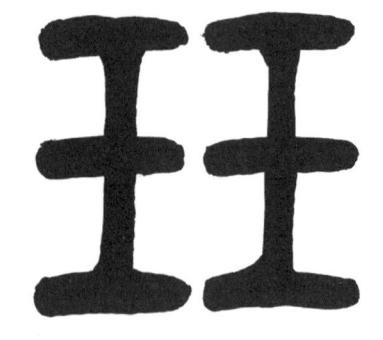

二

屬字 氛

气

音 qì 氣

形 象形。空氣中雲氣之形。

義 空氣雲烟。

甲 

金 

「氣」本義是贈送給人的糧草，讀[xì]。後來被假借爲「气」的意思，讀[qì]，如今簡化字回歸寫爲「气」。

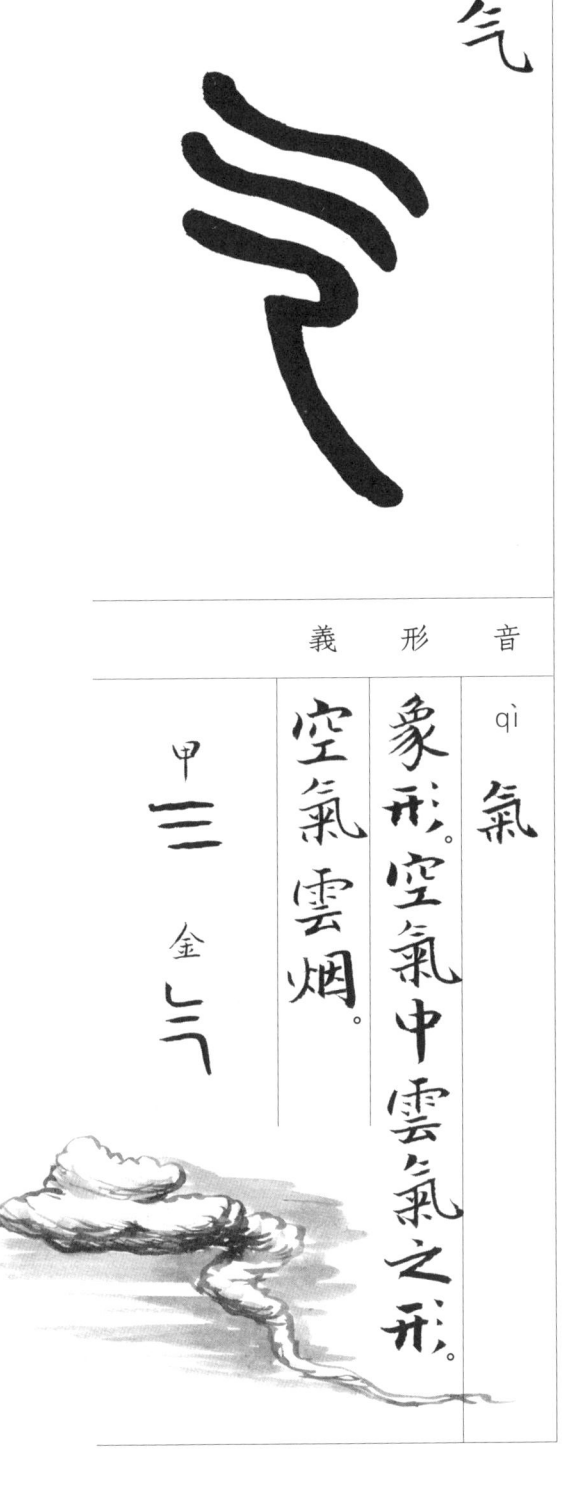

士

士

音：shì 士

形：會意。從一。從十。一為道理。十為眾人的事。會能把實踐提升到理論之意。

義：古代讀書人。

甲 ⊥　金 士

屬字 四

壯　壻

[xù] 本義：丈夫

屬字 三

中

丨

音 gǔn 滾

形 象形。豎棍形。只作偏旁。

義 棍子。

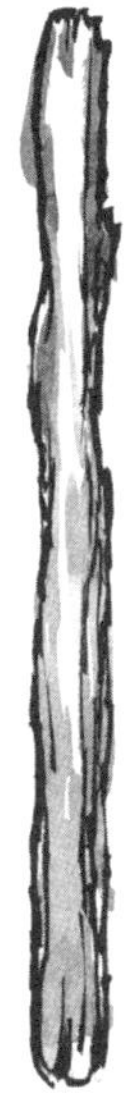

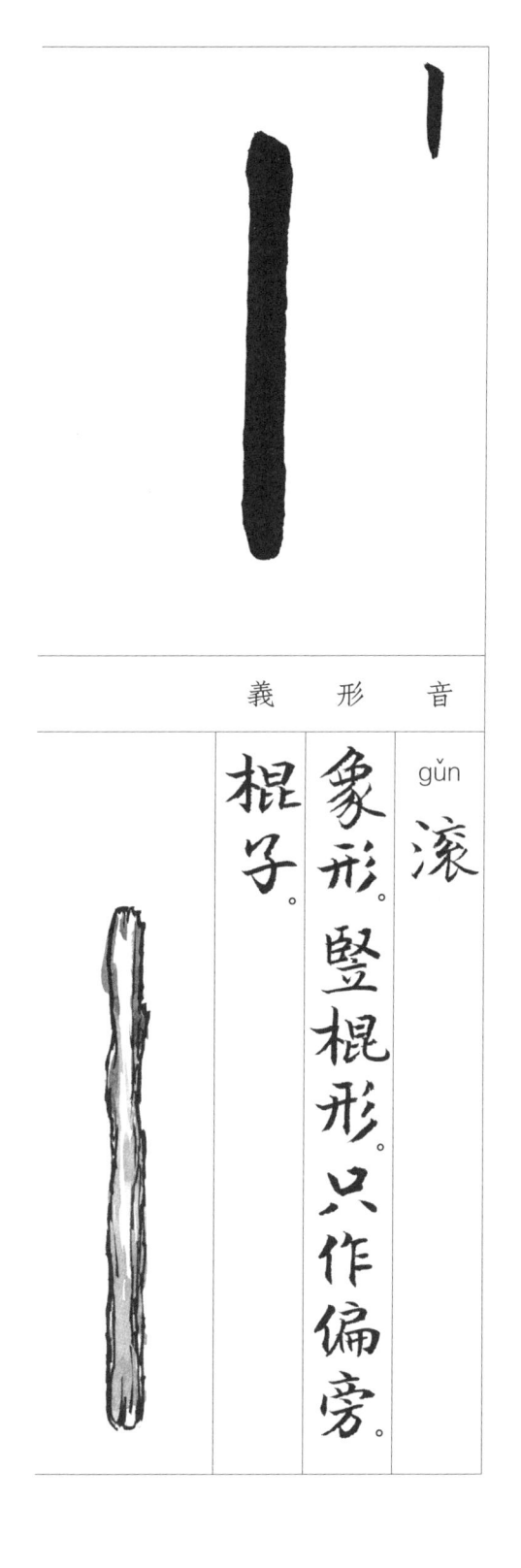

屮

音 chè 徹

形 象形。初生的小草。

義 初生的小草。

 甲

 金

屬字 七

屯 每 毒

艸

音：草 cǎo

形：象形。兩棵小草形。

義：草本植物的總稱。

古

屬字 四四五

芝 蘭 蔓 苞 蓮 苦 芳

蓐

音：rù 入

形：會意兼形聲。從艸。從辱（手提農田害蟲）兼聲。

義：會草鋤而復生。鋤過的草又長出來。

甲

屬字 二

[hāo] 薅 本義：拔去田間的草

茻

音：mǎng 茻

形：會意。從四屮。雜草叢生。

義：衆草。

甲 

屬字 四

莫 莽 葬

小

音	形	義
xiǎo 小	象形。象細碎的塵沙微粒形。	細微。

甲 小

金 小

屬字 三

少

八

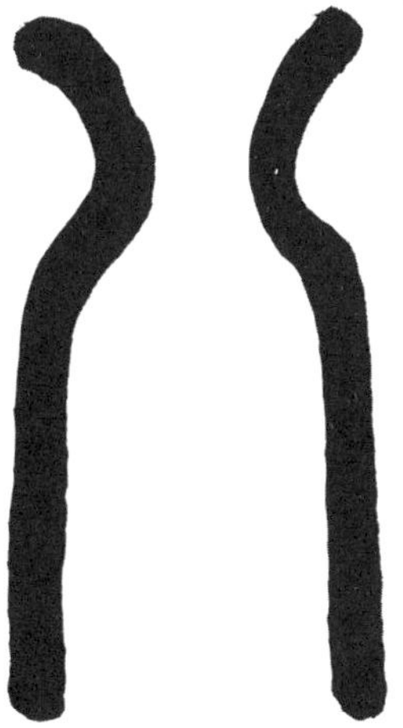

音	形	義
bā 八	象形。象物體分割開。相背離。	分開。假借為數目八。

甲 八

金 八

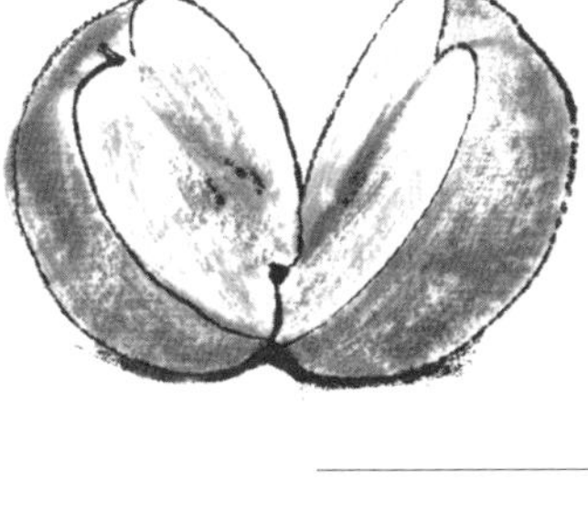

屬字 一二

分 公 必 介 曾

[zēng] 本義：蒸煮食物的器具

釆

音	形	義
biàn 便	象形。象獸類趾爪分張之形。	獸蹄印。引申為辨別。

甲 金

五 屬字

番 悉 釋

半

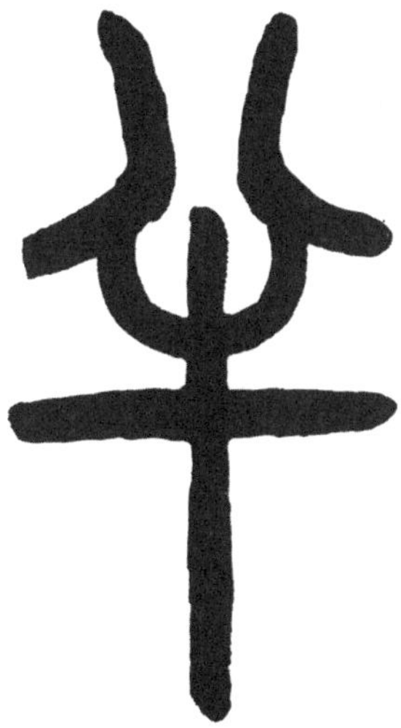

音 bàn 半

形 會意。從牛。從八（表示剖分）。表中分牛體之意。

義 二分之一。

金 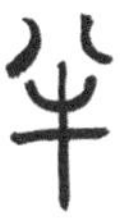

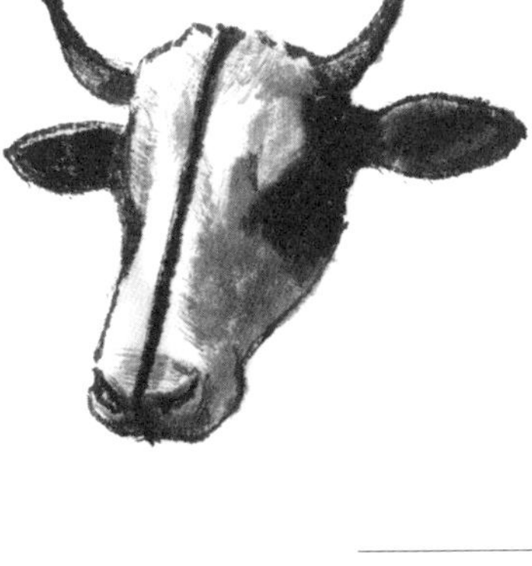

屬字 三

胖 叛

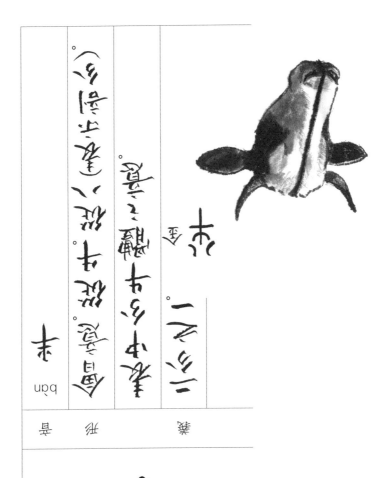

牛

音　niú　牛

形　象形。牛頭正面之形。

義　牛類。

甲

金

屬字　四五

物特牟牢牲

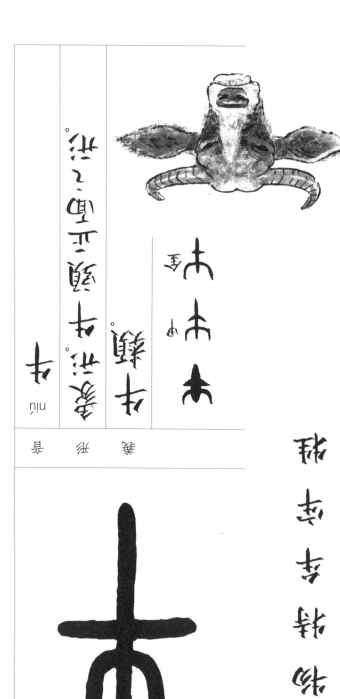

犛

音	形	義
máo 毛	形聲。從牛𠩺聲。	本義為牦牛。

屬字 三

氂 [máo] 本義：犛牛尾

斄 [lí] 本義：牦牛

告

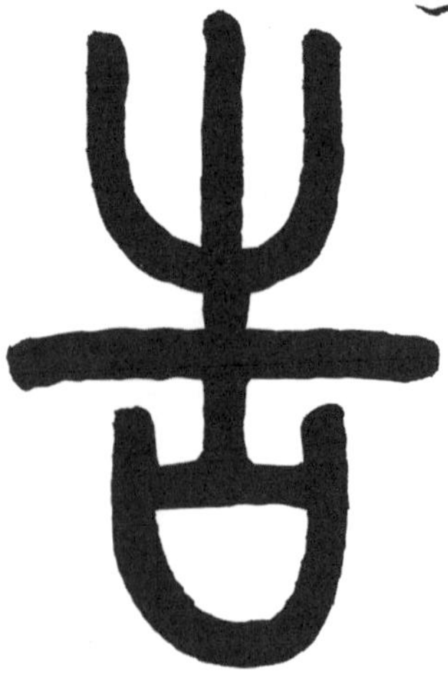

音

gào 告

形

會意。從牛。從口。會用牛祭祀神靈求福之意。

義

向神靈祈禱。

屬字 二

嚳 [kù] 本義：急迫

口

音	形	義
kǒu 口	象形。象張着的人嘴形。	人嘴。

甲

金

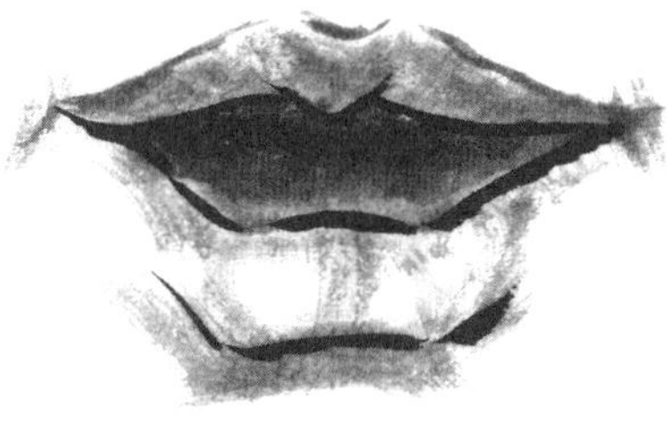

屬字 一八〇

吃吸和含唱

在《說文解字》中有兩個U，楷書寫法不同。凵讀[kǎn]，厶（頁一七一）讀[qū]，字義亦不相同。

凵

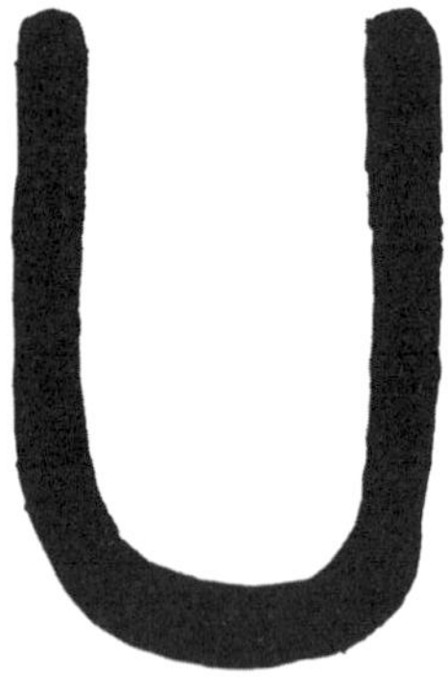

音	形	義
砍 kǎn	象形。象地上挖的坑坎形。	坑坎。

屬字

一

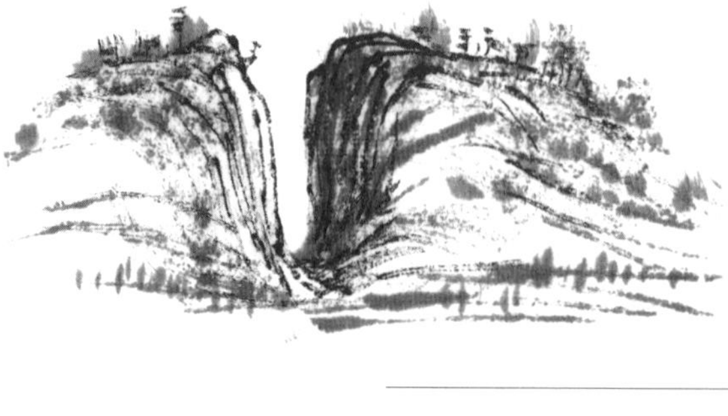

吅

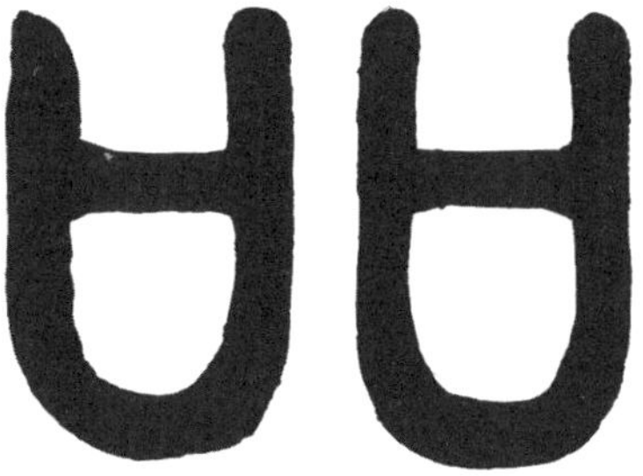

音 xuān 喧

形 會意。以二口喻聲音雜亂。

義 驚呼。喧嘩。

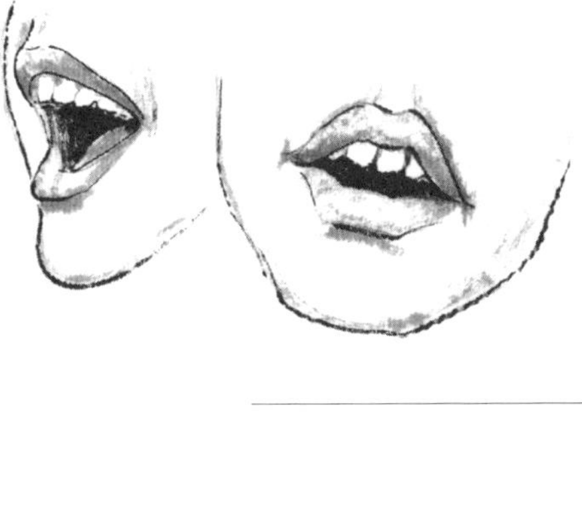

屬字

咢 單 嚴

六

[è] 本義：眾口爭辯

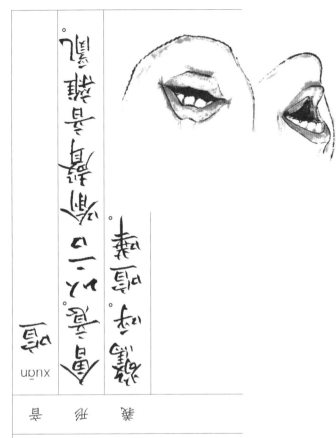

哭

音 kū 哭

形 會意。器省去下面兩口表哀泣。

義 對死者大聲哀泣流淚。

甲 

屬字 二

喪

走

音：zǒu 走

形：會意。从夭（甩臂跑步）。從止（脚）。

義：像跑步的樣子。奔跑。

金 

屬字 八五

赴 趣 超 起 趁

止

音	形	義
zhǐ 止	象形。像左脚的形狀。	脚。停住不動。

甲 金

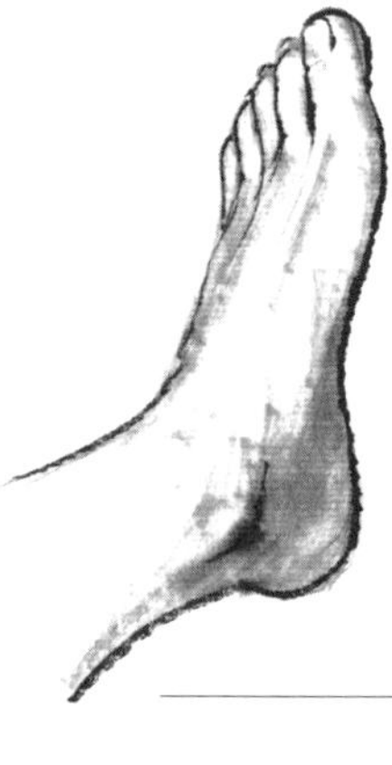

屬字

一四

[qián] 歬 同「前」

[lì] 歷 本義：經過

[guī] 歸 本義：女子出嫁

癶

音：bō 波

形：會意。相并的左右脚。

義：兩脚分張。表示行動不便。

甲 金

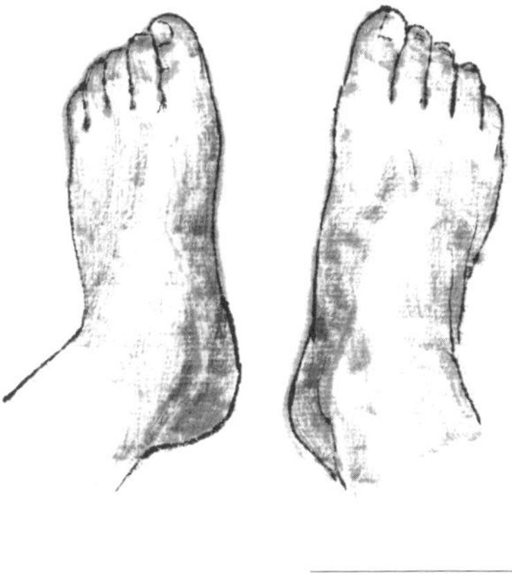

屬字 三

登 癹

[bá] 本義：用足踏草

步

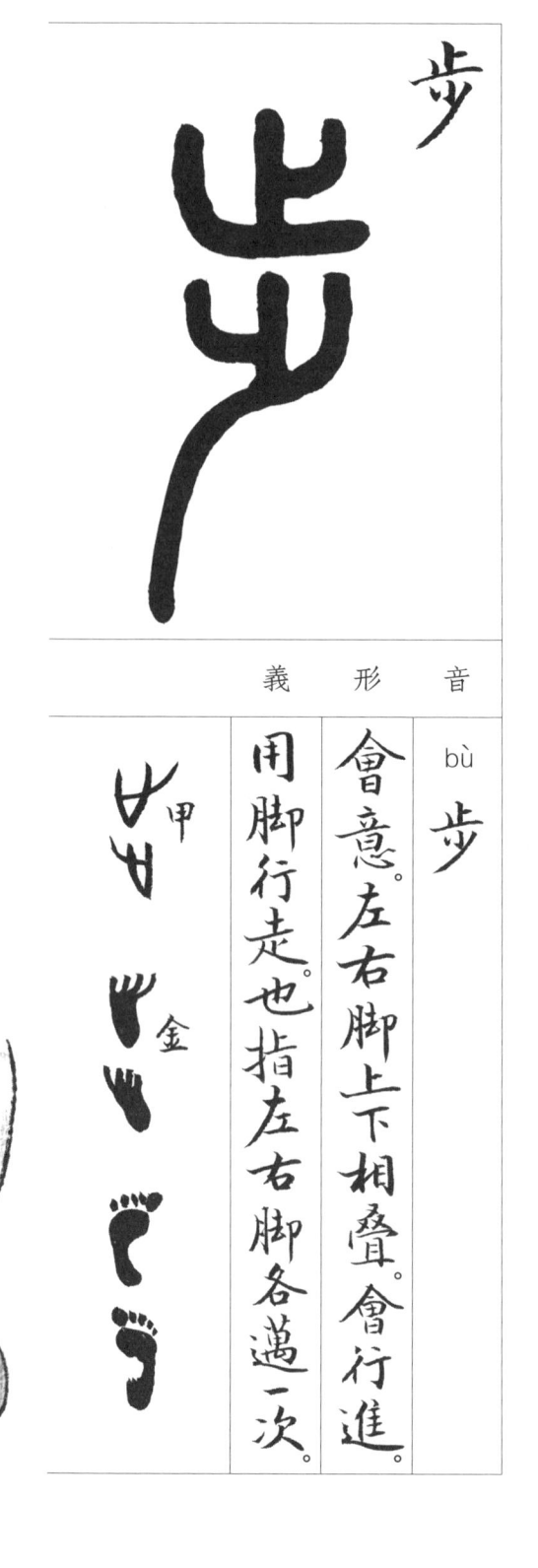

音	形	義
bù 步	會意。左右脚上下相疊。會行進。	用脚行走也。指左右脚各邁一次。

甲

金

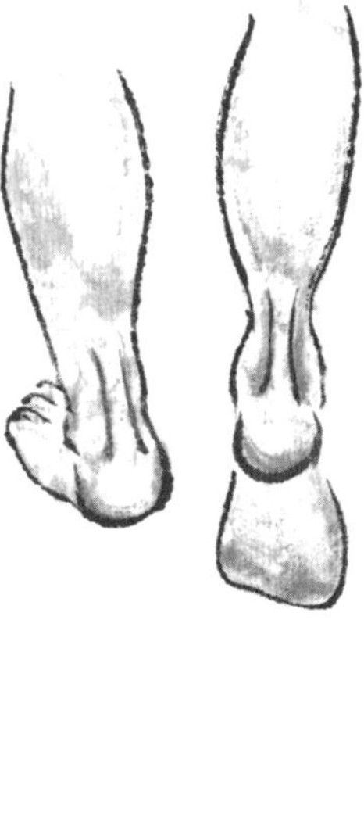

屬字 二

歲

此

音	cǐ 此
形	會意。從止（腳）。從匕（反向人）。會腳踩一人之意。
義	腳踩。引申近指代詞。這裏。這個。

屬字 三

呰 [zǐ] 本義：詆毀。同「訾」「訿」「呰」

𣐺 [zuǐ] 本義：記

正

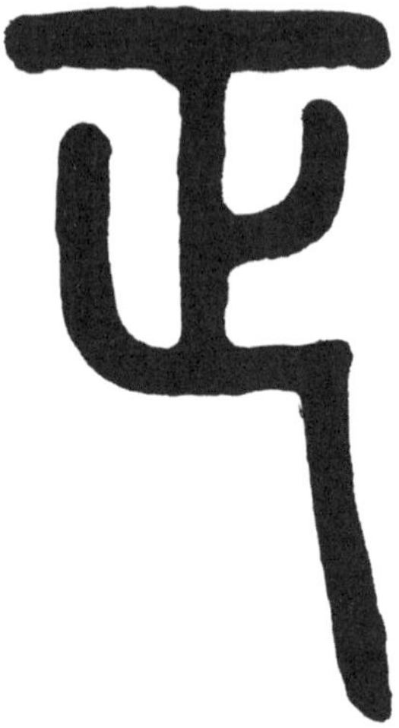

音：zhèng 正

形：會意。甲骨文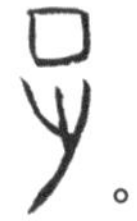。從止（脚）。從口（城）。會直對着城邑進發之意。

義：直對城邑進發。引申端直。

甲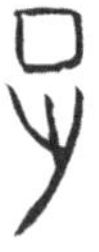 金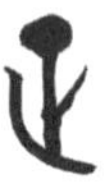

屬字 二

乏

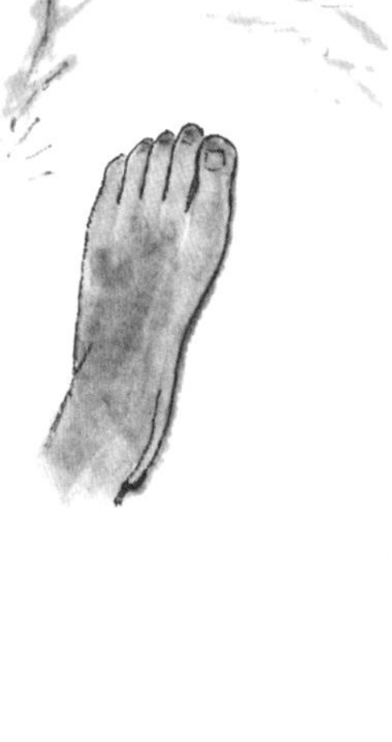

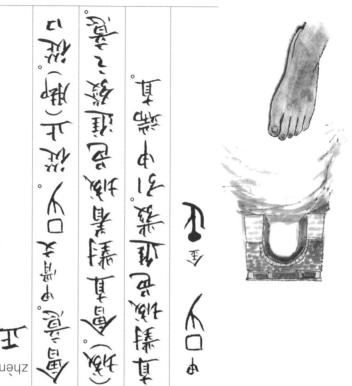

是

音	形	義
shì 是	會意。從日。從正。會日正影直意。	端正。引申指正確。

金

屬字 三

韙 [wěi] 本義：對

尟 [xiǎn] 本義：缺少。同「鮮」

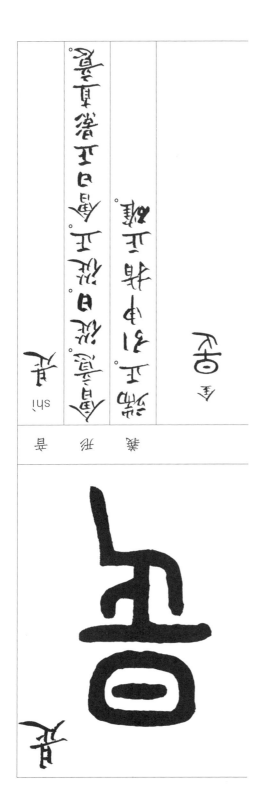

辵

音：chuò 輟

形：會意。從彳（行的省形。街道）。從止（脚）。會在街上走路之意。

義：走路。如今只作偏旁辶。

甲

一一八 屬字

道 通 遇 造 述

彳

音 chì 赤

形 象形。是行（十字路口）的左半邊。

義 街道。如今只作偏旁。

甲  金 

屬字 三七

德後彼很律

廴

音：yǐn 引

形：象形。將彳末筆拉長。表示漫漫長路。

義：長行。引申泛指拉引。

屬字 四

廷 建

延

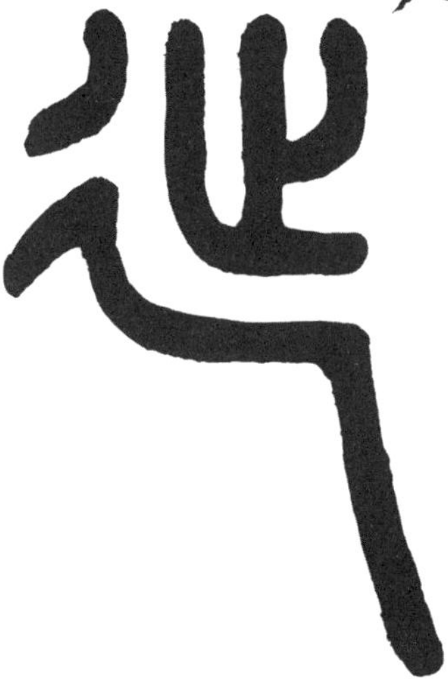

音：搀 chān

形：會意。從彳（半條街）。從止（腳）。會在街走路之意。

義：慢慢走長路。

甲

金

屬字 二

延

行

音	形	義
xíng 行	象形。像十字路口通衢大道。	路口。引申為行走。

甲  金 

屬字 一二

衎 街 衙 衛 衢

衢 [qú] 本義：四通八達的路

齒

音　chǐ　齒

形　形聲。齒為形。止為聲。像張口露牙之狀。

義　門牙。引申泛指牙齒。

甲 　金 

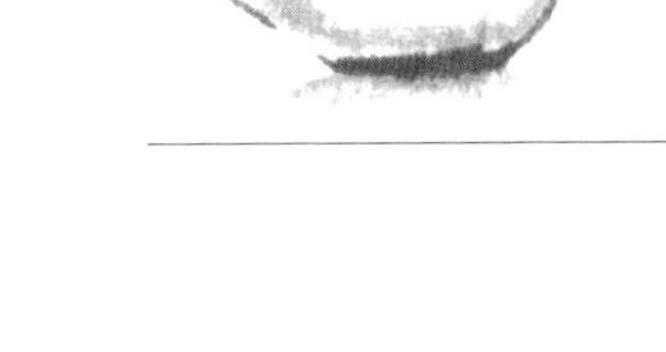

屬字　四四

齔 [chèn] 本義：缺齒

齦 [kěn] 本義：用力咬下來

齩 [yǎo] 同「咬」

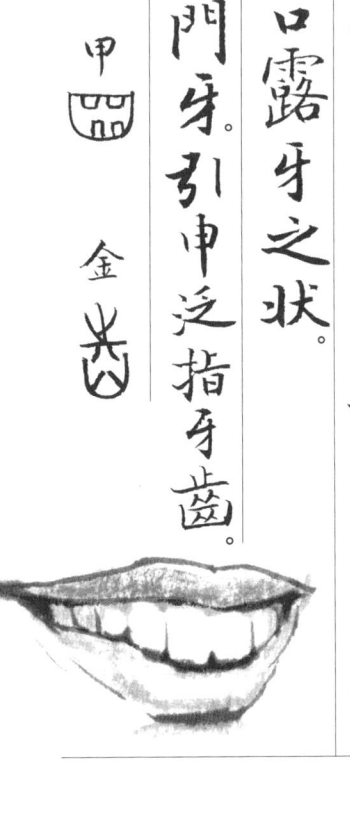

牙（牙）

音	yá 牙
形	象形。像上下牙交錯之形。
義	大牙。曰齒。

金

屬字 三

犄 [qī] 本義：虎牙

𤘫 [qǔ] 本義：牙齒被蟲蛀壞

足

音	zú 足
形	象形。口為膝蓋。止為腳。是條小腿的形象。
義	小腿。引申腳。

甲  金 

屬字 八五

踐 跨 躅 蹇 路

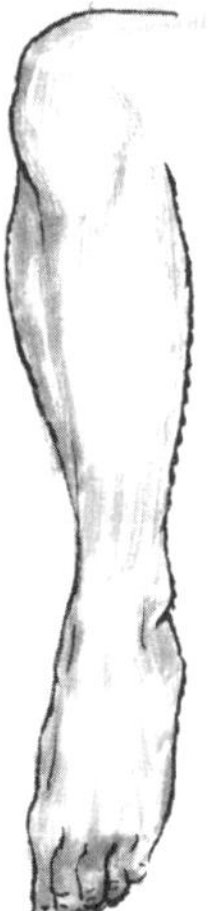

足

音：shū 殊

形：象形。足與足本為一字。甲骨文像小腿形，表示腳。

義：腳。

甲

金

三 屬字

[shū] 疋 本義：通達

[shū] 䟽 本義：門戶上鏤刻的窗牖之形

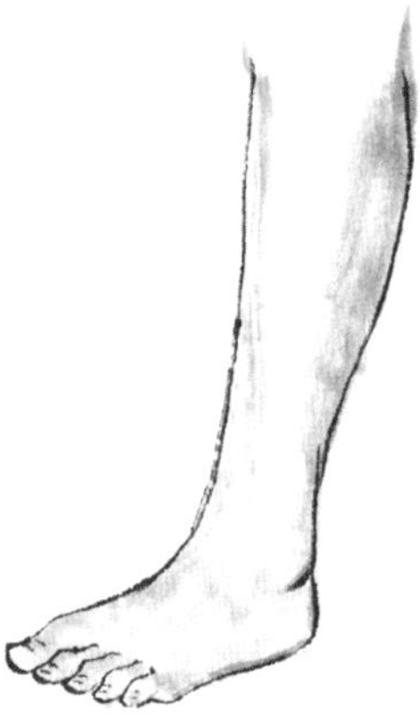

品

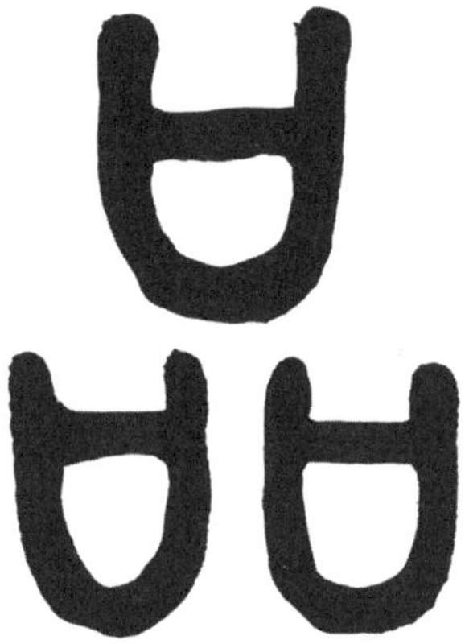

音 pǐn 品

形 會意。三個口形代表眾多物品。

義 物品眾多。引申類別等級。

甲 

金 

屬字 三

喦 [niè] 本義：多言

喿 [zào] 本義：鳥群鳴叫

龠

音	形	義
yuè 月	象形。像編管樂器。三個口是管頭的圓孔。人是吹者的口形。	竹管樂器。

甲

金

屬字 五

[hé] 龢 本義：樂聲和諧

冊

音	cè 冊
形	象形。像編竹簡成冊形。
義	編串在一起用來書寫的竹簡。

甲

金

屬字 三

嗣 [sì] 本義：繼承人

扁 [biǎn] 本義：在門上題字

㗊

音：jí 及

形：會意。從四口。會衆口喧嘩之意。

義：衆口喧嘩。如今一般不單用。只作偏旁。現在歸入口部。

屬字 六

器

囂

嘂 [jiào] 同「叫」

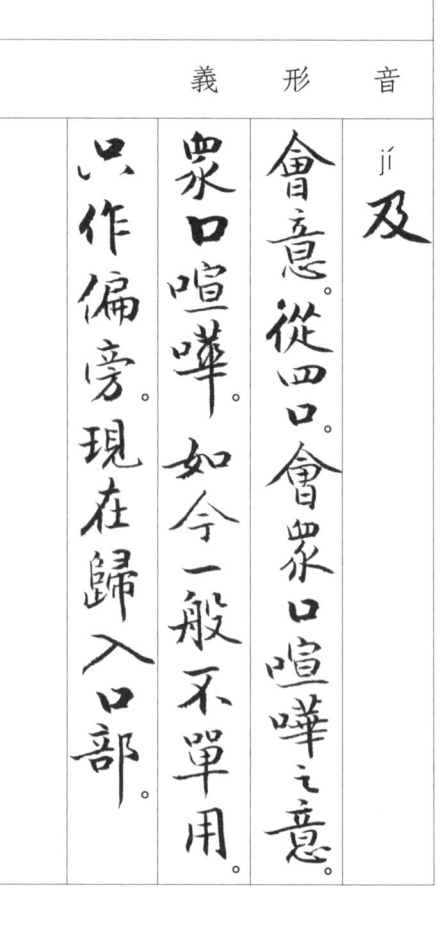

舌

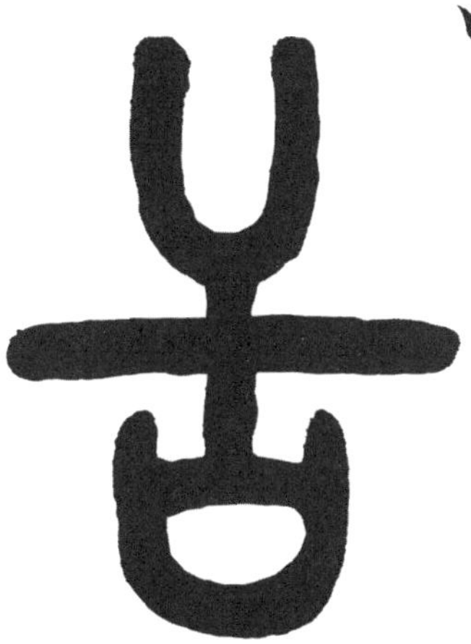

音：shé 舌

形：象形。像張口伸舌有所舔動形。

義：舌頭。引申為言辭。

甲 金 古

屬字 三

䑜 [tà] 本義：喝、飲

舓 [shì] 本義：用舌頭舔取食物

干

音	形	義
gān 干	象形。甲骨文。像帶杈的木棍形。在杈端捆上石頭。	原始狩獵工具。引申指冒犯。

甲  金 

屬字 三

羊 [rěn] 本義：刺

屰 [nì] 本義：不順

屬字 二

西 [tiàn]

本義：舌頭舔舐

谷

音：jué 絶

形：象形。下從口（人嘴）。上像口上腭紋理形。

義：口上腭。引申指大笑。

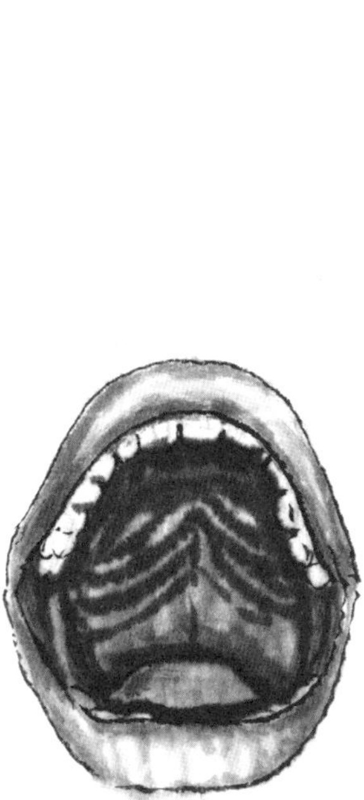

只

音	形	義
zhǐ 只	指事。從口。表示說話。下面兩豎表示語音拖長。口氣徐徐下出。	語氣助詞。相當于啊呀。

金

屬字 二

[xīng] 𠷎 本義：助語之聲

㕯

音：nè 訥

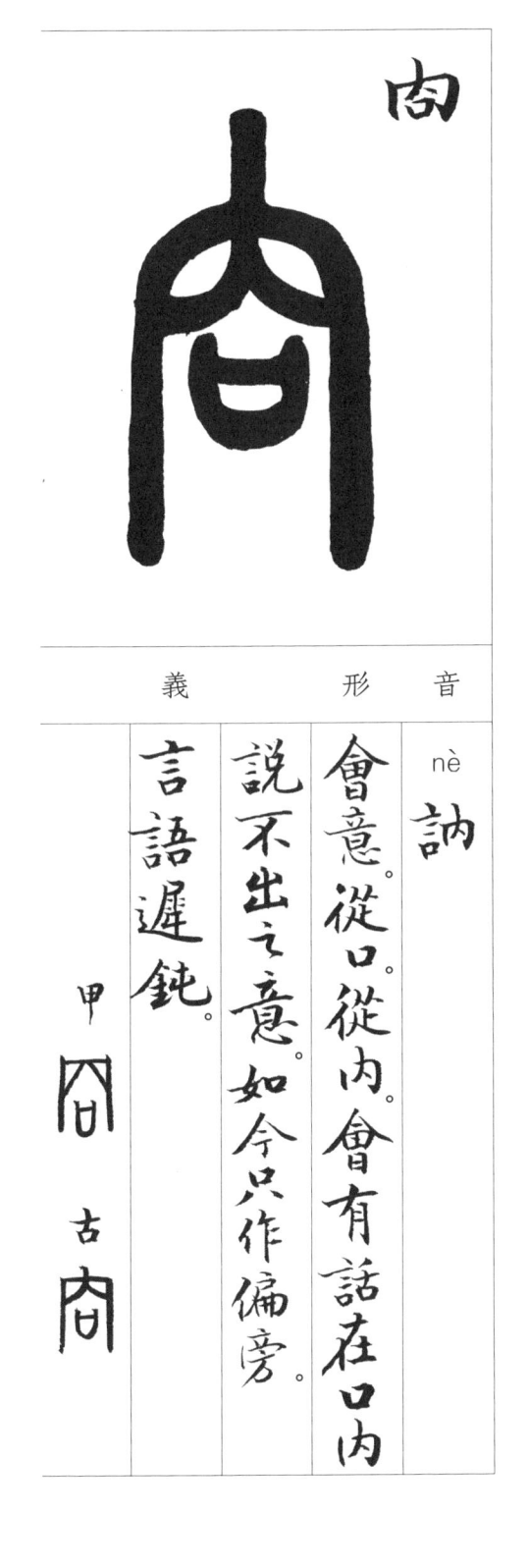

形：會意。從口。從內。會有話在口內說不出之意。如今只作偏旁。

義：言語遲鈍。

甲 

古 

屬字 三

矞 [yù] 本義：用錐子鑿穿物體

商 [shāng] 本義：從外面估測裏面的情況

「句」本義表示語調曲折，讀[gōu]。引申爲「詞句」時，讀[jù]。「勾」又是「句」的俗寫。

句

音	形	義
gōu 勾	會意兼形聲。從口（語聲）從丩（勾曲）兼表聲。會語調曲折之意。	語調曲折。引申為句子。

甲  金 

四 屬字

拘 鉤 笱 [gǒu] 本義：捕魚的竹籠

丩

音：jiū 丩

形：象形。像藤蔓糾結形。

義：如今不單用。只作偏旁。相互纏繞。

甲 

金 

三

屬字

糾

古

古

音	形	義
古 gǔ	會意。以十。口表示口口相傳。	世代不斷。古事不忘。過去久遠年代的事物。

金 古　篆 古

屬字

二 [jiǎ] 嘏 本義：大、遠

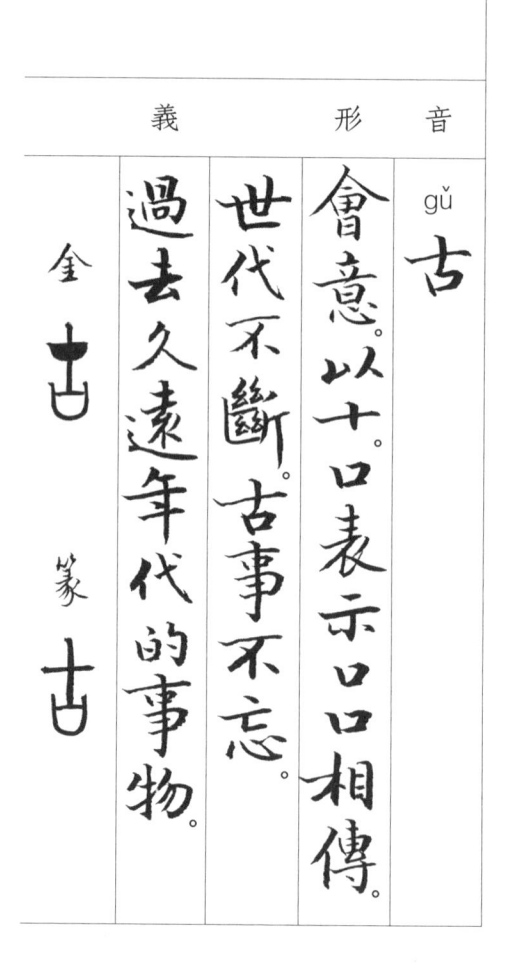

十

十

音 shí 十

形 指事。是一根有刻度的豎棍。

義 數字十。又泛指數量極多。由此引申指完備。齊全。

甲

金

篆

屬字 九

千 博 廿 丈

卅

音：sà 颯

形：會意。三個十并爲一字。

義：數詞三十。

甲

金

屬字 二

世

言

音	形	義
yán 言	會意。從口。上像簫管樂器形。	會口吹樂器之意。吹奏樂器。引申指說話。

甲

金

屬字 二四五

談 詩 論 誠 信 警 譽

誩

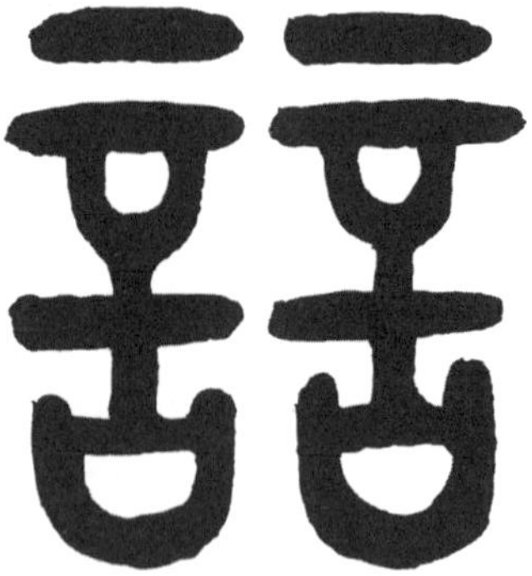

音：jìng 敬

形：會意。從二言。表示二人爭論。

義：如今不單用。只作偏旁。爭論。辯論。

屬字　四

譱 [shàn] 本義：吉祥的言辭

競 [jìng] 本義：强烈的爭辯

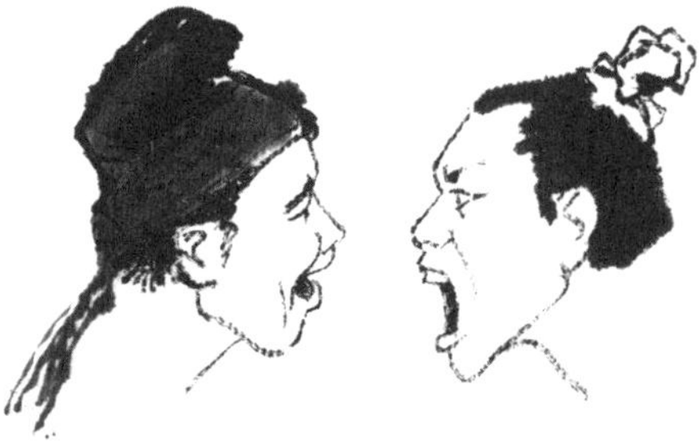

音

音 yīn 音

形 指事。在言中加一短橫，表示口含物發出的樂音。

義 音樂。引申為聲音。

甲  金  篆 

屬字 六

響

章

韶 [sháo] 本義：舜時代的樂曲名

竟 [jìng] 本義：樂曲終止

辛

音 qiān 千

形 會意。由二(上)。干(狩猎工具)。

義 表示犯上者犯法有罪。罪過。

甲

金

屬字 三

童 妾

丵

音	形	義
zhuó 濁	象形。像草木一起向上生長形。	如今不單用。只作偏旁。 叢生之草木。

屬字　四

業　叢　對

[duì] 本義：回答不拘泥方法。同「對」

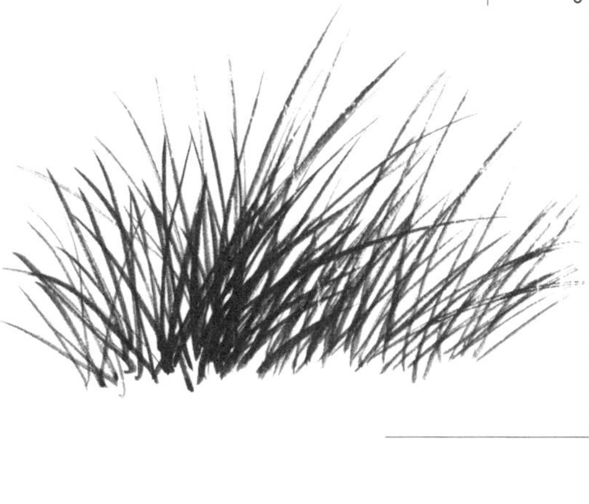

菐

音	形	義
pú 匍	會意。雙手捧丵。表示煩雜眾事。如今不單用。只作偏旁。	瑣事。引申為奴僕。

甲  金  古 

屬字 三

僕

⿱八菐 [bān] 本義：分配工作

廾

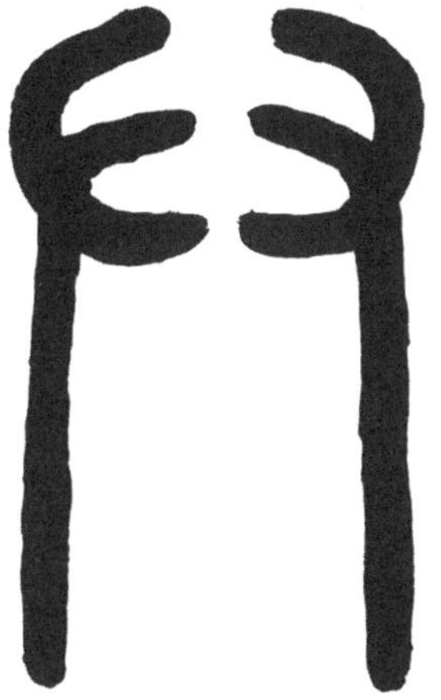

音　gǒng 拱

形　會意。左右手捧物狀。

義　雙手捧物。如今不單用，只作偏旁。

甲 

金 

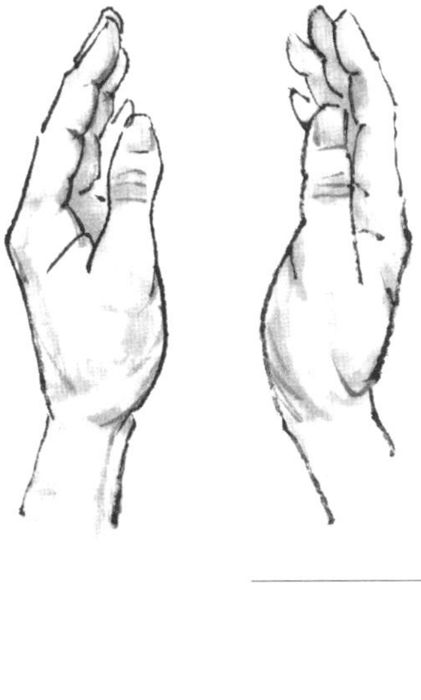

屬字　一七

奉　丞　弄　戒　兵　具

𠬜

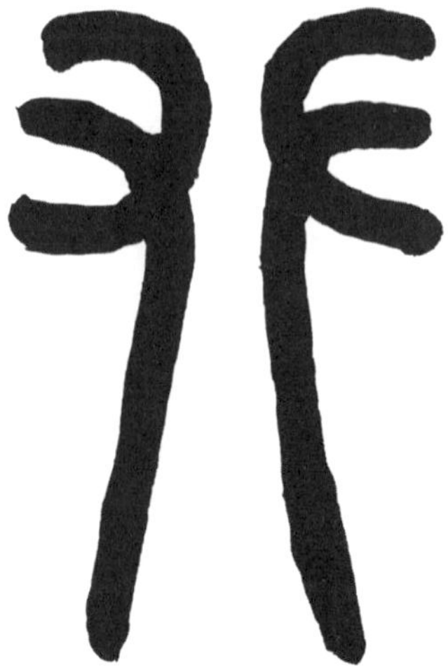

音 pān 潘

形 會意。左右手相背外推。表示攀緣時兩手向外。如今只作偏旁不單用。

義 攀緣。

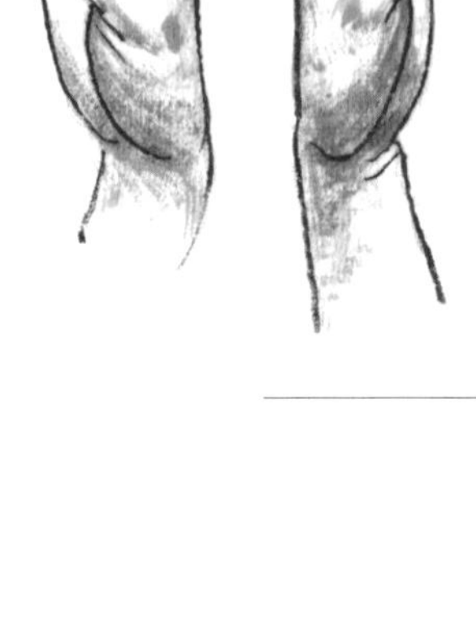

屬字 三

樊

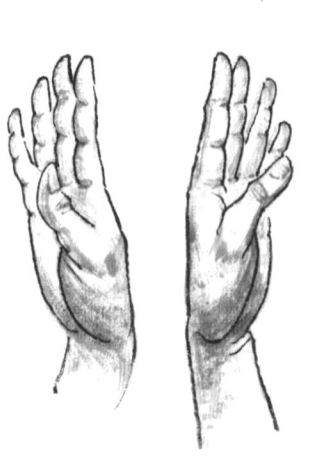

共

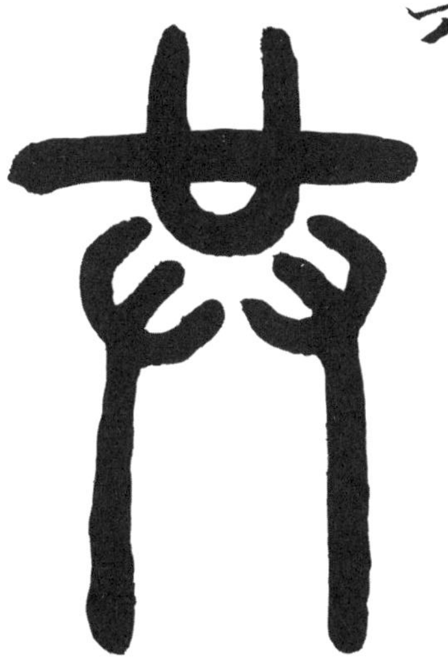

音：共 gòng

形：會意。雙手捧器之意。

義：共同。供給。

甲

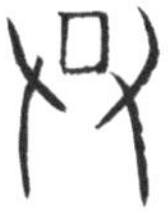

金

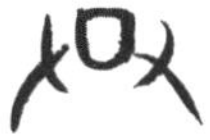

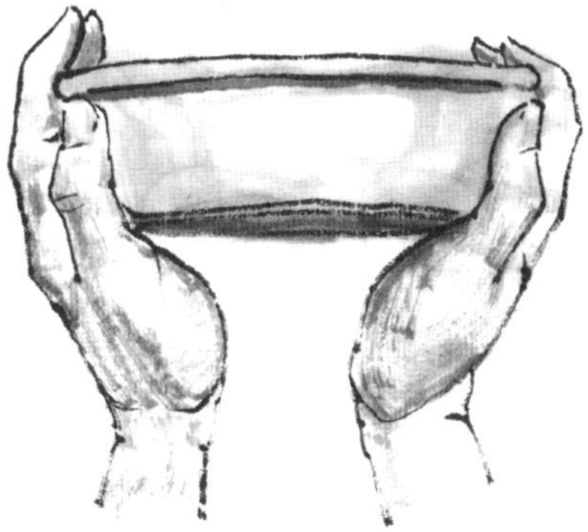

屬字 二

龔

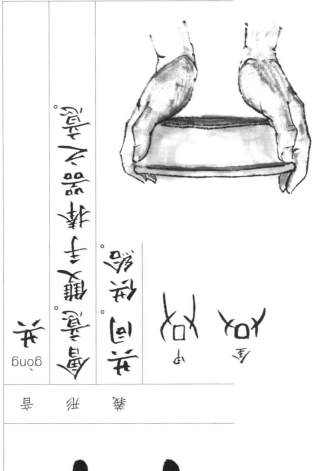

異

音 yì 益

形 象形。像人頭上戴面具狀。

義 頭戴假面具。引申特别。

甲 金

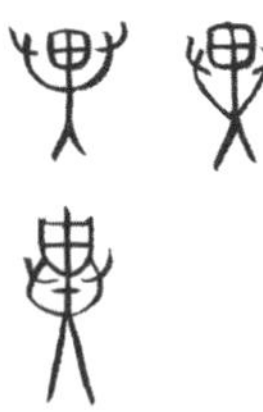

屬字 二

戴

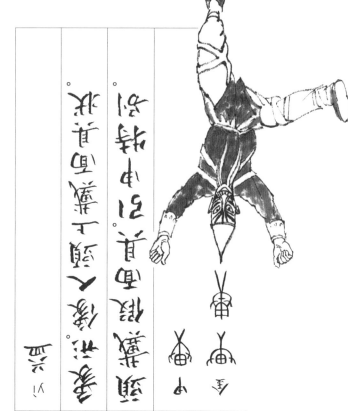

舁

音	形	義
yú 魚	會意。兩人相對。四手共同動作狀。	共同抬起。

甲  金 

屬字 四

與 與 舁 [qiān] 本義：升高

臼

音：居 jū

形：象形。兩手相向叉手。今不單用。只作偏旁。

義：兩手捧取。引申叉手。

甲骨

金文

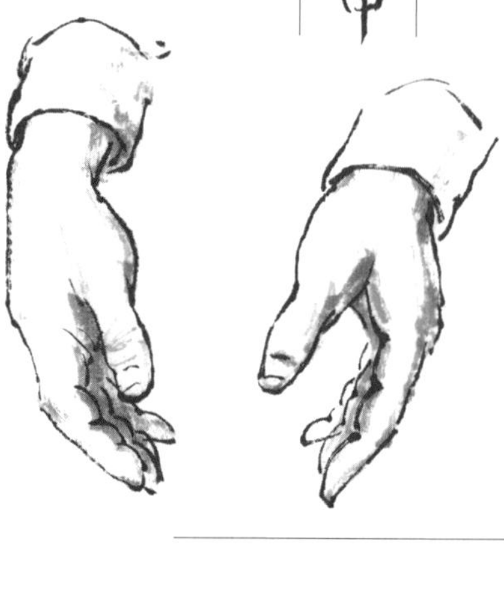

屬字 二

𦥔 [yāo] 本義：腰（兩手叉腰形）。同「要」

晨

音	形	義
chén 晨	會意兼形聲。從臼（雙手）從辰（農田害蟲）。會耕耘除蟲之意。	農耕。引申為早晨。

甲  金 

屬字 二

農 [nóng] 本義：耕種

爨

音：cuàn 爨

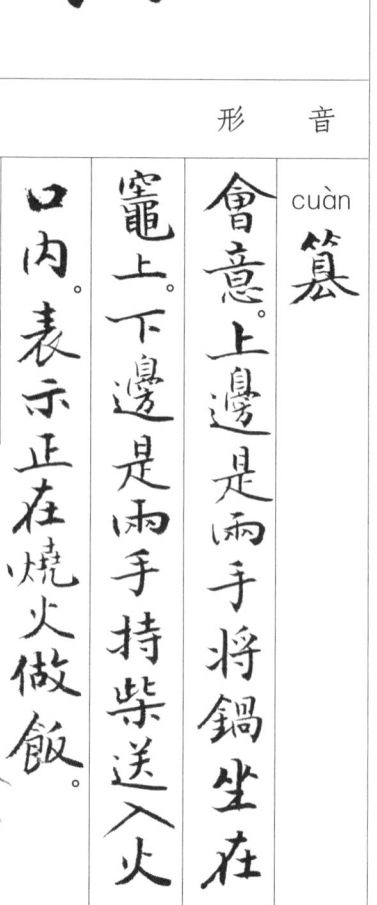

形：會意。上邊是兩手將鍋坐在竈上。下邊是兩手持柴送入火口內。表示正在燒火做飯。

義：燒火做飯。

三 屬字

[xìn] 釁

本義：新製器物，殺生以祭，用其血塗縫隙

革

革

音　形　義

gé

革

象形。用皮鏟刮獸皮上的毛。

刮去獸皮上的毛。引申為除去。

金　古

屬字　五七

鞏　勒　鞭　靳　靶

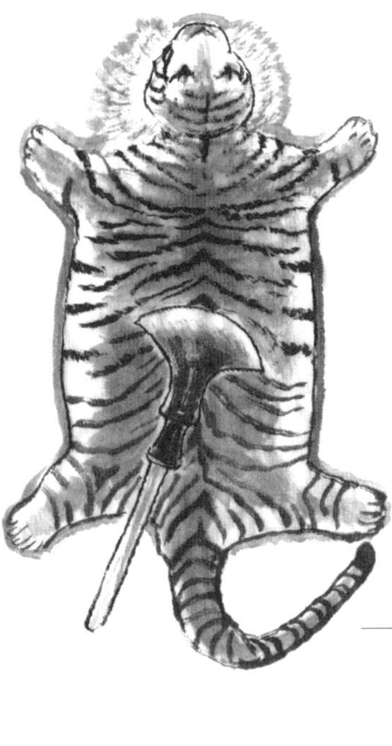

鬲

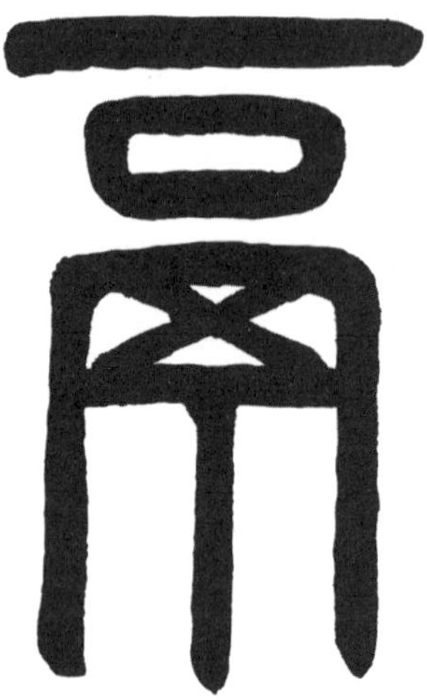

音：lì 利

形：象形。古代鼎類蒸煮炊具形。

義：鼎類炊具。

甲 

金 

屬字 一三

融

鬹 [guī] 本義：三隻脚的鍋

鬴 [fǔ] 本義：古代的一種鍋。同「釜」

鬸 [zèng] 本義：古代蒸食炊器。同「甑」

鬲

音	lì 利
形	會意。中間是鬲（炊具）。兩側曲綫表示鬲內食物的氣味冒出。
義	烹煮。引申為炊具。

甲  金 

屬字 一三

鬻 [zhōu] 本義：糜，即粥

鬻 [gēng] 本義：五味調和的濃湯。同「羹」

鬻 [zhǔ] 本義：煮

爪

音 zhǎo 爪

形 象形。像覆手有所抓撓形。

義 抓撓。引申鳥獸脚趾。

甲

金

屬字 四

孚 爲

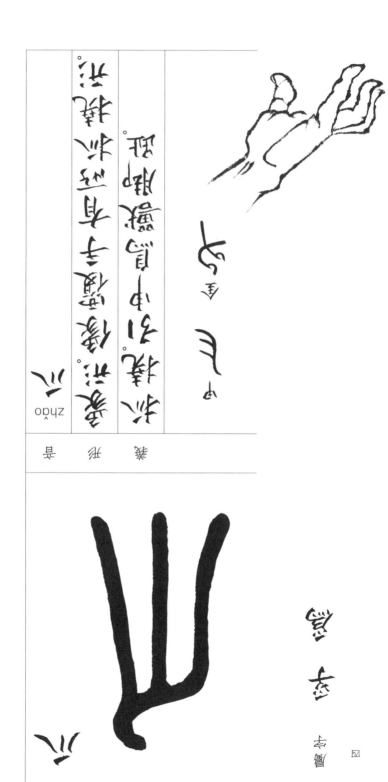

丮

音：jí 及

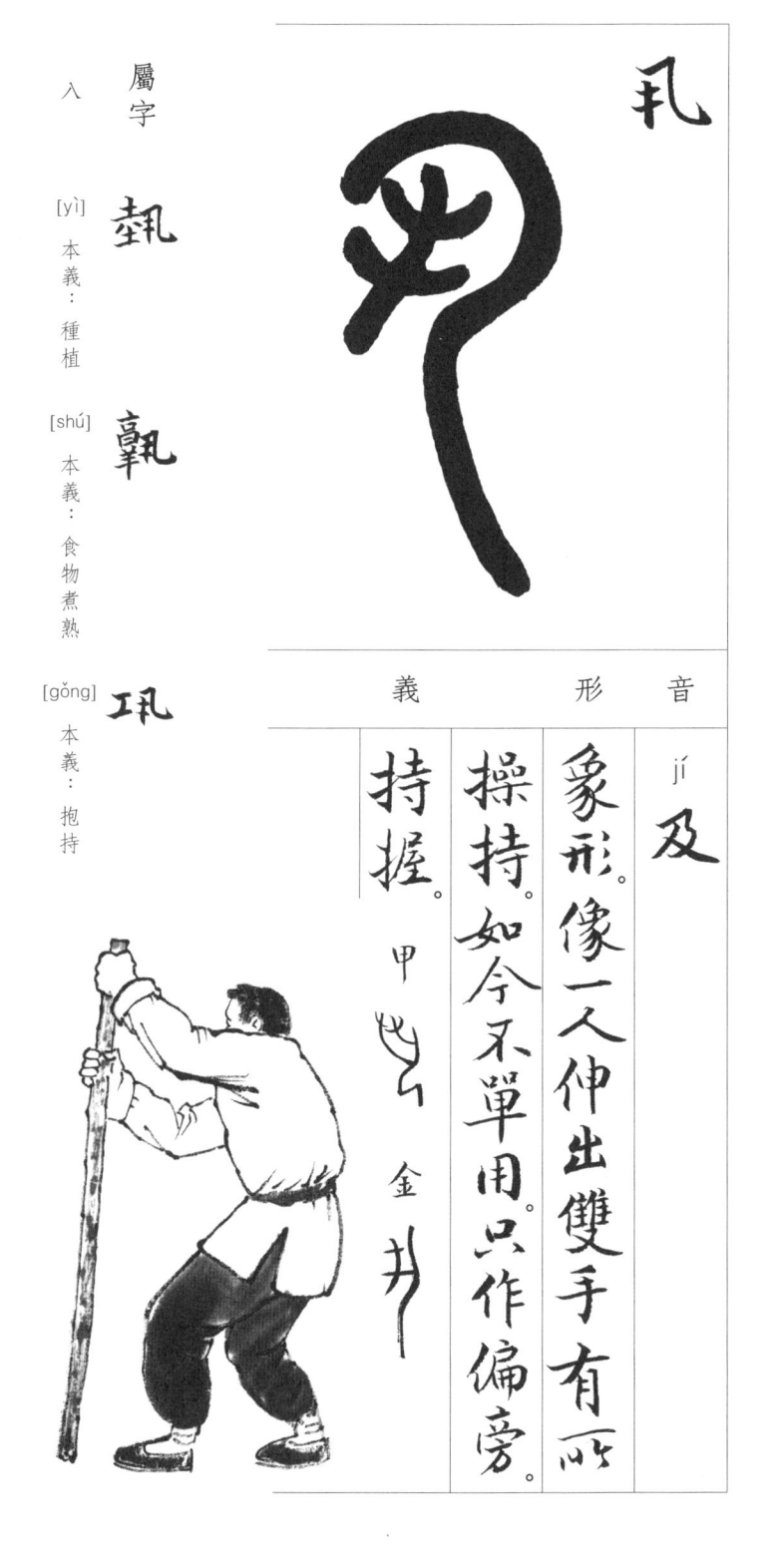

形：象形。像一人伸出雙手有所操持。如今不單用。只作偏旁。

義：持握。

甲 

金 

屬字

入

[yì] 埶 本義：種植

[shú] 孰 本義：食物煮熟

[gǒng] 巩 本義：抱持

鬥

音：dòu 豆

形：象形。像兩人對打搏鬥形。

義：對打。引申打仗。

甲

屬字

一〇

鬩 [xì] 本義：爭吵

鬨 [hòng] 本義：爭鬥。同「哄」

又

音	形	義
yòu 右	象形。像右手形。	右手。

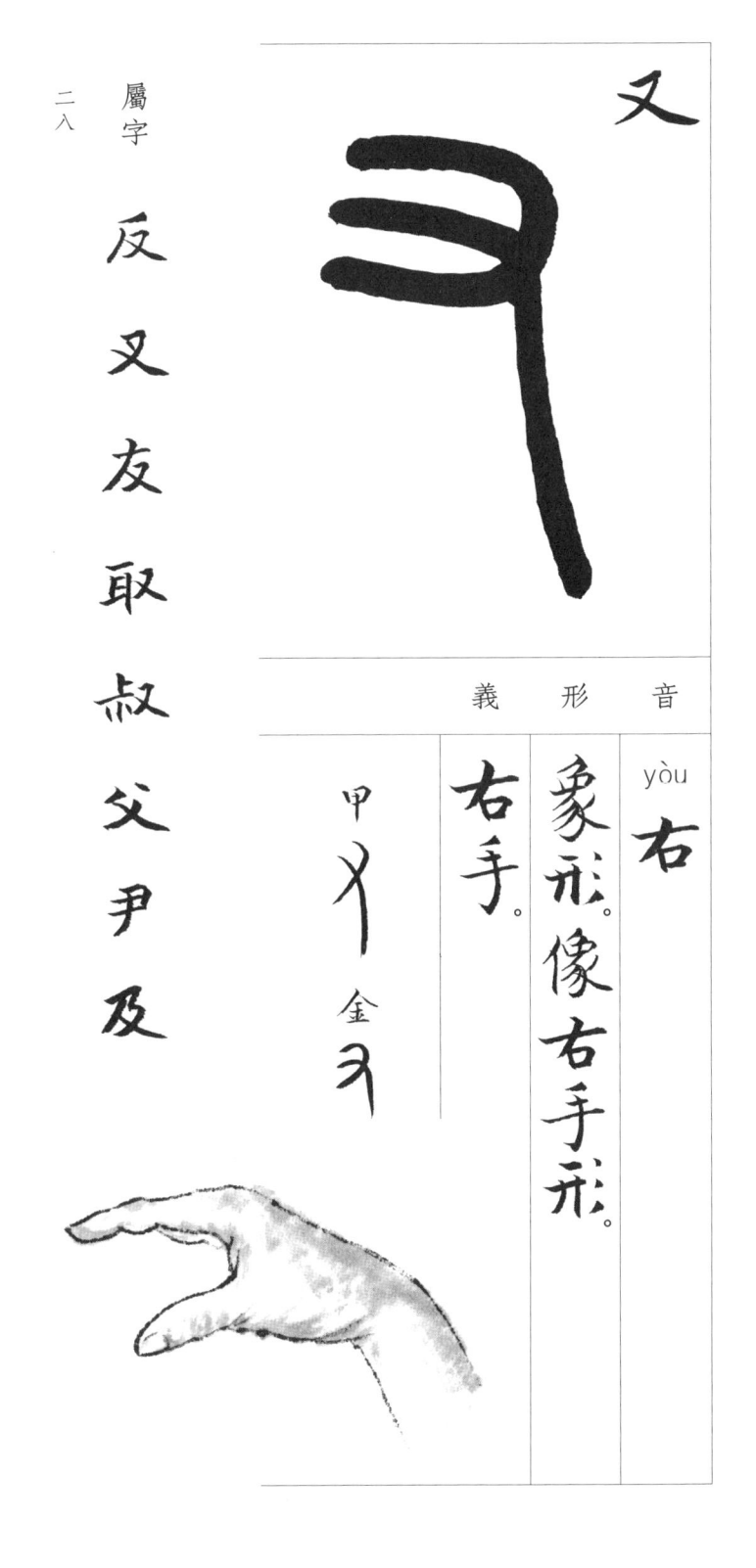

甲 

金

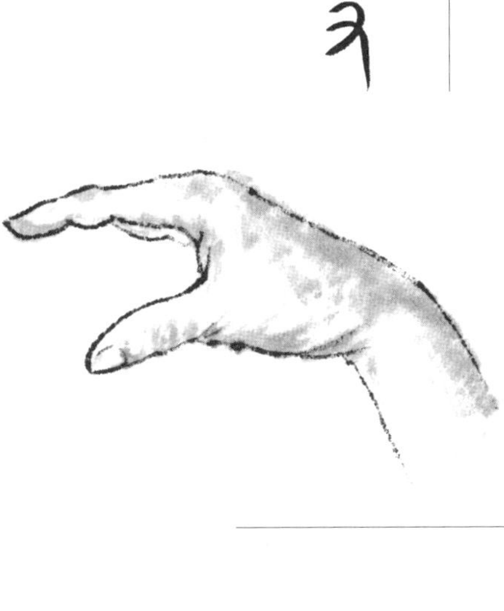

二八 屬字

反 叉 友 取 叔 父 尹 及

ナ

音　zuǒ　左

形　象形。三指朝右。像左手形。

義　左手。

甲 

金 

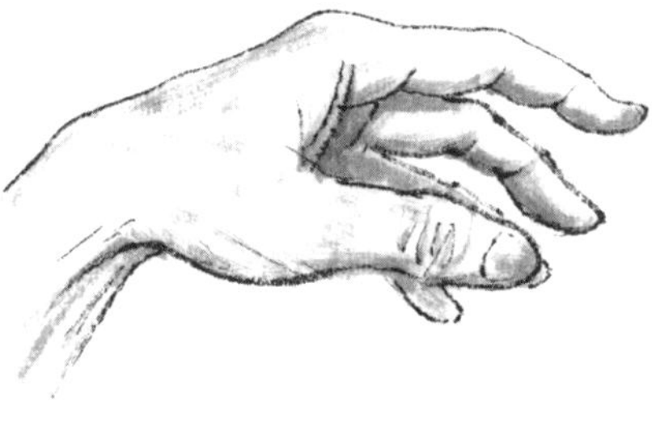

屬字　二

卑 

屬字 二
事

史

音	shǐ 史
形	會意。用又（右手）持中（獵叉）。古代狩獵是大事。故會做事之意。
義	做事。引申擔任記事的人。

甲 金

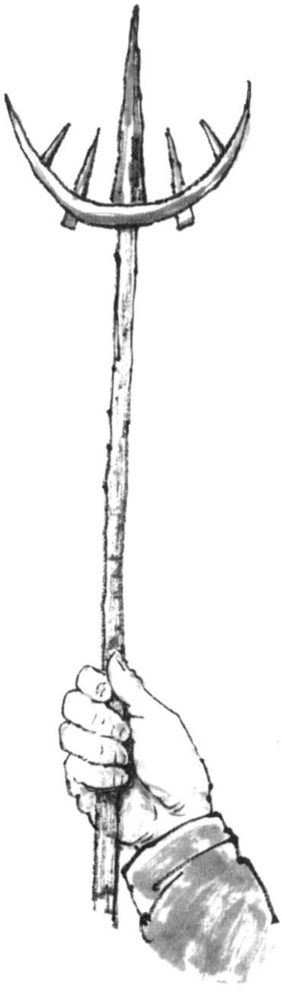

支

音	zhī 支
形	會意。從又（右手）持十（竹枝）。
義	表示劈下的一根竹枝。劈下的一根竹枝。引申為分出。

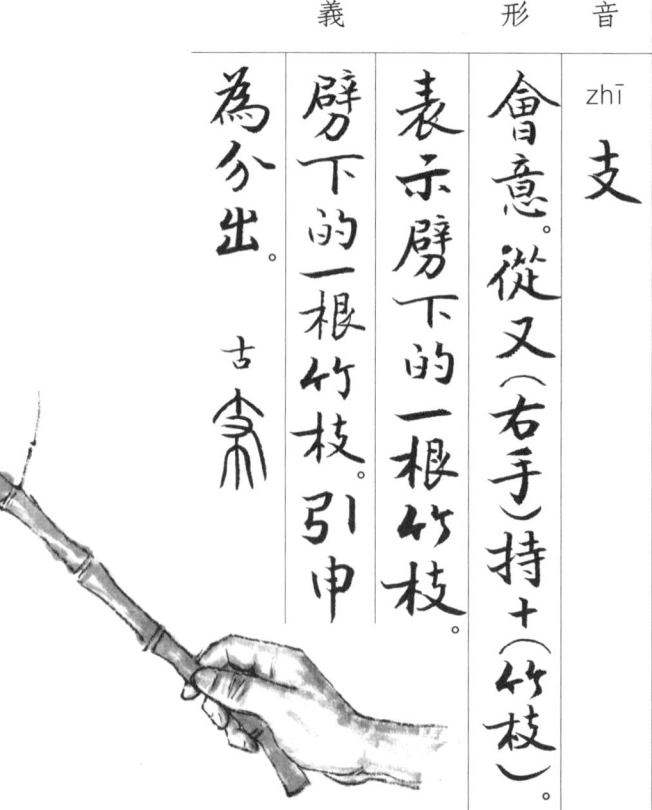

古 

屬字 二

敧 [qī] 本義：傾斜

聿

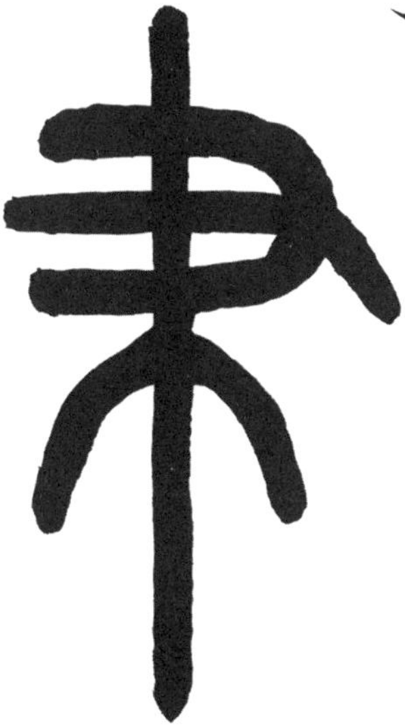

音：nìè 聶

形：會意。從又。持巾隨時拂拭。

義：示手巧。手巧。

甲

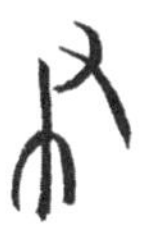

金

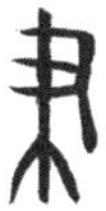

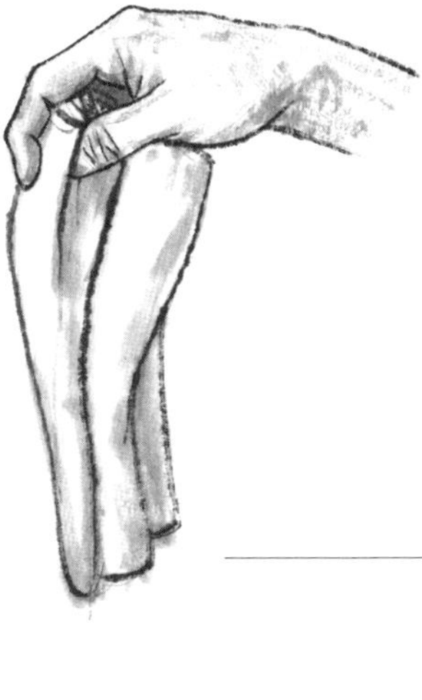

屬字 三

肅

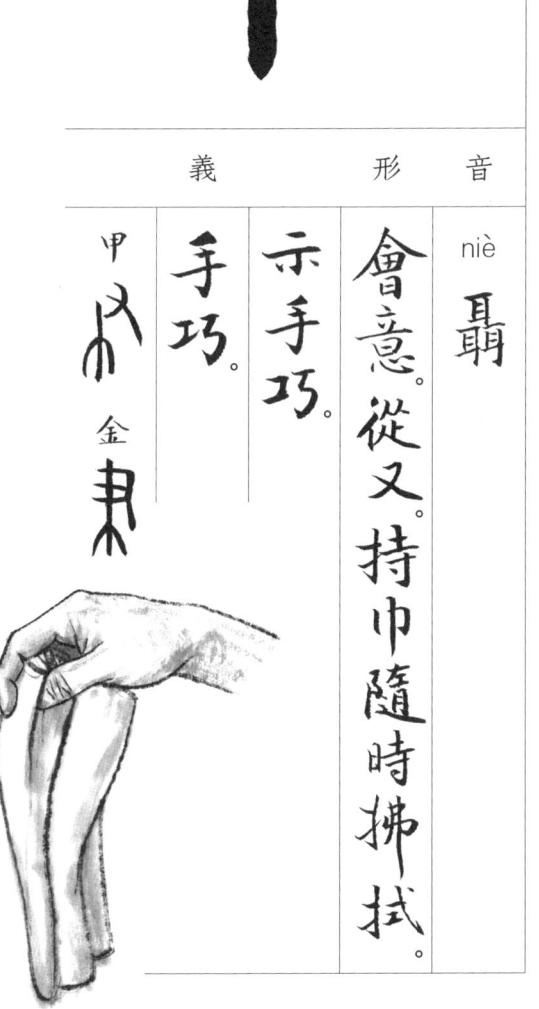

聿

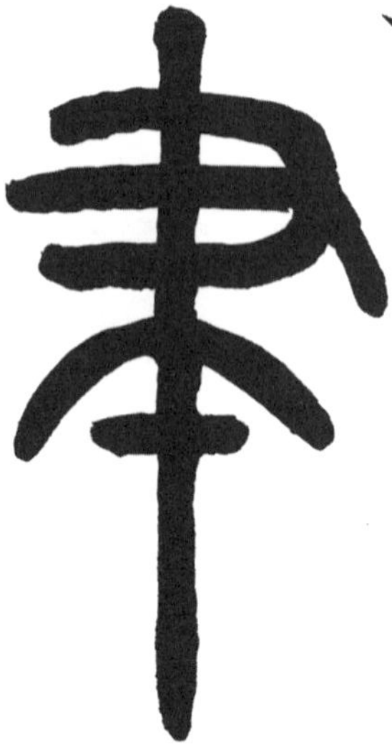

音 yù 玉

形 象形。像手持筆形。

義 筆。

甲

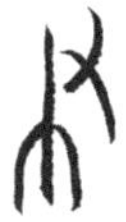

金

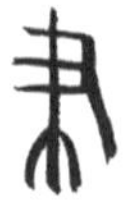

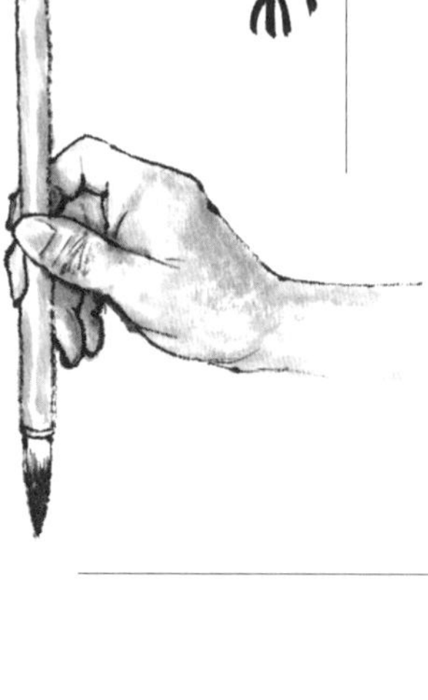

屬字 四

筆 書

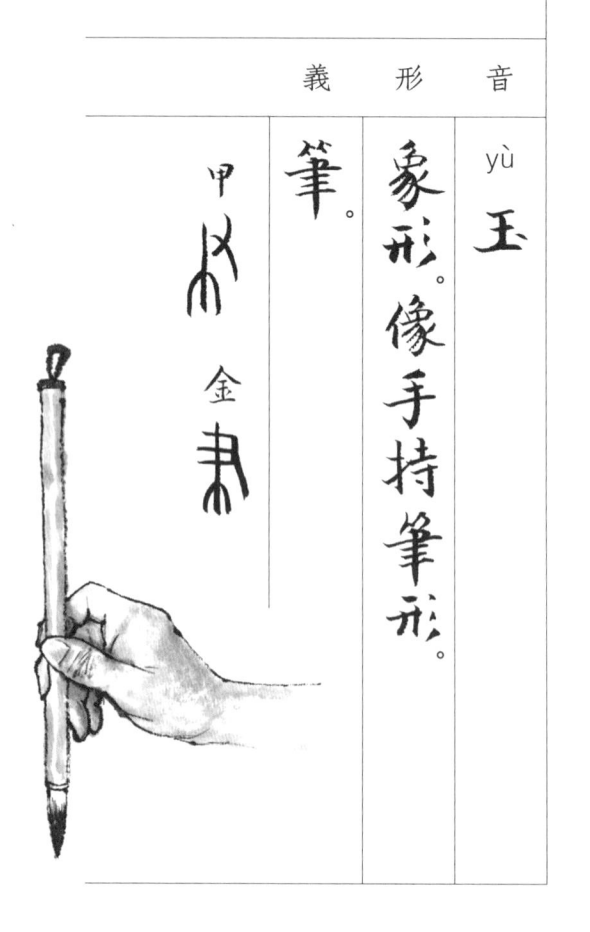

屬字 二

畫

畫

音 huà 画

形 會意。聿是筆，下面是田和四界。表示手持筆畫圖之意。

義 繪出圖形。

甲 

金

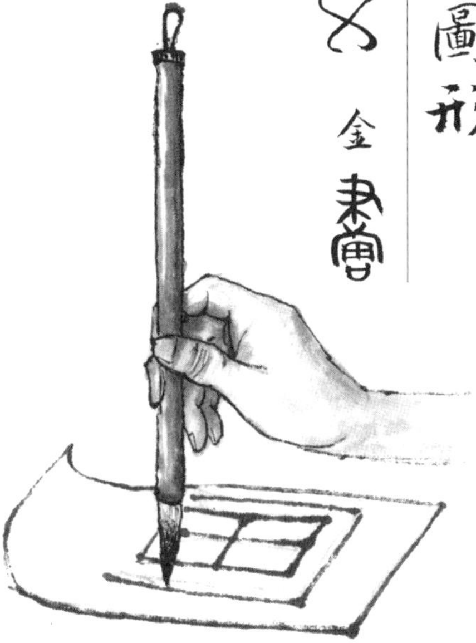

隶

音 dài 代

後作爲「隸」的簡化字，讀[lì]

形 會意。又爲手。氺爲尾巴。示捉拿。之後寫作逮。

義 捕獲。

甲

金

三 屬字

隸 隷 [dài] 本義：趕上

臤

音：千 qiān

形：會意。又為手。臣為眼。用手摳人眼。如今不單用。

義：抓獲俘虜多。引申能幹。堅強。

甲 

金 

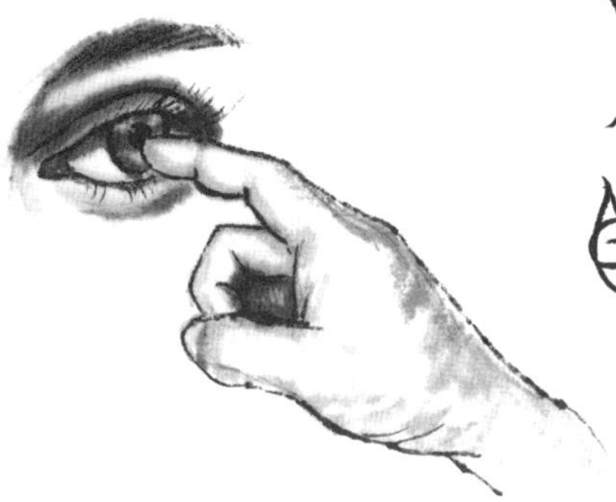

屬字 四

緊 堅 豎 [shù] 同「竪」

臣

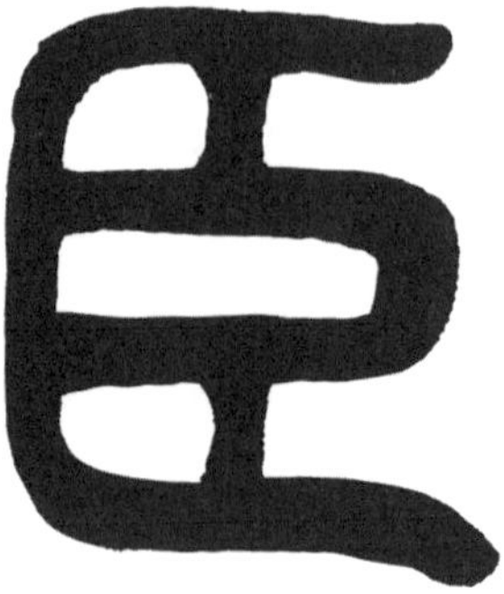

音：chén 臣

形：象形。像眼睛豎起來向人屈服狀。

義：戰俘。引申為官吏。

甲

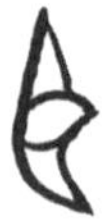

金

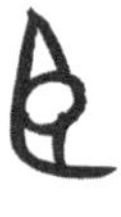

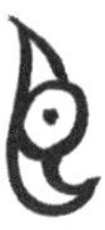

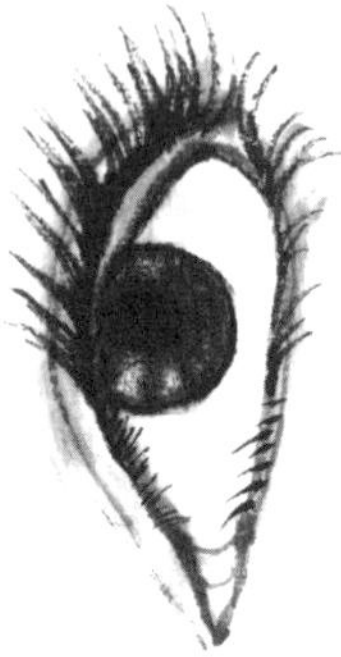

屬字 三

臧

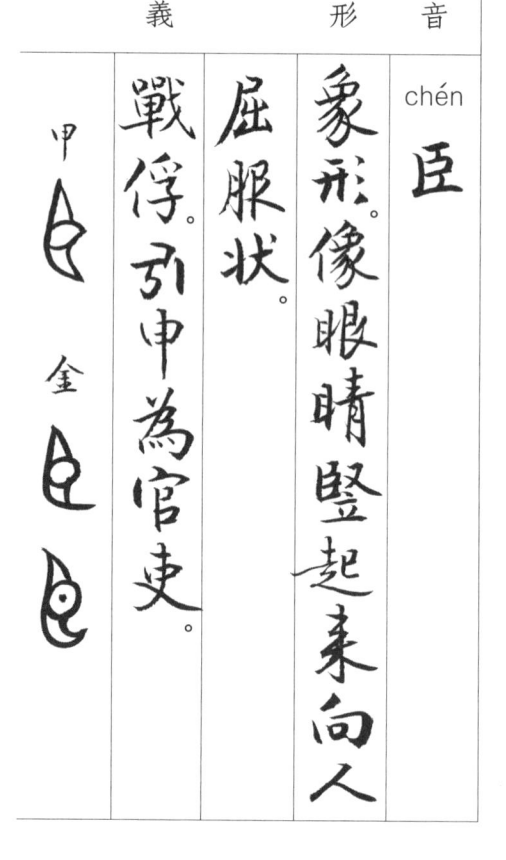

殳

音：shū 叔

形：象形。手持兵器。如今不單用。只作偏旁。

義：擲擊用的兵器。

甲 

金 

屬字 二〇

殿 段 毅 役

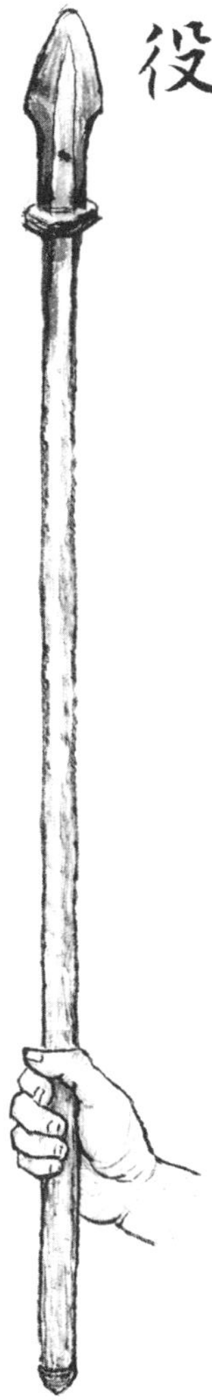

殺

音	shā 沙
形	象形。殳為手持椎。杀為長毛野獸的尸體。
義	打死野獸。

甲 金 古

屬字 二

弑

𠘧

音	形	義
shū 叔	象形。像短羽鳥展翅飛翔。	如今不單用。只作偏旁。短羽鳥飛翔。

甲骨  金 

屬字 三

鳧 [fú] 本義：野鴨。同「鳬」

寸

音	cùn 寸
形	指事。在手腕下面一寸位置加一橫。指明寸脉之處。
義	寸脉。又用作長度單位。

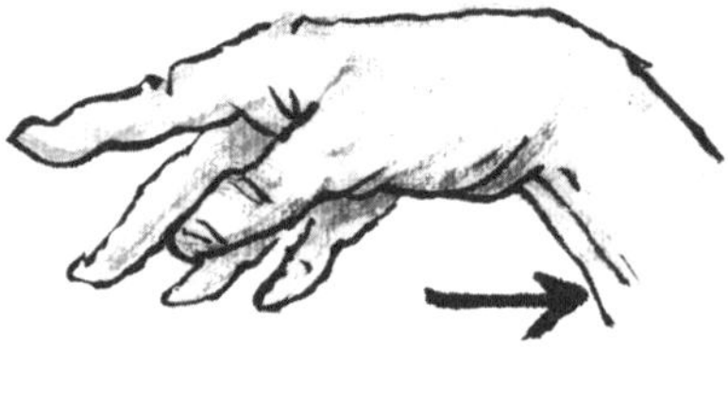

屬字 七

寺 專 導 將 尃

[fū] 本義：佈施

皮

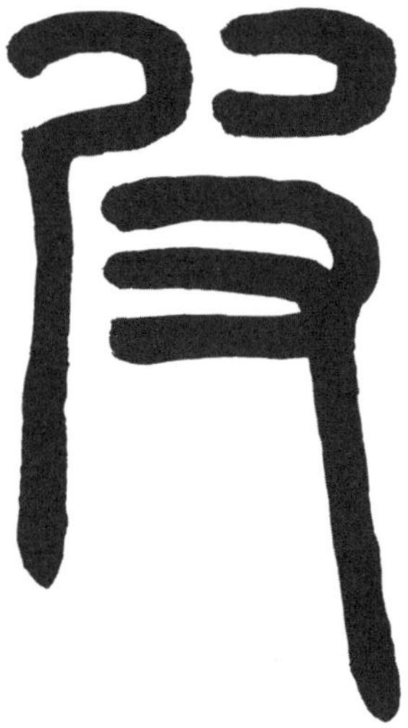

音	pí 皮
形	會意。又為手。[illegible]是皮鏟形。
義	會手執皮鏟加工皮革。
	剝取獸皮。引申獸皮。

金

屬字 三

皰 [pào] 本義：皮膚上長的小疙瘩

[illegible]（[illegible]）

音	形	義
ruǎn 軟	會意。用手在器具中鞣製皮革。如今不單用。只作偏旁。	鞣製皮革。也表示柔軟。

古  籀 

屬字 二

[illegible] [jùn] 本義：打獵時穿的皮褲

攴

音	pū 仆
形	會意。從又(手)。從卜(棍棒)。會手持器械擊打之意。如今不單用。
義	輕擊。引申執物操作。

甲  金 

七七 屬字

故 政 效 敏 更 敲 整 寇

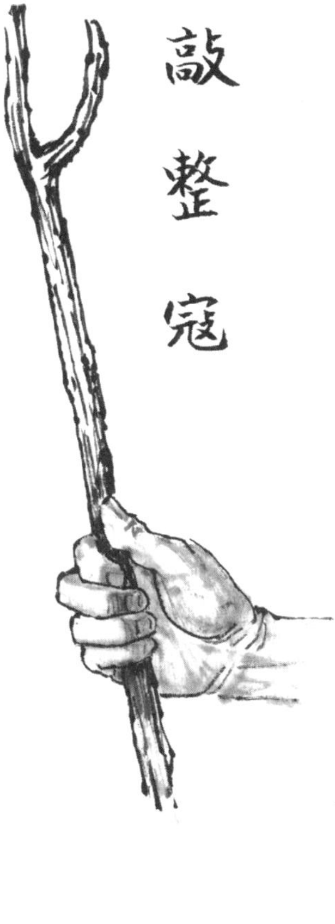

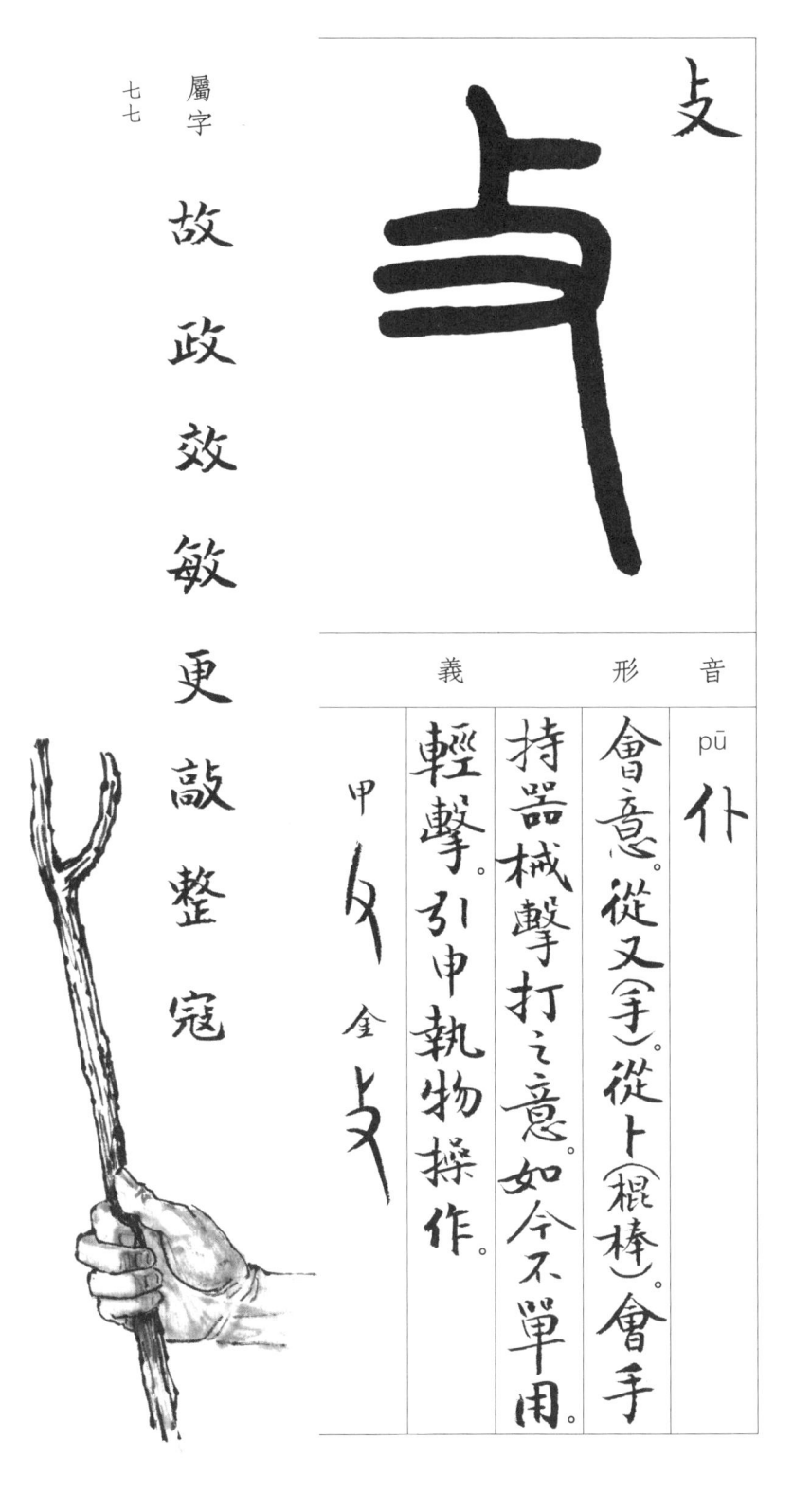

教

音：jiào 教

形：會意。爻表技能。子為學童。攴為監督。

義：效仿。教化。

甲 

金 

屬字 二

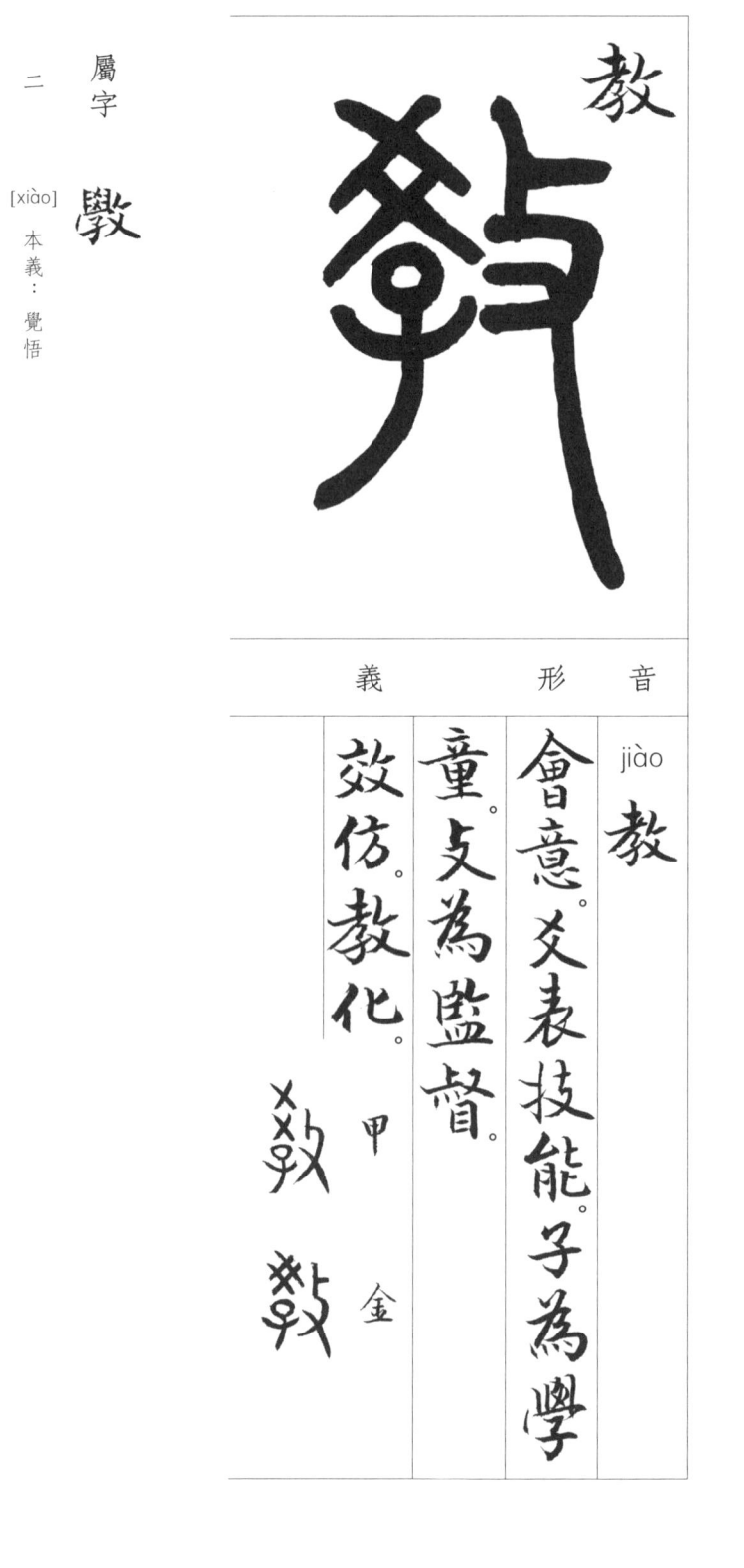

斆 [xiào] 本義：覺悟

卜

卜

音：bǔ 卜

形：象形。像龜甲灼燒後出現縱橫裂紋形。

義：灼甲骨取兆。以占吉凶。

甲 卜　金 卜

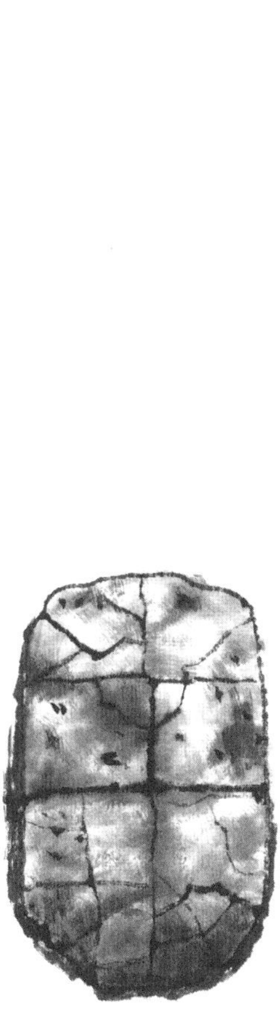

屬字 入

卦 貞 占

用

音	形	義
yòng 用	會意。由卜。用(占卜用的骨板)	示意卜得吉兆。據卜兆行事。

甲

金

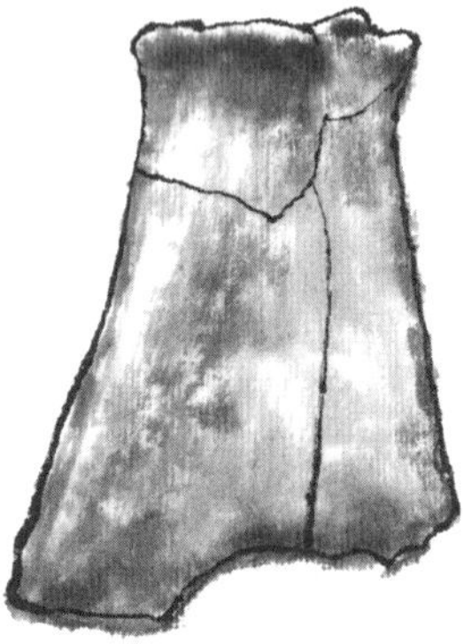

屬字 五

甫 庸 甯

[níng] 本義：寧願。同「寧」

爻

音：姚 yáo

形：象形。像蓍草或算籌交錯形。表示占卜計算。

義：交叉算籌。進行占卜計算。

甲

金

屬字 二

楙 [fán] 本義：藩籬

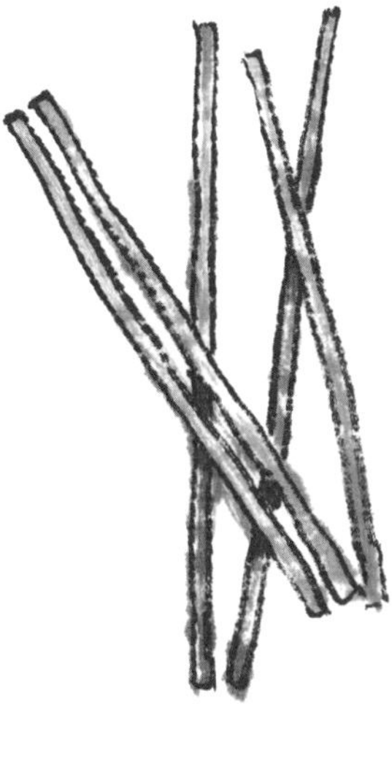

㸚

音：里 lǐ

形：象形。像竹木編製的籬笆。如今不單用。只作偏旁。

義：籬笆。

屬字 三

爾 爽

旻

音	形	義
xuè 血	會意。從攴（手持針）。從目。會以針治目疾之意。	針治目疾。引申以目示意。

甲

金

屬字 四

夐 [xuàn] 本義：營求

奭 [quán] 本義：睜大眼睛看

目

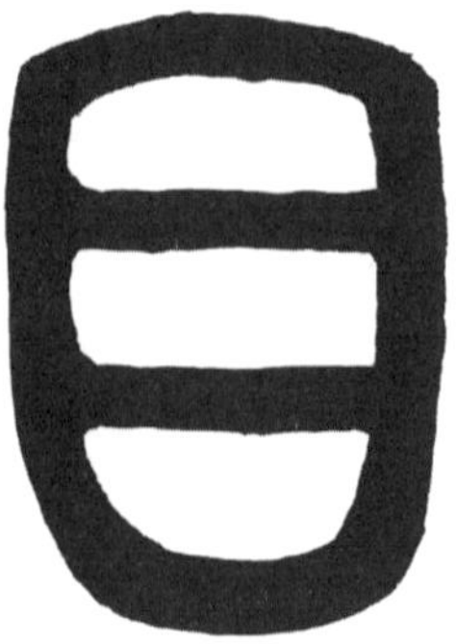

音：mù 目

形：象形。像眼睛形。

義：人的眼睛。

甲

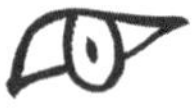

金

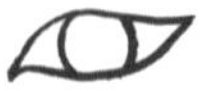

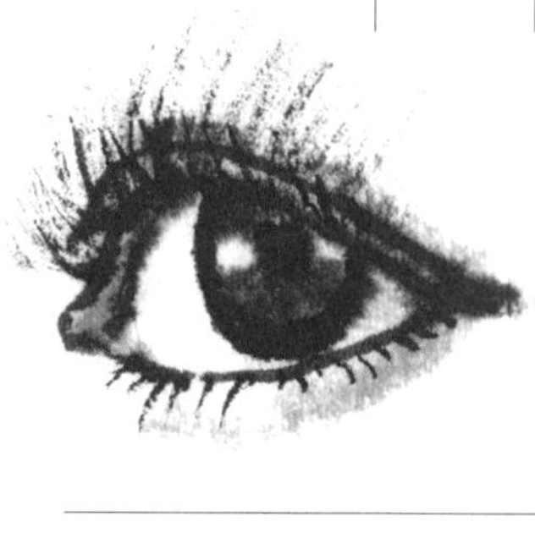

屬字 一一三

眼 盼 相 督 看

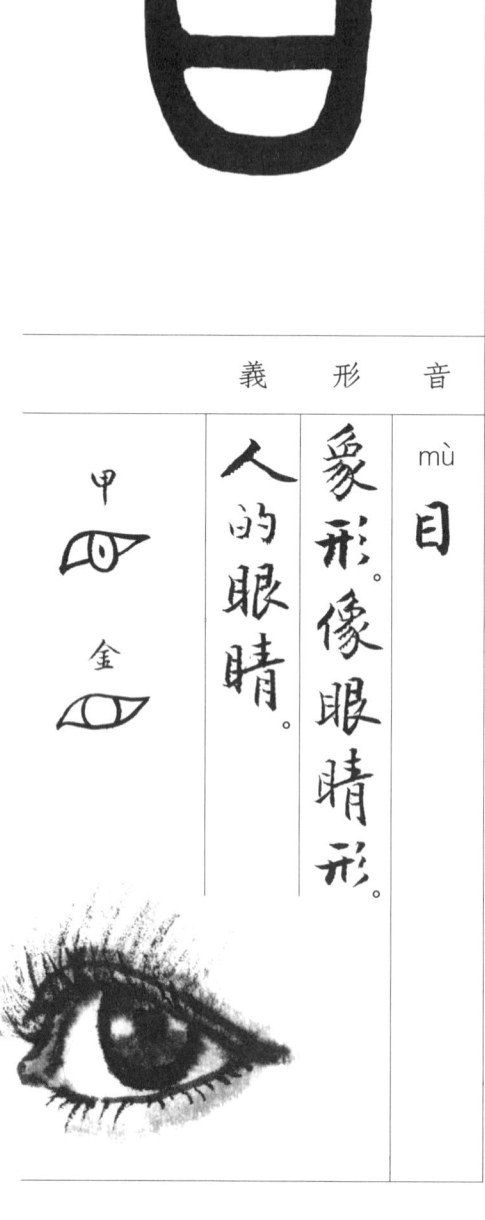

䀠

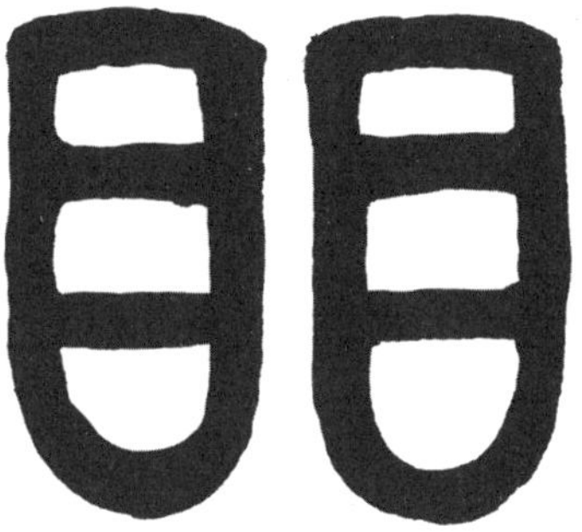

音：jù 䀠

形：會意。二目圓睜。只作偏旁。

義：因驚懼而左右環顧。

金

屬字 三

瞿 [jù] 本義：眼睛斜着

眉

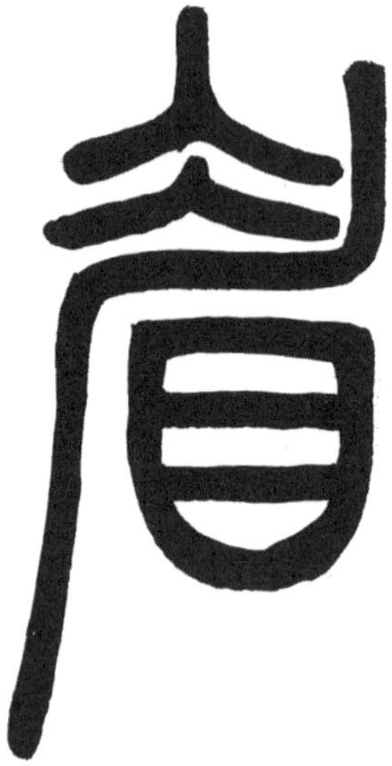

音：méi 眉

形：象形。像眼上有眉毛形。

義：眉毛。

甲
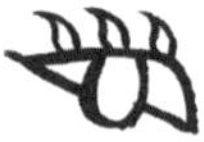

金
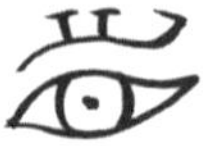

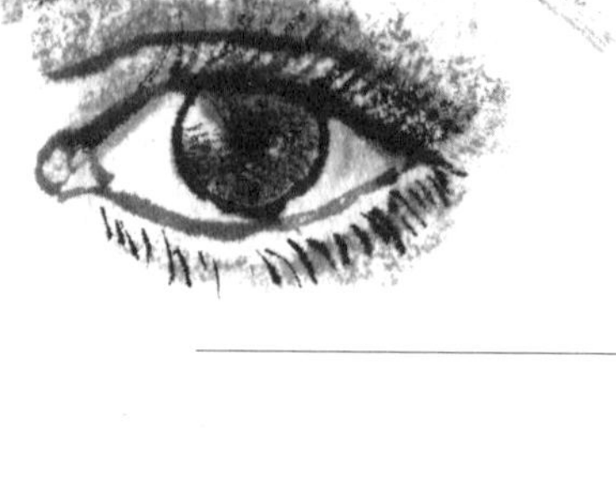

屬字 二

省

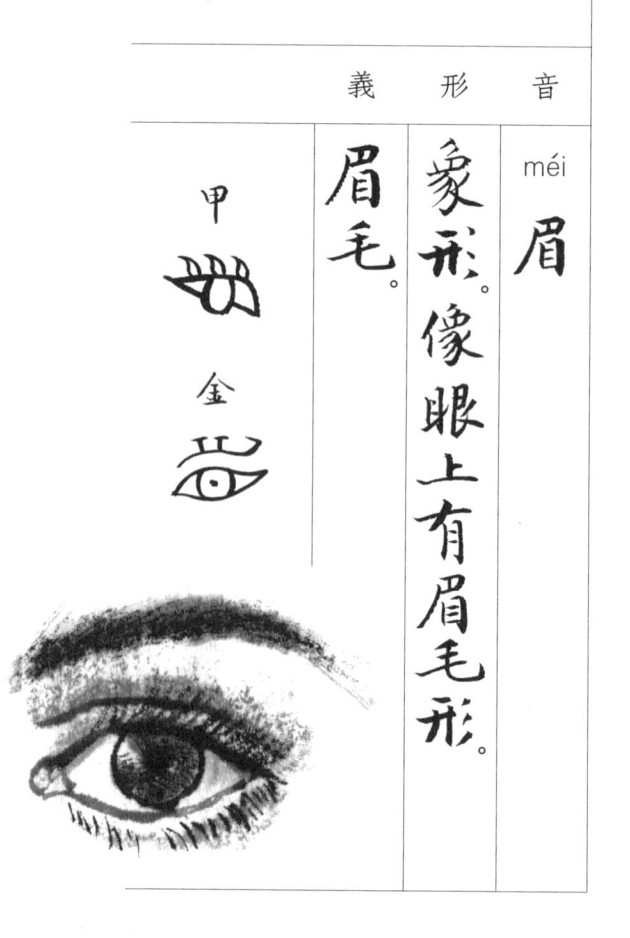

盾

音：盾 dùn

形：會意。從目。從斤（盾牌側視形）。

義：會護身抵擋刀箭的盾牌。盾牌。

金 𢦏

屬字

三

瞂 [fá] 本義：盾牌

䀄 [kuī] 本義：盾牌上手握的地方

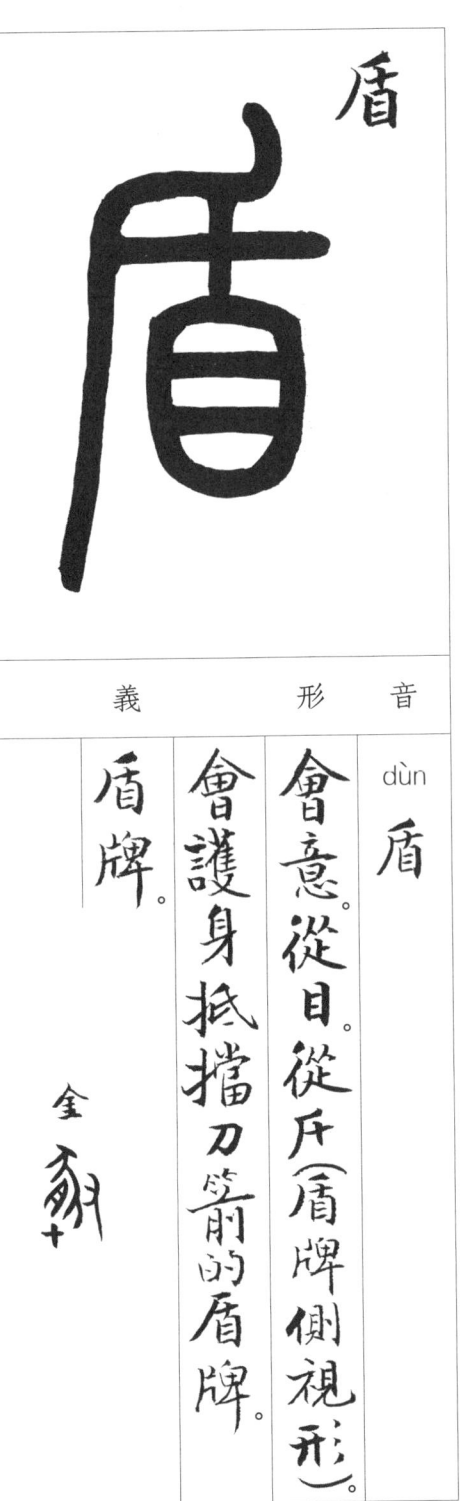

「自」是鼻子的象形字。楷書承接金文分別寫作「自」與「白」（頁一〇四）。如今規範化統一用「自」。

自

音	形	義
zì 自	象形。像鼻頭形。	鼻子。引申為開始。本人。

甲 

金 

屬字 二

𦣹 [mián] 本義：細密不見

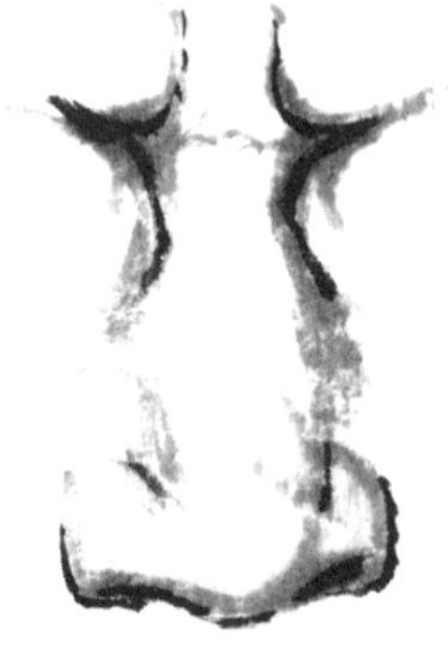

白

音	形	義
zì 自	象形。是自的省略形。	鼻子。

甲

金

屬字 七

皆 魯 者 百

鼻

音 bí 鼻

形 形聲。從自（鼻）。畀為聲。

義 用鼻子聞。又指鼻子。

甲

甲

屬字 五

鼾

鼽 [qiú] 本義：受涼而鼻塞不通

齅 [xiù] 本義：用鼻子辨別氣味

皕

音　bì　必

形　會意。以兩個百表示盛多。如今不單用。只作偏旁。

義　二百。

屬字

二

奭　[shì]

本義：盛大的樣子

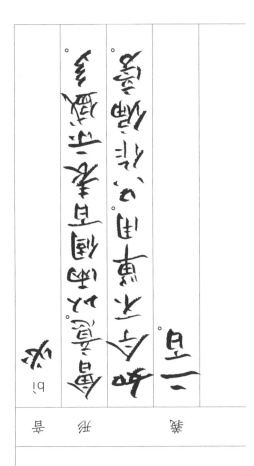

習

音 xí 席

形 會意。從羽。從白(日)。會鳥兒在空中反復練習飛翔之意。

義 反復練習飛翔。

甲

屬字 二

翫 [wán] 本義：戲弄。同「玩」

羽

音：yǔ 羽

形：象形。像鳥的雙翅形。

義：鳥的翅膀。

甲

屬字 三四

翰 翠 翁 翱 翮

翮 [hé] 本義：羽毛的莖

隹

音：追 zhuī

形：象形。像跳躍的鳥雀形。

義：短尾鳥的總稱。

甲 金

屬字：雅 隻 雕 雁 雄

三九

奞

音：xùn 迅

形：會意。從大（衣的省形）。從隹。會鳥欲掙脫而飛。只作偏旁。

義：鳥張翅待飛的樣子。

金

屬字 三

奪 奮

雚

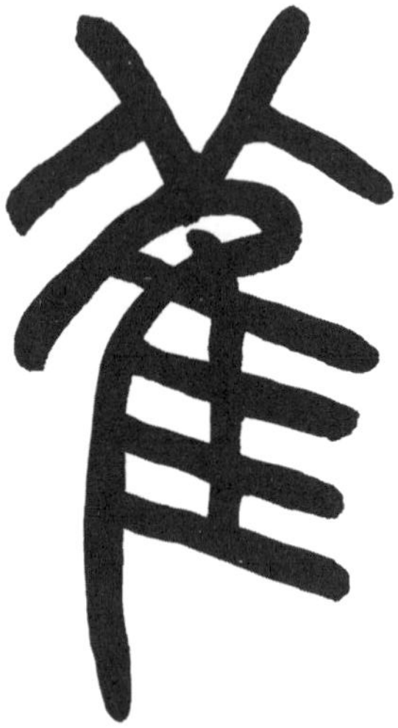

音	形	義
huán 還	象形。隹（短尾鳥）。从（角狀毛）。	貓頭鷹的一種。

甲

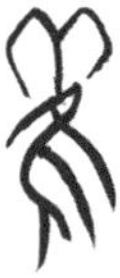

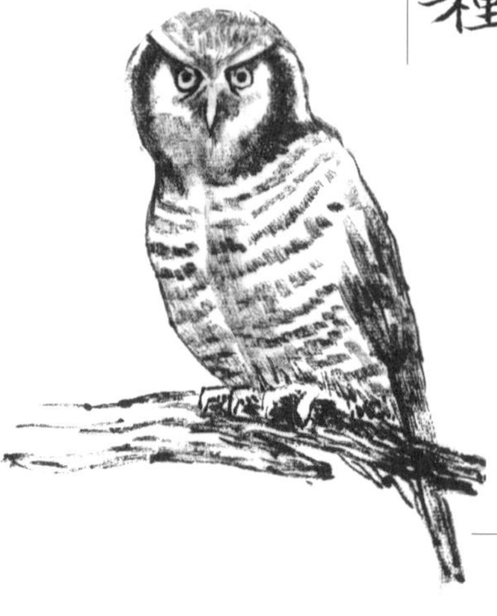

屬字 四

[huò] 蒦 本義：度量

[guàn] 藋 本義：水雀鳥

舊

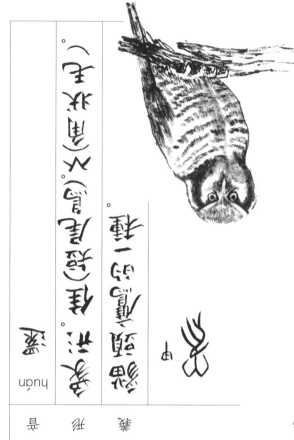

𦫳

音	形	義
guǎi 拐	象形。像羊角形。只作偏旁。	羊角。

金

屬字 三

[guāi] 乖 本義：違背

[mián] 节 本義：相當

苜

音	形	義
mò 默	象形。以𦫳(眼眶)。目組合。如今不單用。只作偏旁。	眼睛不明。

四 屬字

[méng] 瞢 本義：眼睛不明亮

[miè] ⿱苜火 本義：火不明亮

蔑

羊

音	形	義
yáng 羊	象形。像正面羊頭形。	羊。

甲

金

屬字 二六

羋

羸 [léi] 本義：羊瘦弱

羣

美

羌 [qiāng] 本義：西方戎族的牧羊人

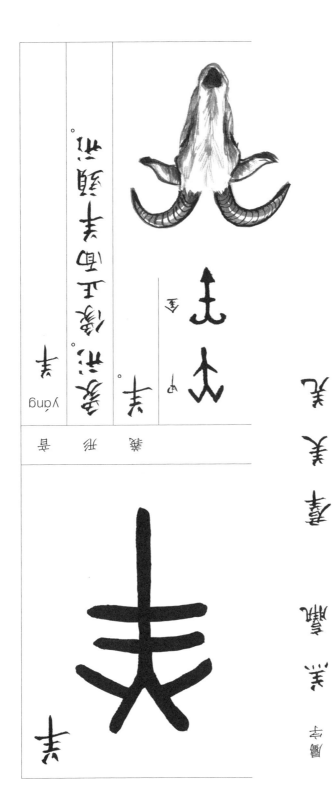

羴

羴

音	形	義
shān 山	會意。用三羊會臊氣之意。	羊的臊氣味。

甲

屬字 二

[chàn] 羼 本義：羊聚集在一起

瞿

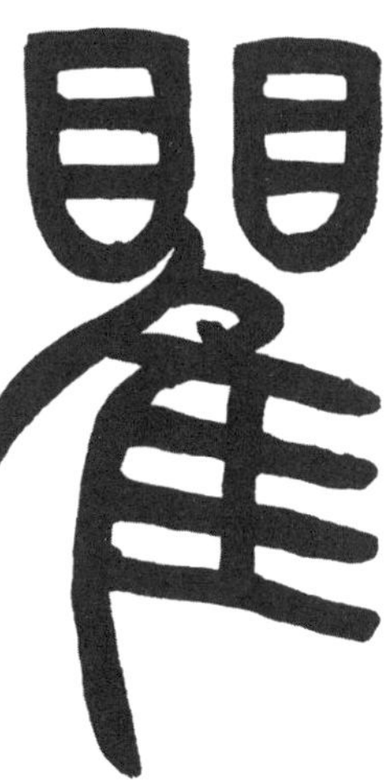

音：jù 巨

形：會意。上為雙目。下為隹。表示貓頭鷹瞪眼驚視之狀。

義：驚視的樣子。

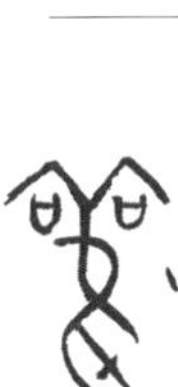
甲

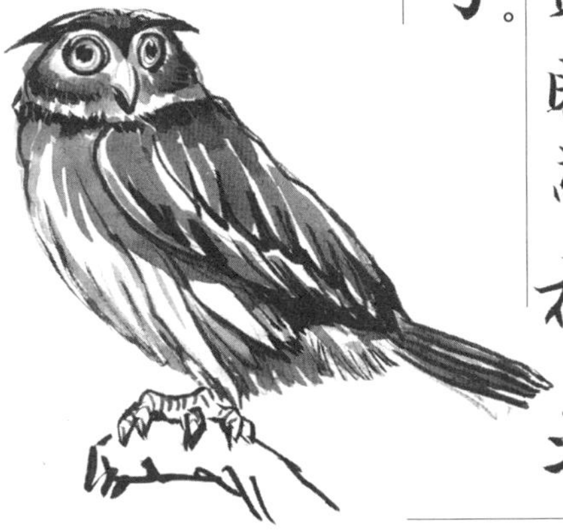

屬字 二

矍 [jué] 本義：驚惶四顧

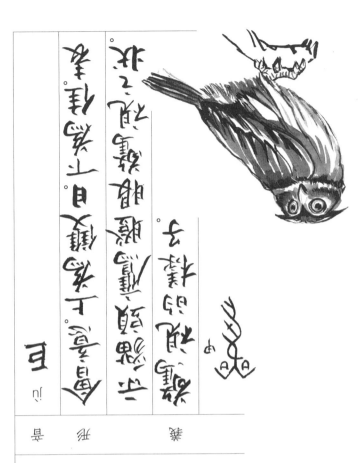

雔

音 chóu 仇

形 會意。從二隹。會雔雄二鳥相對之意。如今只作偏旁。

義 成對的鳥。

金

屬字 三

雙

雥

音 zá 砸

形 會意。三隹會群鳥雜集之意。如今不單用，只作偏旁。

義 群鳥。相聚。

甲

屬字

三 雧

[jí] 本義：群鳥聚集在樹上。同「集」

鳥

音	形	義
鳥 niǎo	象形。像鳥的側面形狀。	長尾飛禽的總稱。

甲

金

一一六 屬字

鳳 鶴 鴻 鳩 鳴

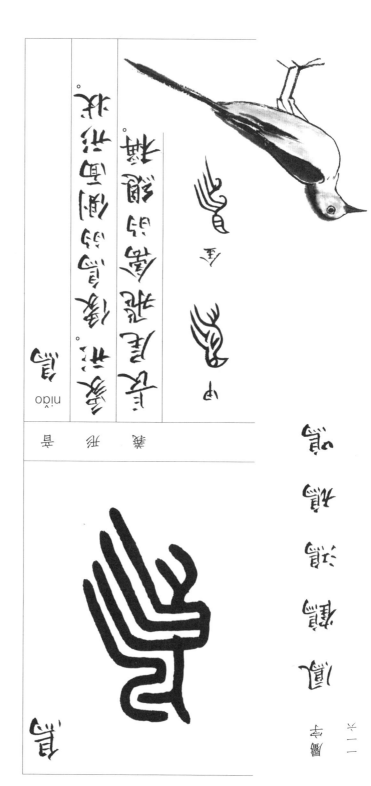

烏

音	形	義
wū 屋	象形。烏鴉的形狀。	烏鴉引申黑色。

金

屬字 三

舄 [què] 本義：喜鵲

焉 [yān] 本義：鳥名，黃色，生活在江淮一帶

𠦒

音	形	義
bān 班	象形。像長柄捕鳥網。	捕鳥網。如今不單用。只作偏旁。

甲

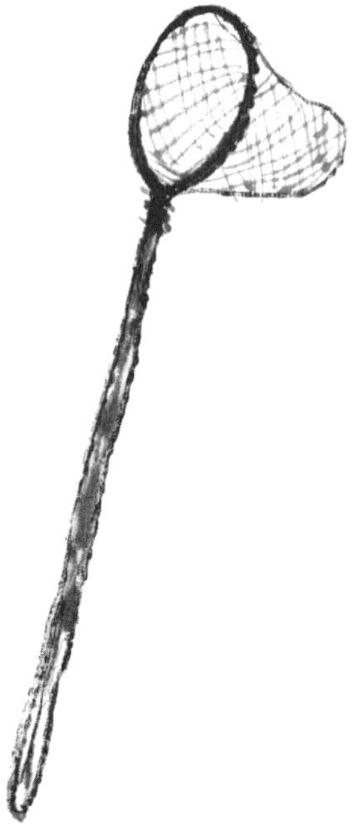

屬字

畢 糞 棄

四

三 屬字

再 爯

[chēng]

本義：一手舉起兩樣東西

冓

音	形	義
gòu 够	會意。兩魚相遇嘴相狎形。	兩魚相遇。引申為交接。

甲

金

幺

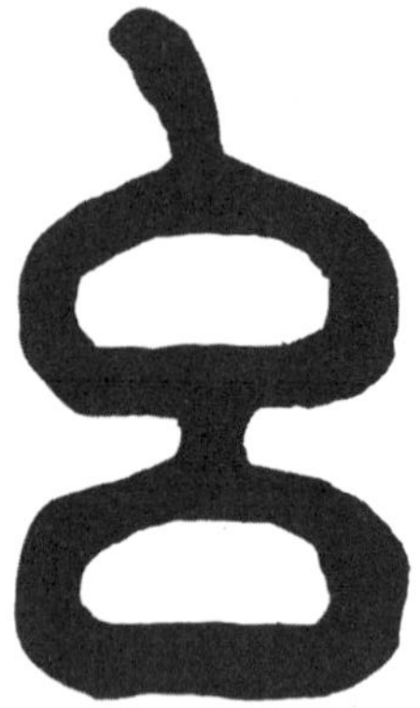

音	形	義
yāo 邀	象形。像一小縷細絲。	一小縷細絲。引申細小。幼小。

金

屬字 二

幼

丝

音	形	義
yōu 𢆶	會意。以二幺示意。表示小之又小。	細微。引申隱暗不明。

甲

金

屬字 三

幽 幾

[门] 本義：細微，危機

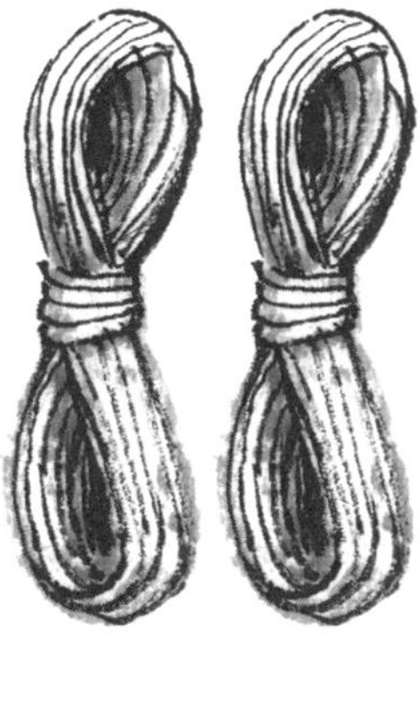

叀

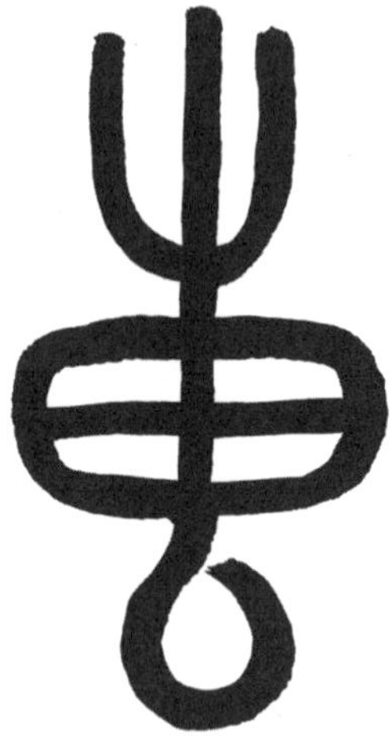

音	形	義
zhuān 專	象形。甲骨文 。像紡錘形。上面像紡輪。中像綫團。下像轉環。	紡錘。

甲 

金 

屬字 三

惠

疐 [zhì] 本義：遇到障礙

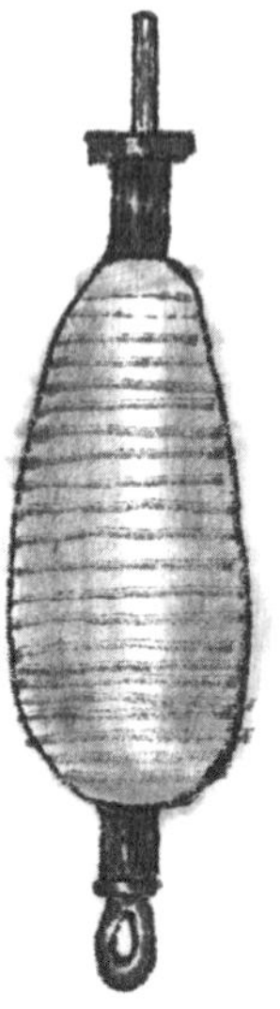

玄

音：xuán 玄

形：會意。甲骨文。表示在河水裏漂洗染黑絲之意。金文省去水。

義：染黑。引申黑色。深奥不易理解。

甲 

金 

屬字　二

玆 [zī] 本義：黑色

予

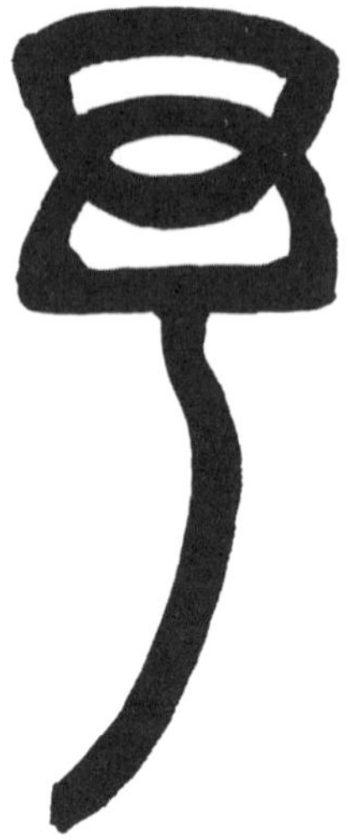

音：予 yǔ

形：象形。像以手推物與人之形。

義：授給。引申爲用梭子推來推去織布。引申義讀音爲[zhù]。

屬字 三

舒

幻（反「予」形）

屬字
三

敖 敫 [yuè]
本義：光影流散

放

音	形			義
fàng 放	會意兼形聲。從攴（手持刑	杖）。從方（邊境）。會流放到	邊遠的地方。方兼表聲。	驅逐。 全 放

𠬪

音	形	義
biào 鰾	會意。以爪（覆手）和又（右手）。會相受之意。	相授受。

屬字　九

爰 受 爭 𣪏

[gǎn] 本義：進取。同「敢」

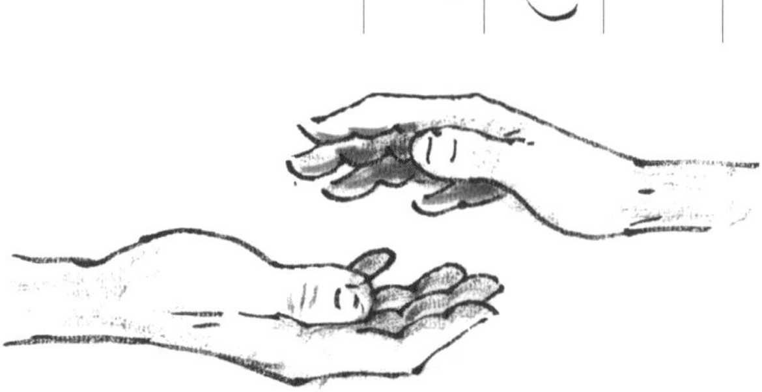

𣦼

音	形	義
cán 殘	會意。從歺（枯骨）。又（右手）。會以手鑽鑿卜骨之意。	鑽鑿卜骨。引申殘敗。

甲

屬字 五

叡 [hè] 本義：溝壑

㕡

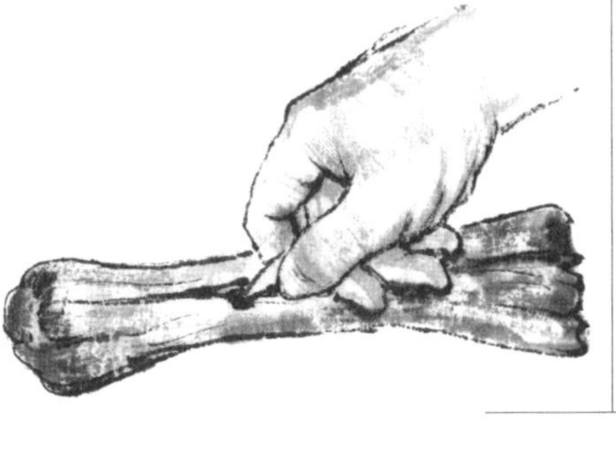

「歺」俗寫成「歹」，壞之意，讀[dǎi]。

歺（歹）

音	形	義
è 遏	象形。像剔去筋肉後的殘骨形。	剔去筋肉的殘骨形。

甲 

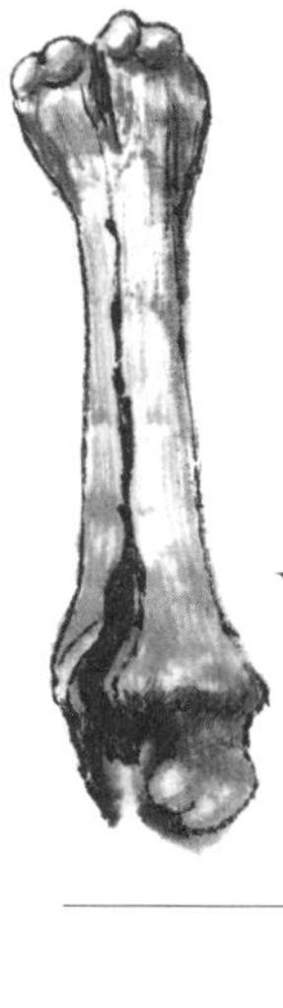

屬字 三二

殊 殤 殆 殖 殫

死

音	形	義
sǐ 死	會意。從歺(枯骨)。從人。像人跪在枯骨旁。會人死之意。	生物失去生命。

甲 

金 

屬字

四

薨 [hōng]

本義：公侯死亡

冎

音：guǎ 寡

形：象形。像一塊切去一角剔治好的占卜用的牛肩胛骨形。

義：剔治卜骨。

甲 

古 

屬字 三

剮 [bié]

本義：用刀切割分解。同「别」

骨

音	形	義
骨 gǔ	會意。以冎（枯骨）。月（肉）示意。會着肉的骨頭之意。	骨頭。引申人的品質、氣概。

甲 古

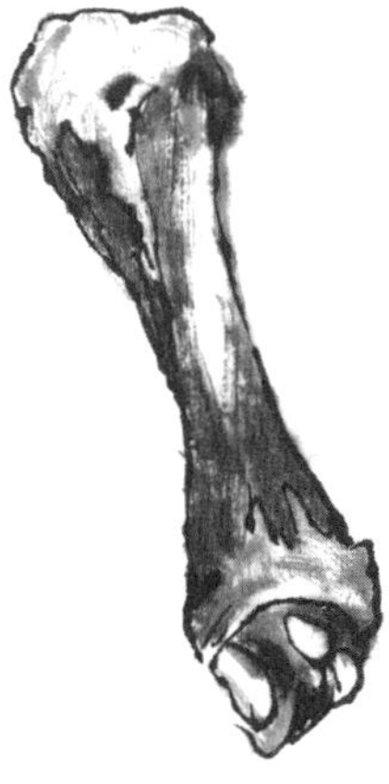

屬字 二五

骼 體 骸 髀

髀 [bì] 本義：大腿

肉

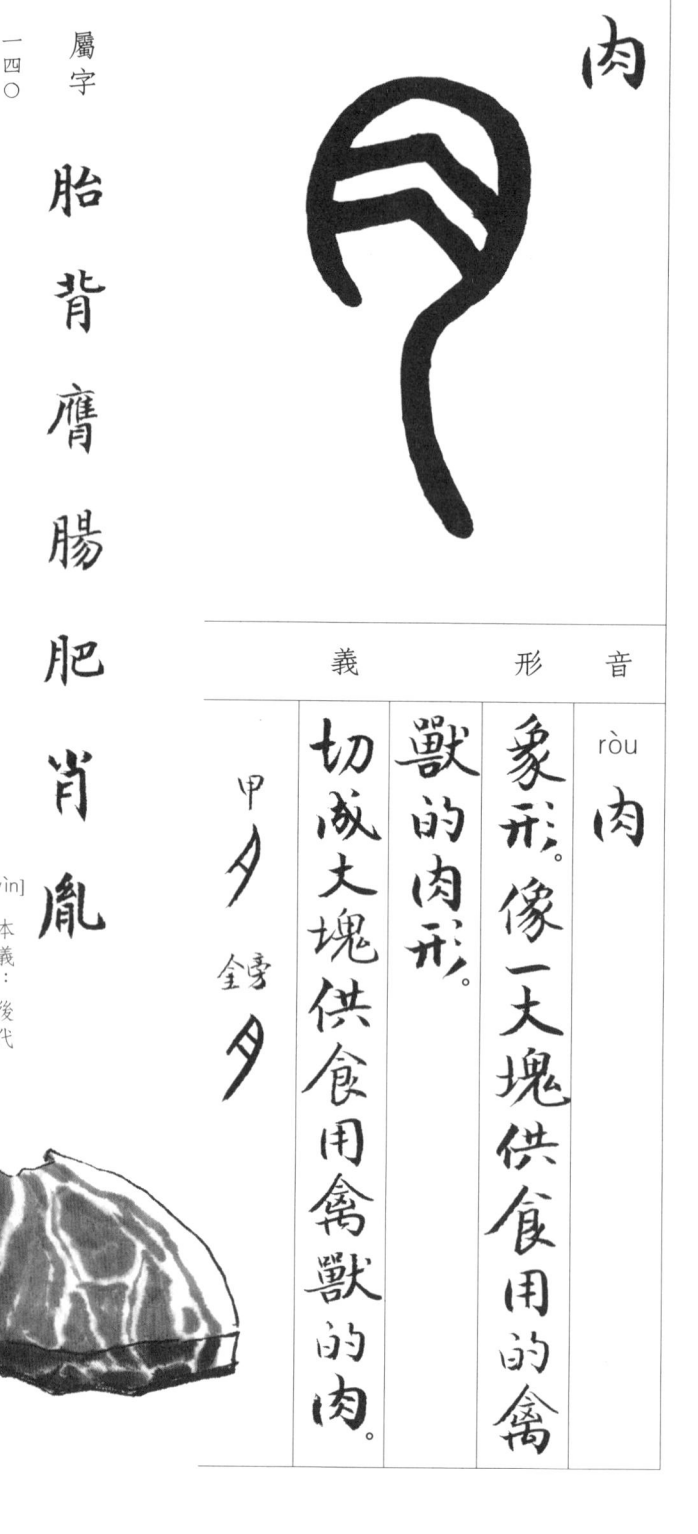

音	形	義
ròu 肉	象形。像一大塊供食用的禽獸的肉形。	切成大塊供食用禽獸的肉。

甲 

金 

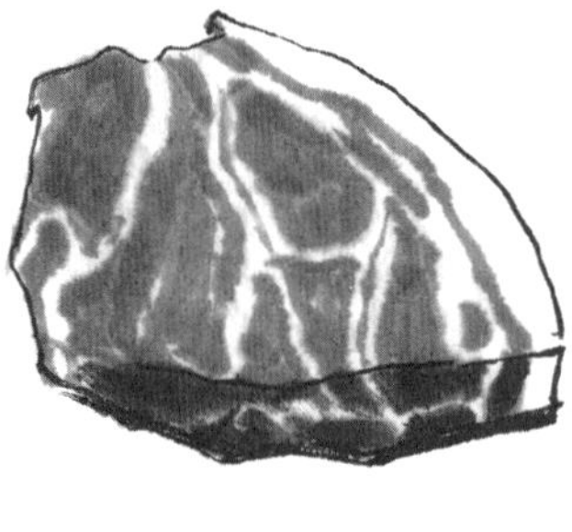

一四〇 屬字

胎 背 膺 腸 肥 肖 胤

[yìn] 本義：後代

筋

音	形	義
jīn 筋	會意。从力。肉。竹（竹裏多筋之物）示意。	附在骨頭上的韌帶。

屬字 三

[jiàn] 𥮥 本義：筋的根部

[bó] 䈏 本義：手足關節鳴響

刀

音：dāo 刀

形：象形。像有把有刃的刀具。

義：古代的一種兵器。

甲 

金 

屬字 六二

初 列 剖 劈 制

刃

音 rèn 刃

形 指事。用刀上一點表示刀口。

義 刀口最硬最鋒利處。

甲

屬字 三

刅 办 [chuāng]

本義：創傷。同「創」

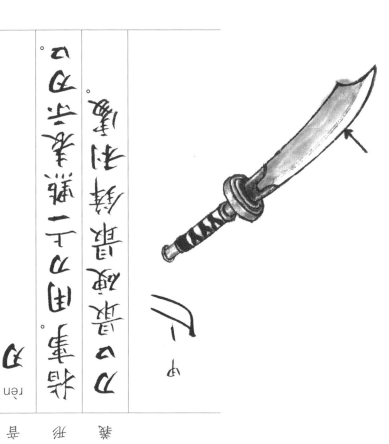

㓞

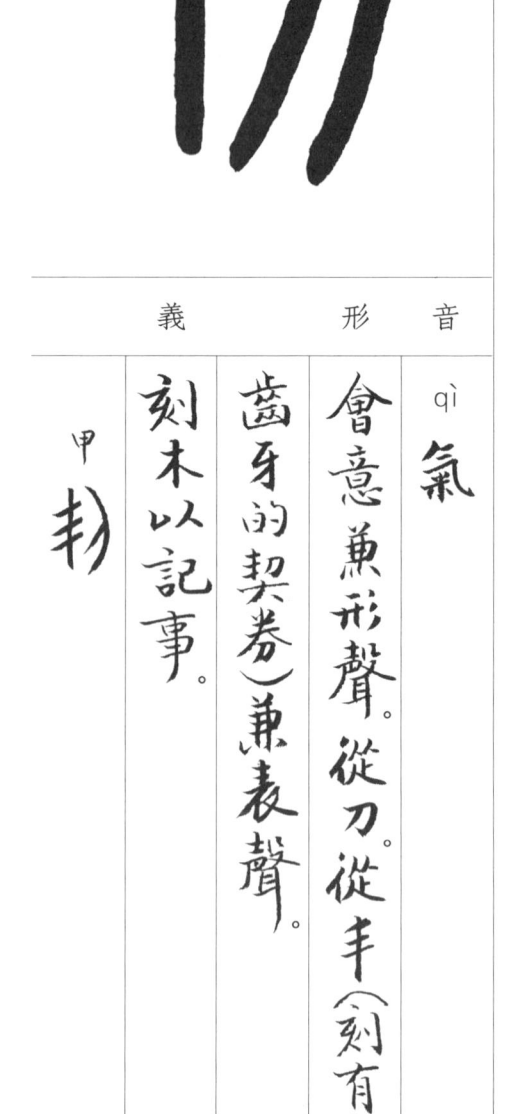

音	形	義
qì 氣	會意兼形聲。從刀。從丰（刻有齒牙的契券）兼表聲。	刻木以記事。

甲

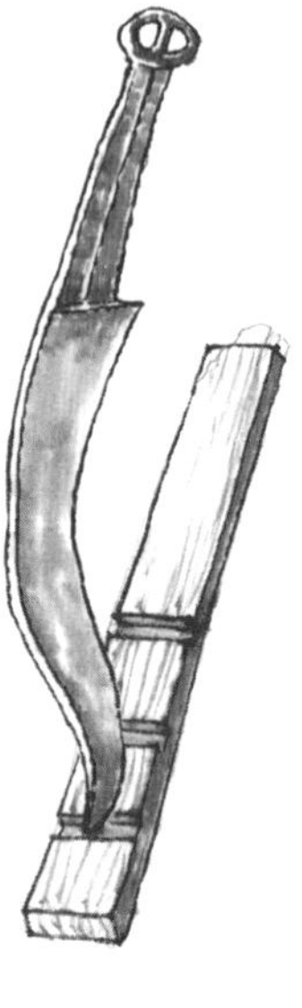

屬字 三

契 [jiá] 本義：刷刮

栔 [qì] 本義：刻

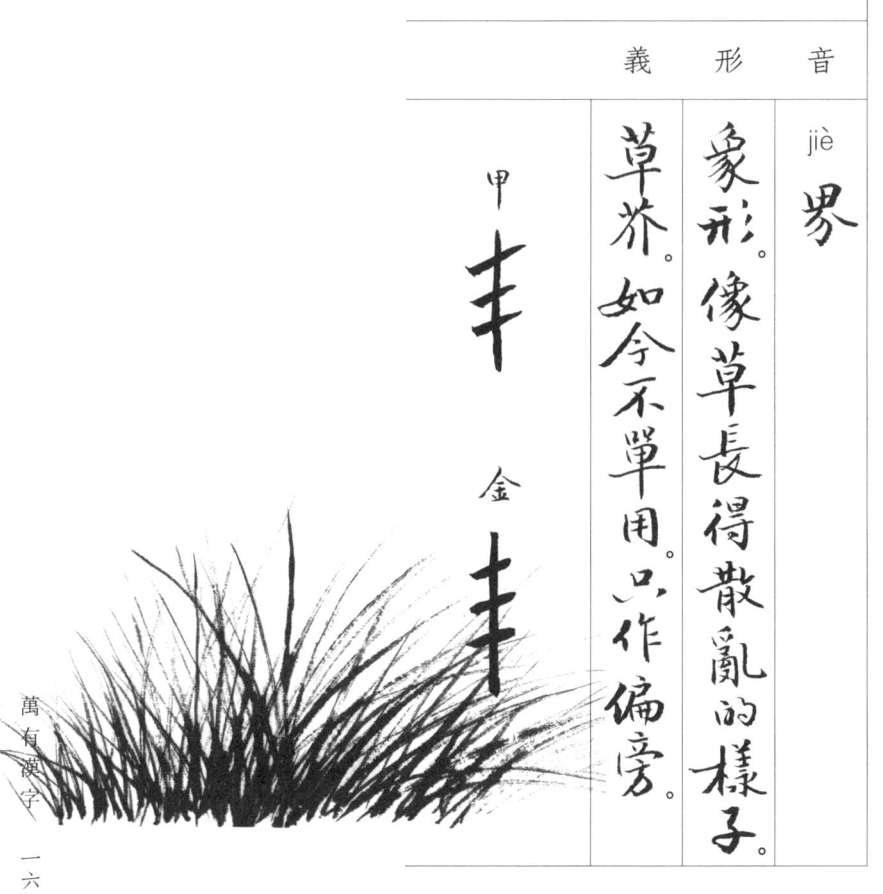

丯

音	形	義
jiè 界	象形。像草長得散亂的樣子。	草芥。如今不單用。只作偏旁。

甲 丯

金 丯

屬字 二

格 [gé] 本義：枝柯

耒

音	形	義
lěi 磊	會意。以木。丰示意木製之器。	推除草芥之意。耕地用的木製農具。

甲

金

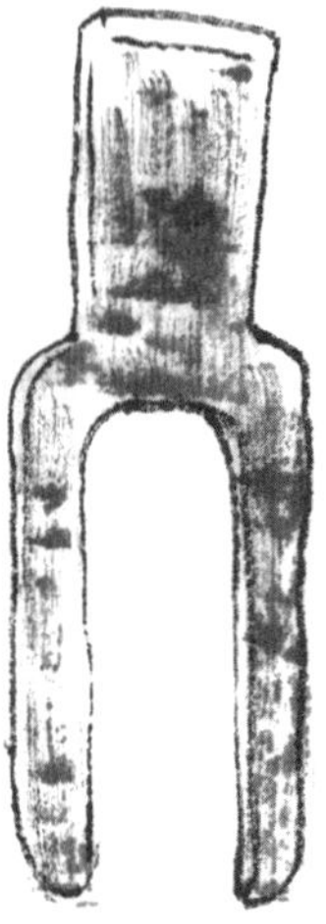

屬字 七

耕 䎆 耡

耡 [chú] 本義：鋤頭。同「鋤」

角

音	jiǎo 角
形	象形。像帶紋路的獸角形。
義	獸角。

甲

金

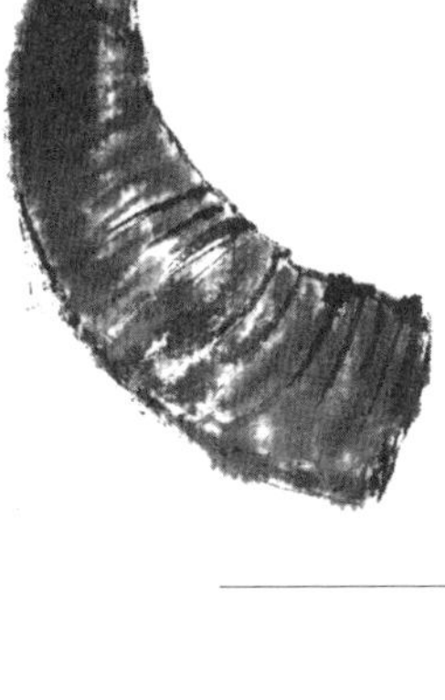

屬字 三九

觸

解

觴

觜 [zī] 本義：貓頭鷹頭上的毛角

衡 [héng] 本義：綁在牛角上防止觸人的橫木

竹

音	形	義
zhú 竹	象形。像竹葉下垂狀。	竹子。

甲

屬字

簡 等 籠 箱 筍

[sǔn] 本義：竹子嫩芽。同「笋」

箕

音	jī 基
形	會意。從竹。甘。丌。甘為簸箕形。丌是放簸箕的基座。
義	簸箕。

甲

金

屬字 二

簸

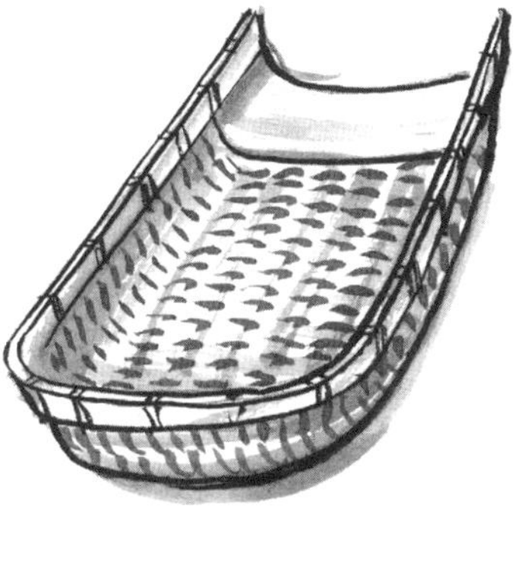

丌

音：jī 基

形：象形。像墊在器物下的底座形。

義：墊物的底座。

金 丌　古 亓

屬字　七

典

畀 [bì] 本義：把東西交付給別人

巽

奠

左

音	zuǒ 左
形	會意。𠂇為左手。工為築杵。
義	伸出手援助。後寫作佐。

金

屬字 二

差

工

音：gōng 工

形：象形。古人築墻用的石杵形。

義：建築用的築杵。

甲

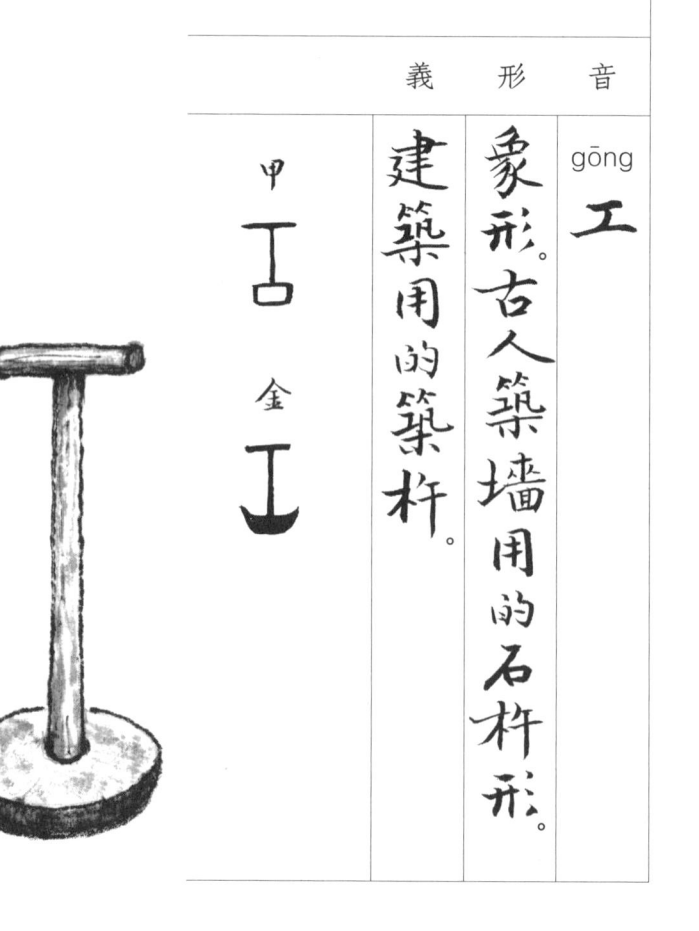

金

屬字 四

式 巧 巨

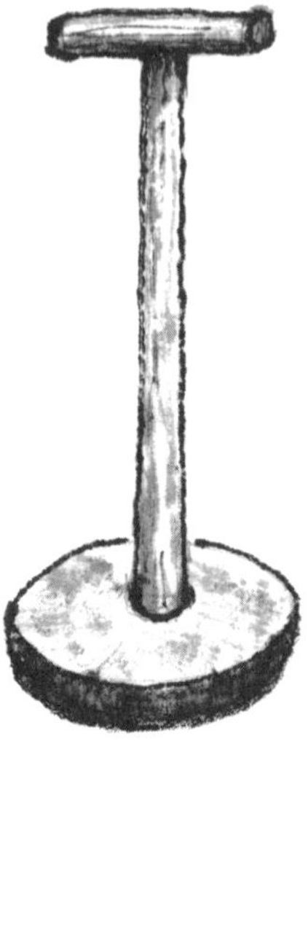

㠭

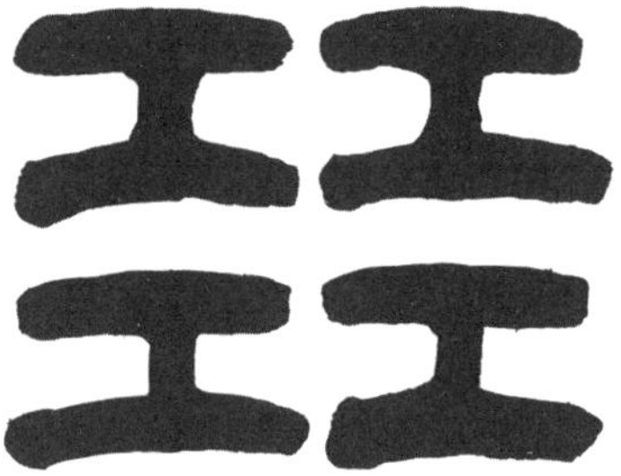

音 zhǎn 展

形 會意。四個工就是四個築杵。

義 表示築好的一堵堵墻。伸展排列的墻。

屬字 二

𡨄 [sè] 本義：填塞。同「塞」

巫

巫

音	形	義
wū 巫	象形。像女人舞動雙袖跳舞。	禱告神靈賜福的巫祝。

甲 古 金

屬字

二

覡 [xí] 本義：男巫

甘

音	形	義
gān 甘	指事。以口中短横表示口裏	含有甜美的食物。味道美。

甲

屬字 五

恬 [tián] 本義：甜美

甚

猒 [yān] 本義：飽足

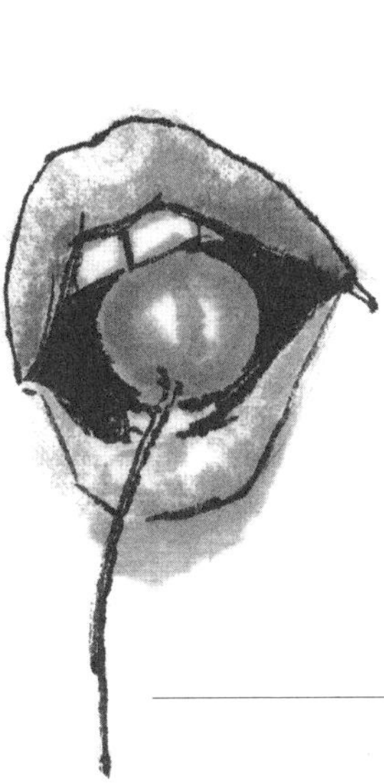

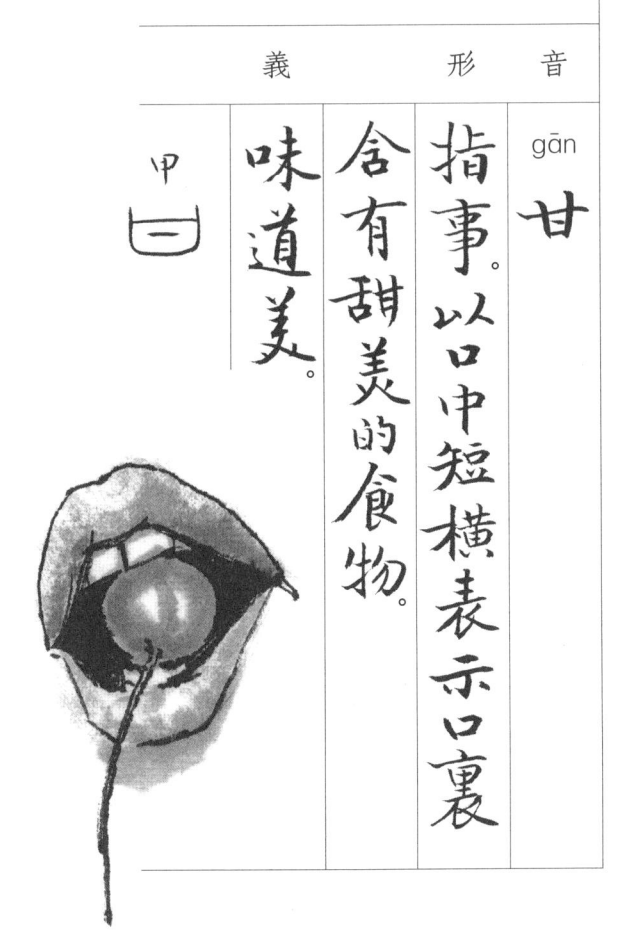

曰

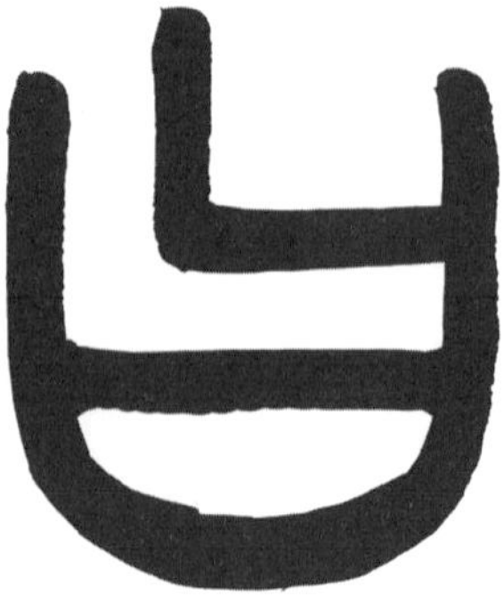

音：yuē 曰

形：指事。從口乙指明張口出氣

義：說話。說。

甲

金

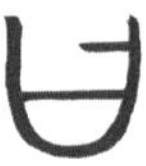

屬字 七

曷 沓 曹

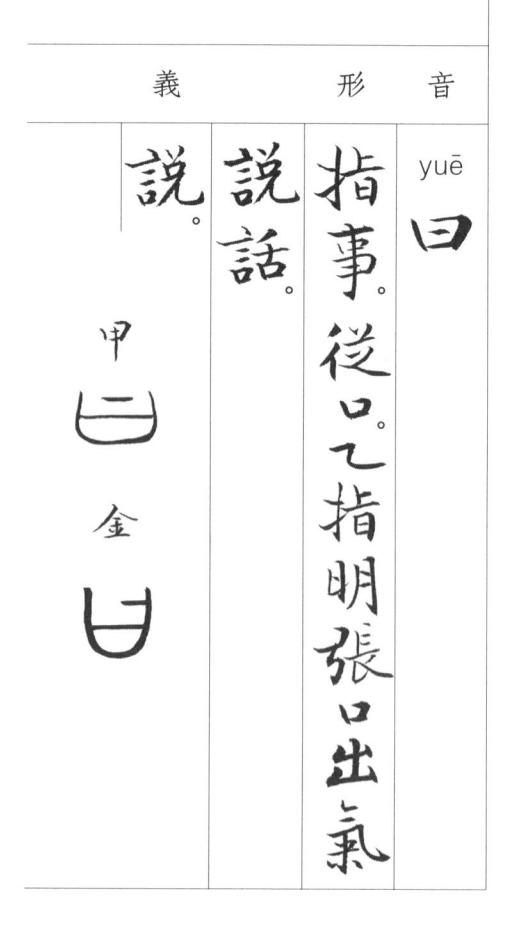

乃

音	形	義
nǎi 乃	象形。像婦女乳房側視形。	喂奶。

甲

金

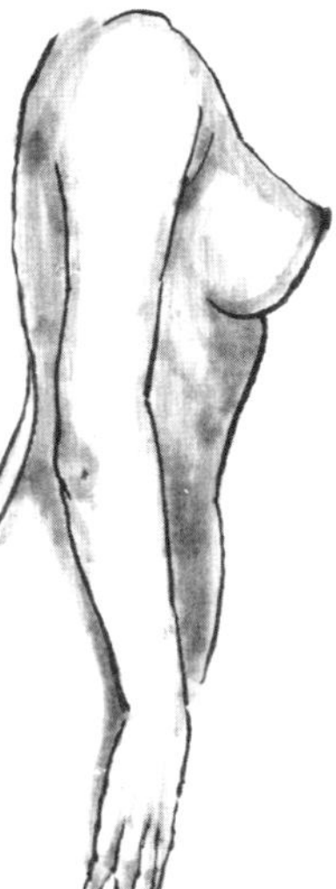

屬字　三

𠧟 [réng]　本義：驚訝之聲

卣 [yóu]　本義：舒適自得的樣子。同「逌」

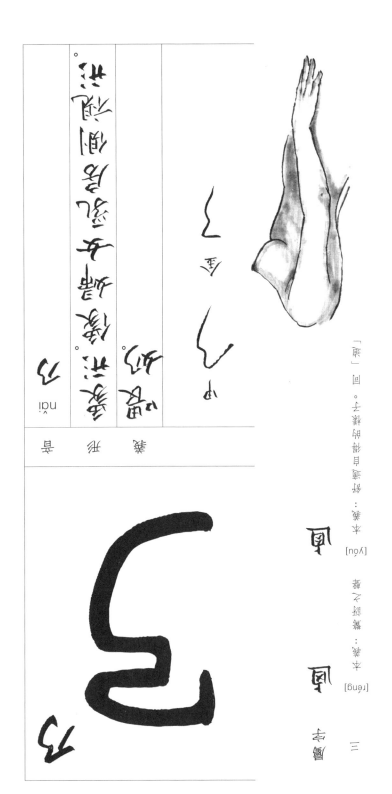

丂

音	考 kǎo
形	象形。像氣被阻隔出不来之意。
義	欲吐氣之形。

甲

金

屬字 四

寧

甹 [pīng] 本義：豪俠，支撑

可

音 kě 可

形 會意。口。丂示意口中出氣順暢。

義 肯定。許可。

甲

金

屬字 四

奇 哥

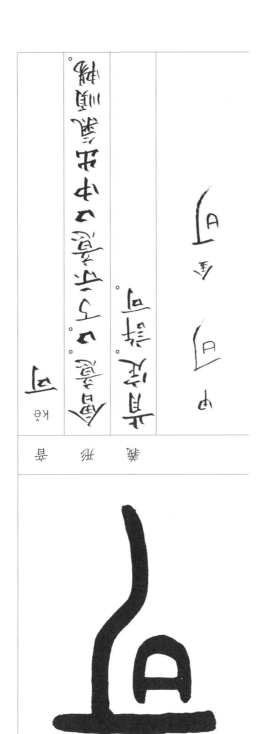

兮

音：xī 兮

形：會意。丂（氣出）。八（氣分而揚）。

義：表語氣延長。停留的語氣詞。樂聲上揚。

甲  金 

屬字 四

羲 乎

号

音：háo 号

形：會意。以口丂表示張大口長出氣。

義：痛哭聲。

屬字 二

號

亏（亐）

音	形	義
yú 于	象形。像氣出舒平之狀。	語氣詞。

甲

金

屬字 五

虧 粵 吁

吁 [xū] 本義：驚歎之詞

旨

音	zhǐ 只
形	會意。從匕(匙)。從曰(口中含美味)。象從美味食物。會用匕吃美食意。
義	味美。

甲

金

二 屬字

嘗

喜

音 xǐ 喜

形 會意。壴為鼓。即樂器。聞而高興。笑出于口。

義 快樂。歡悅。

甲 

金 

屬字 三

憙 [xǐ] 本義：喜悅

嚭 [pǐ] 本義：大喜

壴

音：zhù 注

形：象形。像架設的鼓形。上像崇牙裝飾。中像鼓面。下像鼓架。

義：鼓。引申鼓架。

甲 

金 

屬字 五

彭 嘉

鼓

音	gǔ 鼓
形	會意。壴為鼓形。支像手持鼓錘。會擊鼓之意。
義	蒙有皮革的打擊樂器。

甲

金

一〇 屬字

鼕

鼞 [tāng] 本義：鼓聲

豈

音	形	義
kǎi 豈	象形。像上部為傾斜的裝飾物。中部是鼓面。下像鼓架。	軍隊凱旋所奏樂曲。

古 

屬字 三

愷

𧯛 [qí] 本義：辦完事之後的歡樂

豆

音	形	義
dòu 豆	象形。像高足食器形。	古代高足食器。

甲

金

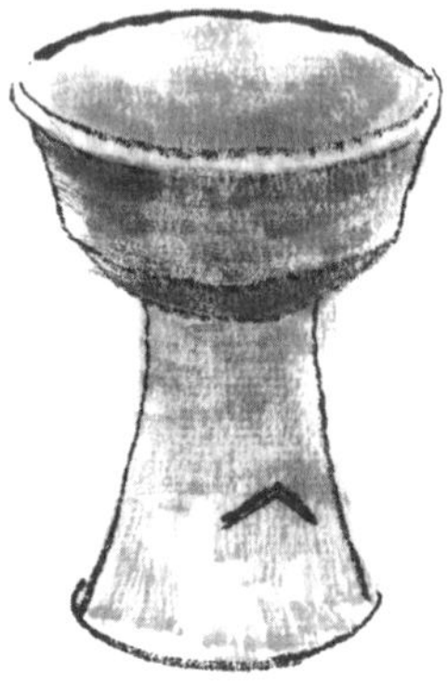

六 屬字

[dòu] 梪 本義：木製的豆器

[juàn] 豋 本義：豆一類的食器

豊

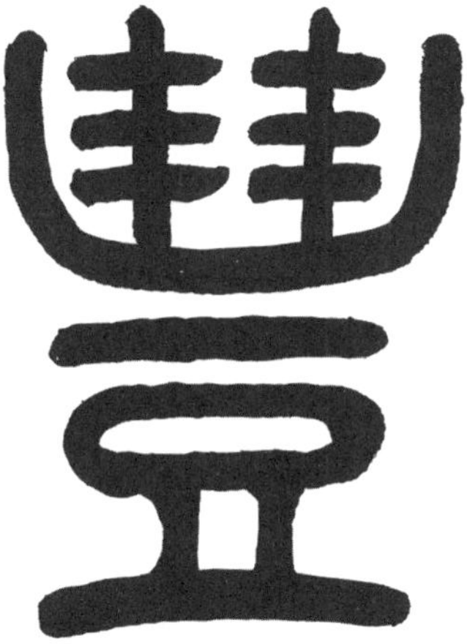

音 lǐ 里

形 象形。像豆中盛滿祭品玉器形。

義 祭祀用的禮器。

甲  金 

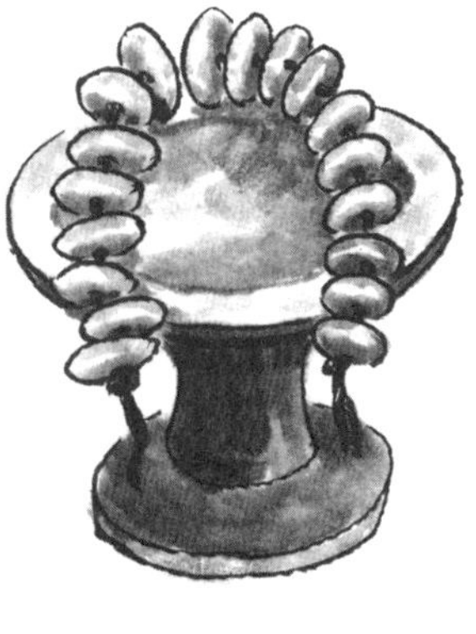

屬字

二

[zhì] 䊜

本義：爵位的次序

豐

音	形	義
fēng 風	象形。豆上盛滿兩串玉形。	禮器豆所盛很豐富。

甲

金

屬字 二

豔 [yàn]

本義：容色美好頎長

䖒

音	xī 希
形	形聲。從豆。虍聲。
義	古代似豆的陶器。

金

屬字 三

⿰号䖒 [hào] 本義：敞口的陶鍋

⿸虍⿰豆⿱宁皿 [zhù] 本義：貯物的陶器

虍

音：hū 呼

形：象形。像虎皮花紋形。

義：老虎。引申虎皮上的斑紋。

甲

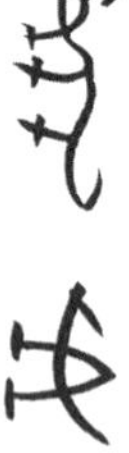

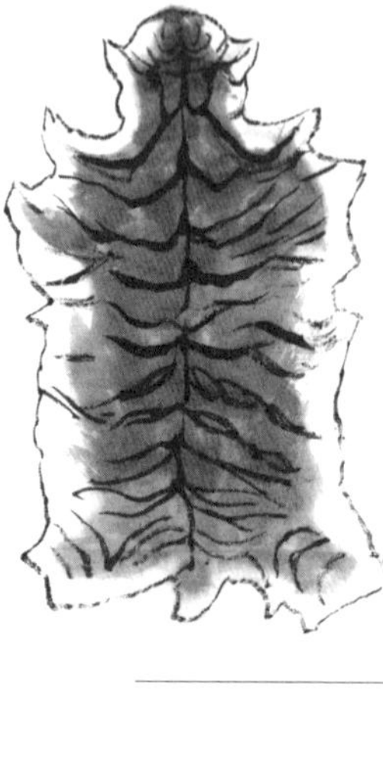

屬字　九

[yú] 虞　本義：白虎黑紋長尾

[qián] 虔　本義：老虎步態堅定

[hū] 虖　本義：虎吼聲

[nüè] 虐　本義：殘害

虎

音	hǔ 虎
形	象形。上部為虎皮。下部為虎足形狀。
義	老虎。

甲 金

屬字 一五

[biāo] 彪 本義：虎身上的花紋

[guó] 虢 本義：虎爪抓痕

[xiāo] 虓 本義：虎吼叫

虤

音	形	義
yán 言	會意。以二虎示意兩虎爭鬥之意。	兩虎怒鬥的樣子。

甲  金 

屬字 三

𧇭 [yín] 本義：兩虎相爭發出的聲音

贙 [xuàn] 本義：分別

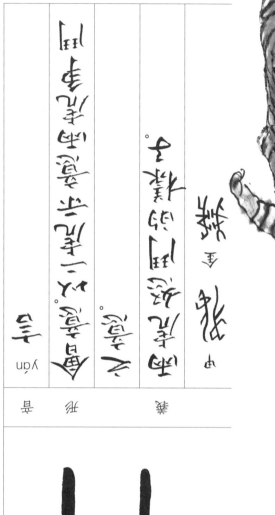

皿

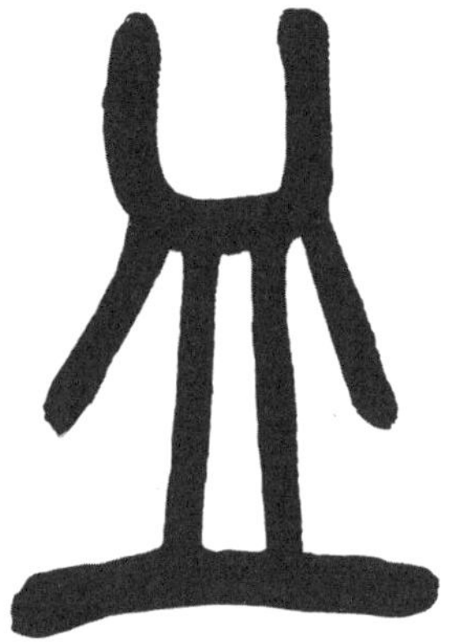

音	形	義
mǐn 敏	象形。像帶底座的碗。碟。盤。盆等一類飲食器具形。	飲食器具。

甲

金

屬字 二五

盛 盎 益 盈 盡

凵

凵

音 qū 區

形 象形。像用柳條編的筲箕。

義 竹木編的盛飯器具。

金

去

音：去 qù

形：會意。大爲人形，凵爲地穴出口。會人從地穴走出。

義：離開。

甲 

金 

屬字 三

趨 [qiè] 本義：離開

䞶 [líng] 本義：離開

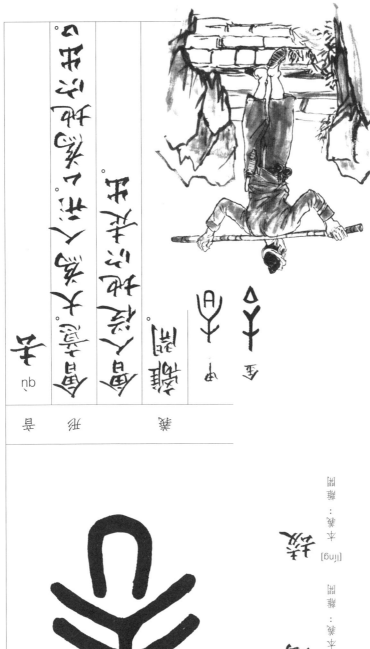

血

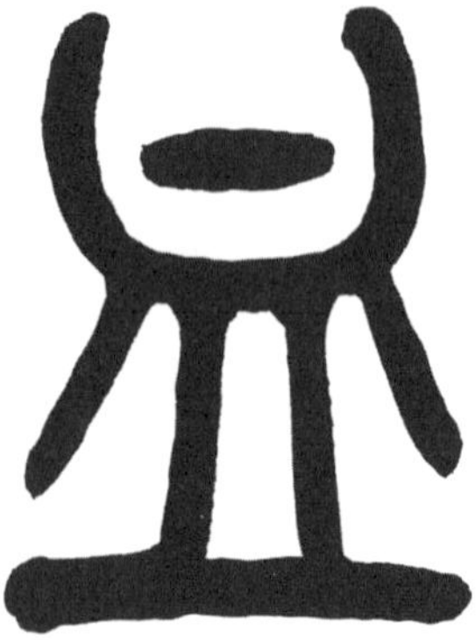

音	形	義
xuè 血	會意。以皿。一示意。一代表血。	古代用作祭祀的牲畜血。

甲 

古 

屬字 一五

[nǜ] 衄 本義：鼻出血

[nóng] 盥 本義：腫塊的膿血

[miè] 衊 本義：污濁的血

音	形	義
zhǔ 主	象形。像燈頭火焰形。是  (主)的省略形。	燈頭火焰。金 

屬字 三

主 [zhǔ] 本義：燈中的火炷

咅 [pǒu] 本義：斷然否定聲

丹

音	形	義
dān 丹	指事。井中加一點表示井中有丹砂礦石形。	朱砂。即紅色。

甲

金

屬字 三

彤

臒 [wò] 本義：上好的朱砂

青

音：qīng 青

形：會意兼形聲。從生(植物初生)。兼表聲。從丹(顏色)。會綠色之意。

義：深綠色。

金

屬字 二

静

井

音	形	義
jǐng 井	象形。像用木交叉構成的井口。表示水井。中間一點代表水。	水井。

甲

金

五 屬字

[yǐng] 𣶒 本義：深水池

[jǐng] 阱 本義：陷坑

[xíng] 刑 本義：刑罰

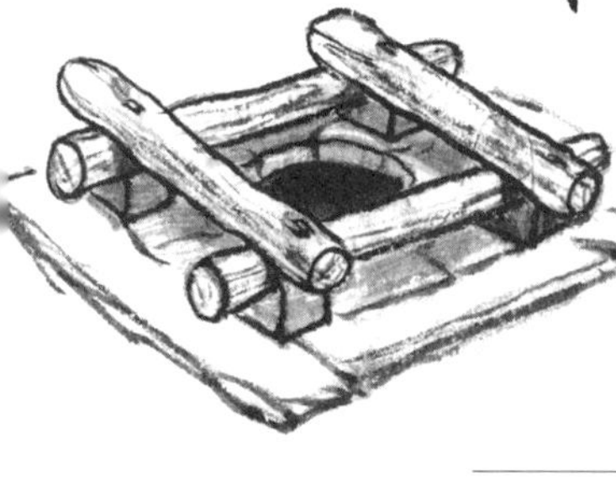

皀

音	bī 逼
形	象形。像一碗白米飯形。下邊是碗。上邊是米飯。
義	散發香味的米飯。

甲

金

屬字 四

即 [jí] 本義：人在吃飯

既 [jì] 本義：吃完飯

鬯

音	形	義
chàng 暢	象形。像酒裏泡有郁金香的酒。	宴飲用的香酒。

甲

五 屬字

鬱 [yù] 本義：香草

爵 [jué] 本義：行禮用的酒器

𩰫 [shǐ] 本義：酒氣酷烈

食

音	形	義
shí 食	會意。亼（倒口）。皀（盛滿食物的器皿）。會張口吃飯之意。	張口吃飯。

甲 

金 

屬字　六二

養

飯

餘

餞

饗 [xiǎng] 本義：鄉人相對喝酒

餔 [bū] 本義：下午三時至五時吃的飯食

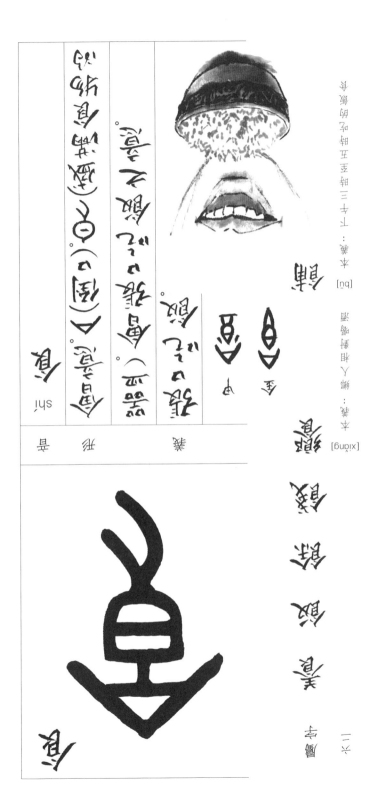

亼

音：jí 集

形：象形。像扣着的器盖形。

義：器盖。

甲旁 A 金旁 A

屬字 六

合 今 舍 僉[qiān] 本義：眾人同說 侖[lún] 本義：想

會

音 huì 會

形 會意。上邊為倉頂。中間為倉門。下面為倉體。

義 粮倉。引申為聚合。

甲  金 

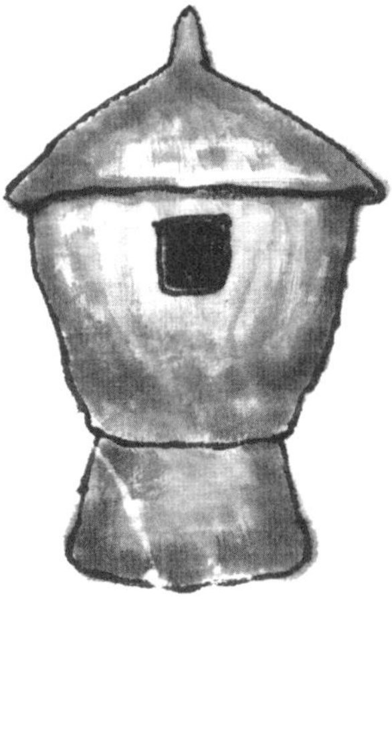

屬字 三

𣍘 [pí] 本義：增益

倉

倉（篆）

音：cāng 倉

形：象形。像粮倉形。上為倉頂。下為倉體。中為倉門。

義：粮庫。

甲 倉 金 倉

屬字 二

[qiāng] 牄

本義：鳥獸來吃食的聲音

入

音：rù 入

形：象形。像從上邊一起進入下邊。

義：由外至內。

甲

金

屬字 六

內

糴 [dí] 本義：買進穀米

全 [quán] 本義：完好

缶

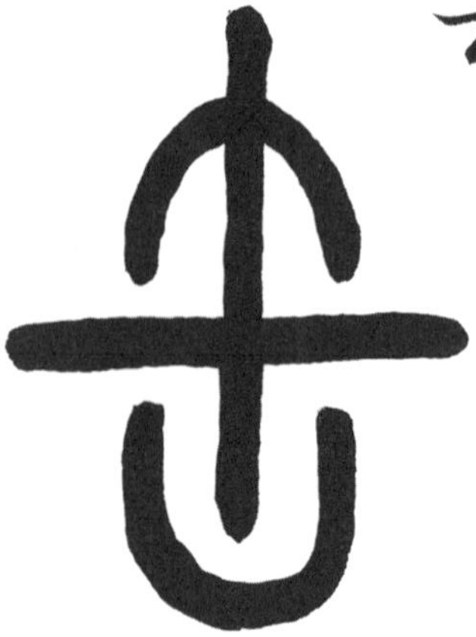

音	形	義
fǒu 否	會意。上從午(杵)。下從凵(器)。	會用杵製作陶之意。製作陶器。

甲 金

屬字 二一

缸 缺 罄 匋

匋 [táo] 本義：用陶土燒製的器皿

罌 [yīng] 本義：小口大腹盛酒器

矢

音：shǐ 史

形：象形。像箭形。

義：箭。

屬字

矯 短 知 矦

高

音：高 gāo

形：象形。像臺觀樓閣。上下重屋。

義：上下距離大。

甲 

金 

屬字 四

亭

亳 [bó] 本義：古地名

冂

音：jiōng 扃

形：象形。像畫出一個範圍。

義：在郊野畫出一個範圍。

甲

金

古

屬字 五

市　央　隺 [hú] 本義：高到了極點

𩫏

音：guō 郭

形：象形。中間為內城。上下為門樓。

義：外城。

甲

金

屬字 二

[quē] 𩫖 本義：城闕

京

音：jīng 京

形：象形。像累土為高丘。在其上築亭屋形。

義：高臺上的建築。

甲  金 

屬字

二

就 [jiù] 本義：趨向高地而居住

亯

亯

音	形	義
xiǎng 享	象形。像在高大的臺基上建殿堂。	象征祭祖的宗廟。用食物祭獻神祖。

甲 

金 

屬字 四

𦎫 [chún] 本義：純熟

䇺 [dǔ] 本義：厚

𩫖 [yōng] 本義：享用

㫗

音	形	義
hòu 厚	象形。像巨口。狹頸。大腹的酒壇。	酒味濃厚。

甲

金

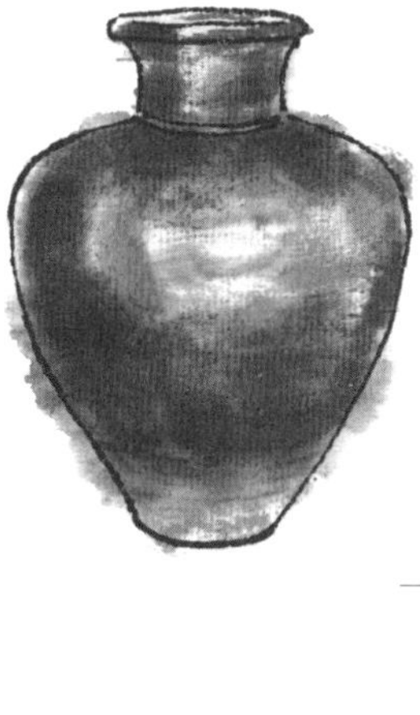

屬字 三

覃 [tán] 本義：深長的滋味

厚

畗

音：fú 福

形：象形。像酒樽之形。與福同源。

義：盛滿酒的樽。

甲 

金 福

屬字 二
良

㐭

音	形	義
lǐn 凜	象形。像簡易的糧倉。	糧倉。

甲

金

屬字 四

[bǐng] 稟 本義：賜給的穀物

[dǎn] 亶 本義：穀物多

[bǐ] 啚 本義：郊野收藏穀物的地方

嗇

音 sè 色

形 會意。下從㐭（糧倉）。上從來（小麥）。

義 會收穀物入倉之意。收穀入倉。引申愛惜。

甲

金

屬字 二

牆 [qiáng]
本義：牆垣壁障

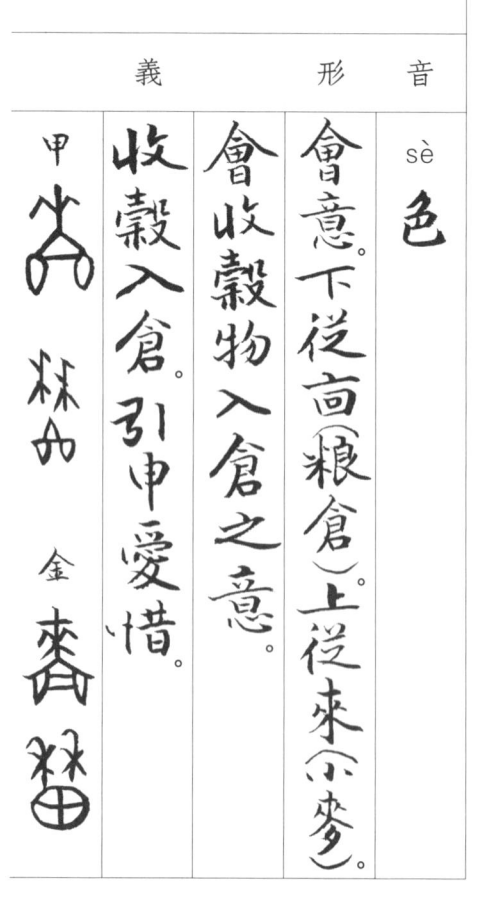

來

音	lái 來
形	象形。像一棵小麥形。
義	小麥。後被假借為到來之意。

甲 

金 

屬字 二

粢 [sì] 本義：不來

麥

音	mài 麥
形	會意。從來（小麥）。從夊（朝下的脚）。會到來之意。
義	到來。後假借為麥類作物。

屬字 一三

麩 麪 䴬 [cuó] 本義：磨麥

夊

音：suī 雖

形：象形。像朝下的左脚形。

義：遲疑。退回。

甲 

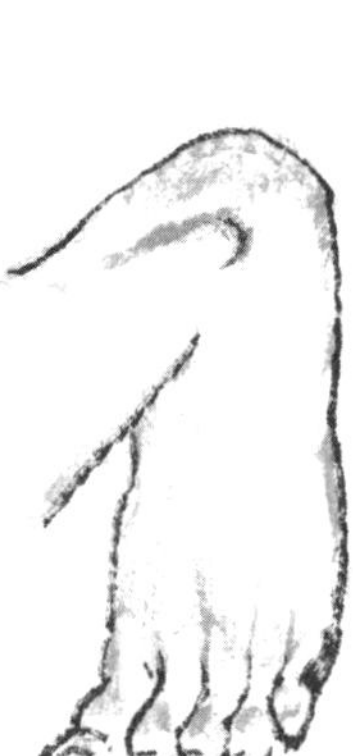

屬字 一五

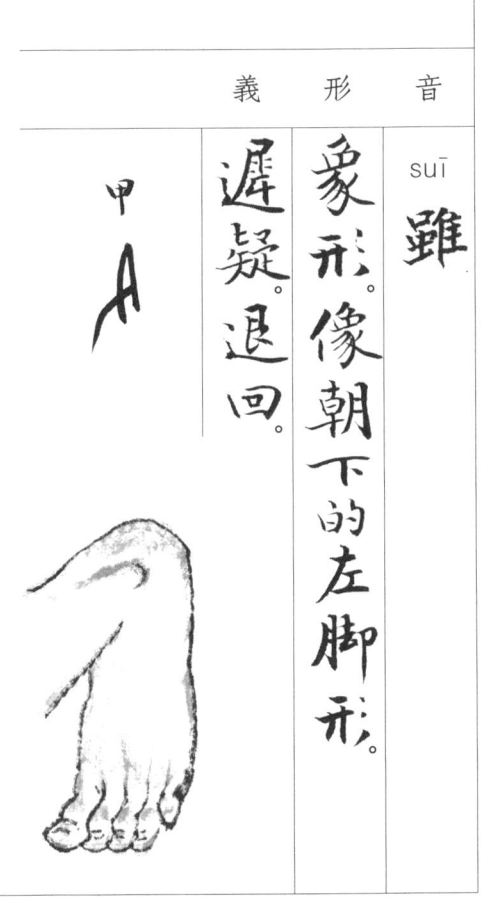

致 憂 愛 夏

舛

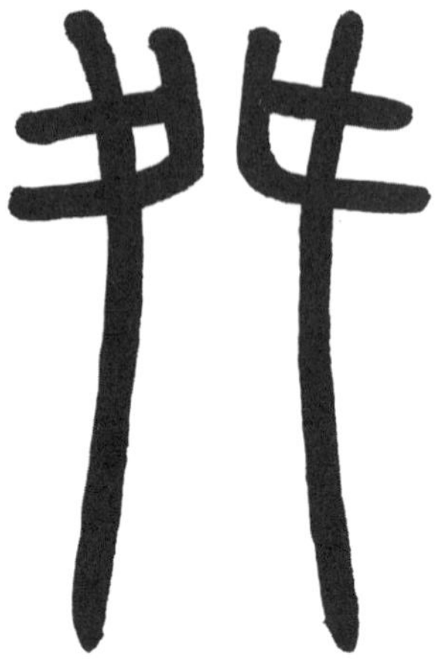

音：chuǎn 喘

形：會意。從夊（左脚）。從㐄（右脚）。

義：是趾尖相反的兩隻脚。相反。違背。

金

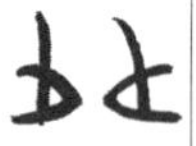

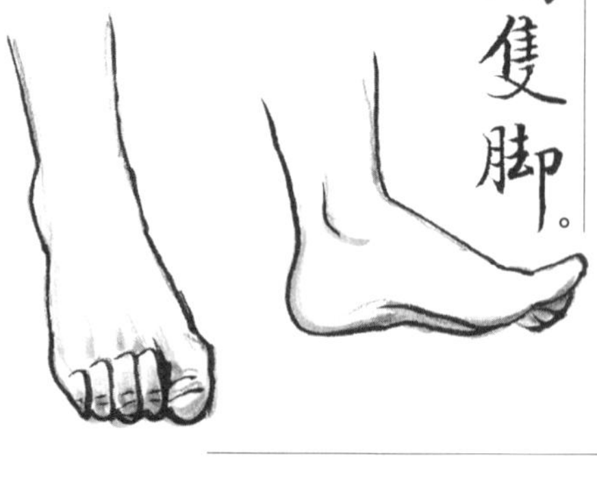

屬字 三

舞

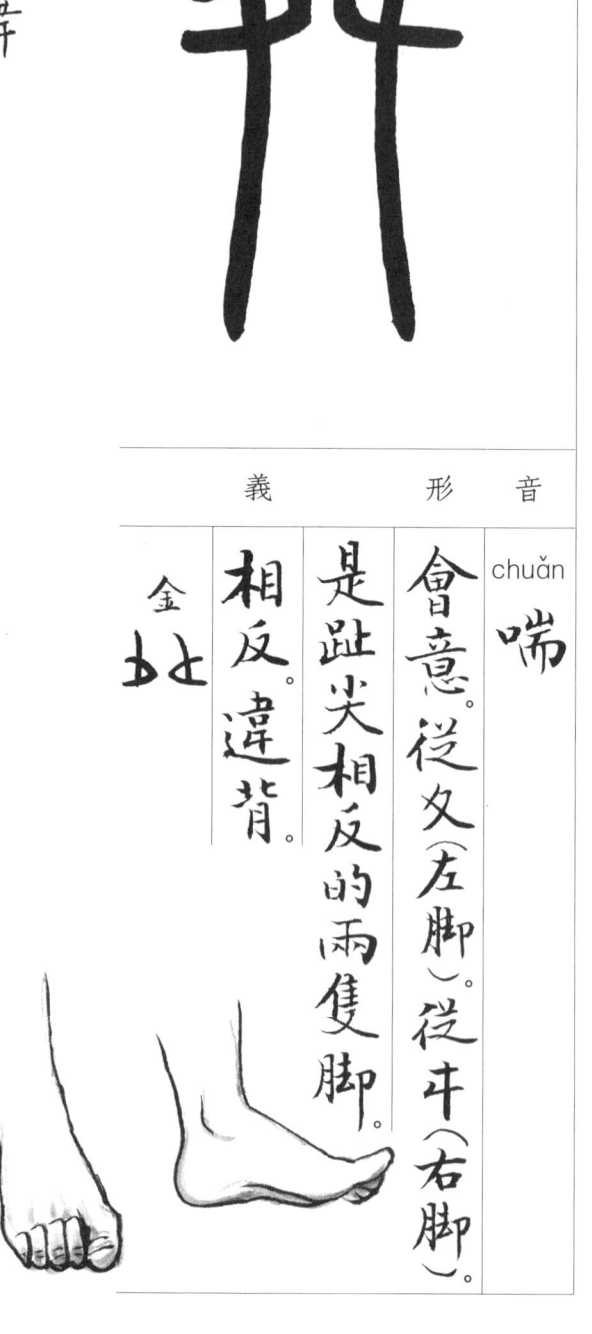

舜

音	形	義
shùn 順	象形。匚為曲蔓。炎為花朵與枝蔓。舛為交錯蔓延之意。	蔓生植物。

屬字 二

䑞 [huáng] 本義：花開得茂盛

韋

音	形	義
wéi 圍	會意。從口（城）。從舛（兩足）。會衆人環繞城池之意。	環繞。包圍。保衛。

甲 

金 

屬字 一六

[tāo] 韜 本義：劍套

[wà] 韤 本義：脚上穿的襪子

[hán] 韓 本義：井欄

[zhú] 韣 本義：弓袋

弟

音：dì 弟

形：會意。弋為箭杆。被繩纏繞。會按次序纏繞。

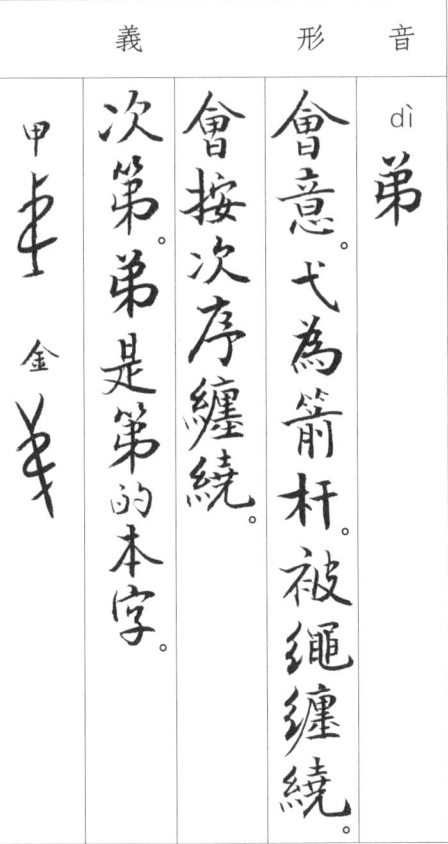

義：次第。弟是第的本字。

甲  金 

屬字 二

罤 [kūn] 本義：哥哥

夂

音 zhǐ 止

形 象形。像朝下的右腳形。表示從遠處走過來。

義 到來。

甲 

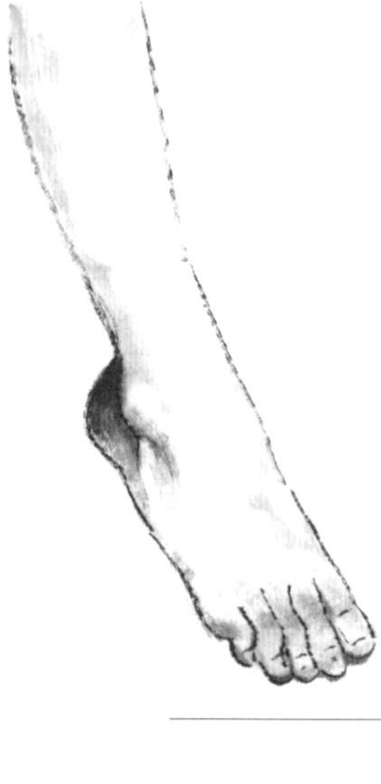

屬字 六

夆 [fēng] 本義：相逢

夅 [xiáng] 本義：降服

屬字 一

久

音 jiǔ 久

形 象形。⺈為人形，乀為艾卷燒灼在人身上熏灸形。

義 用艾卷灸灼治病。引申表示時間長。

金

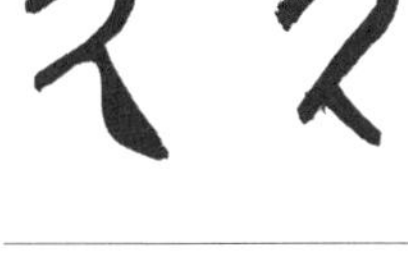

桀

音	形	義
jié 節	會意。從舛（左右脚）。從木（樹）。	會人兩足蹬在樹上之意。兩脚分開站在樹上。

甲　古　金

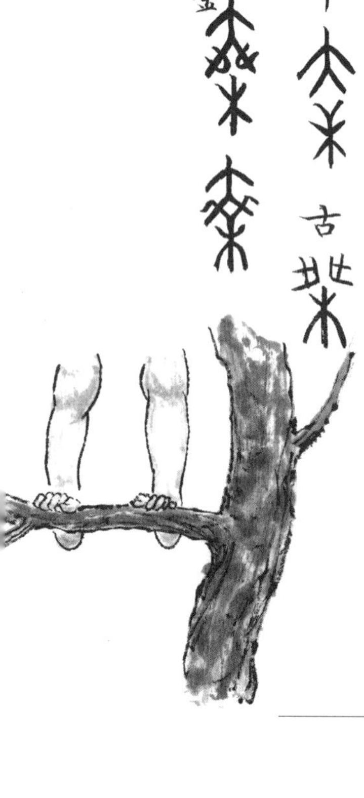

屬字 三

磔 [zhé] 本義：分裂肢體

椉 [chéng] 本義：兩脚蹬在樹上

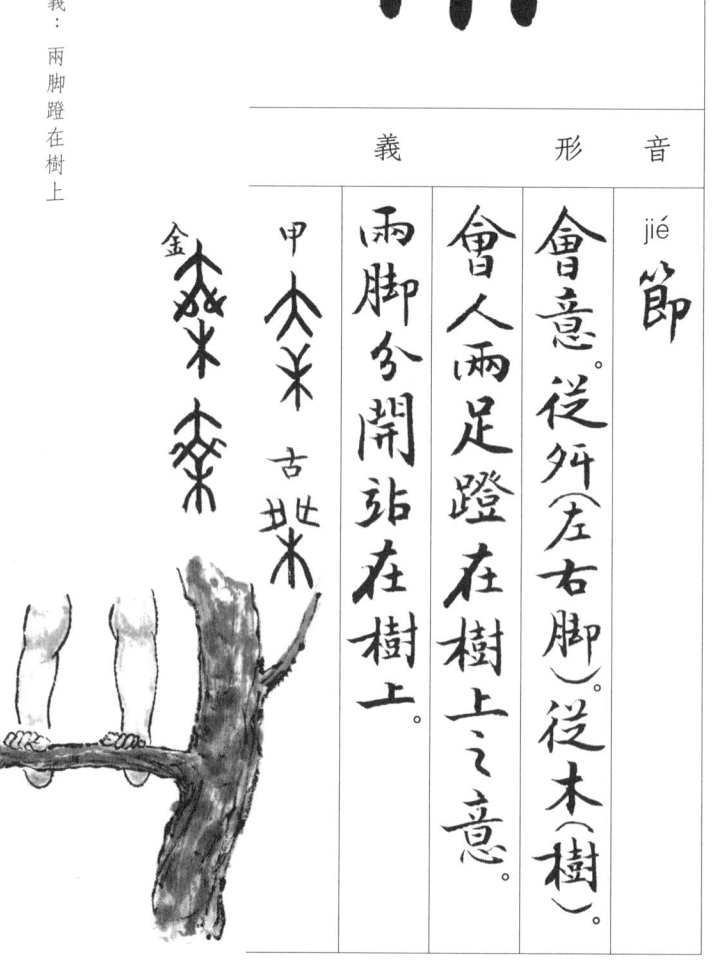

木

音：mù 木

形：象形。像枝幹和根俱全的一棵樹形。

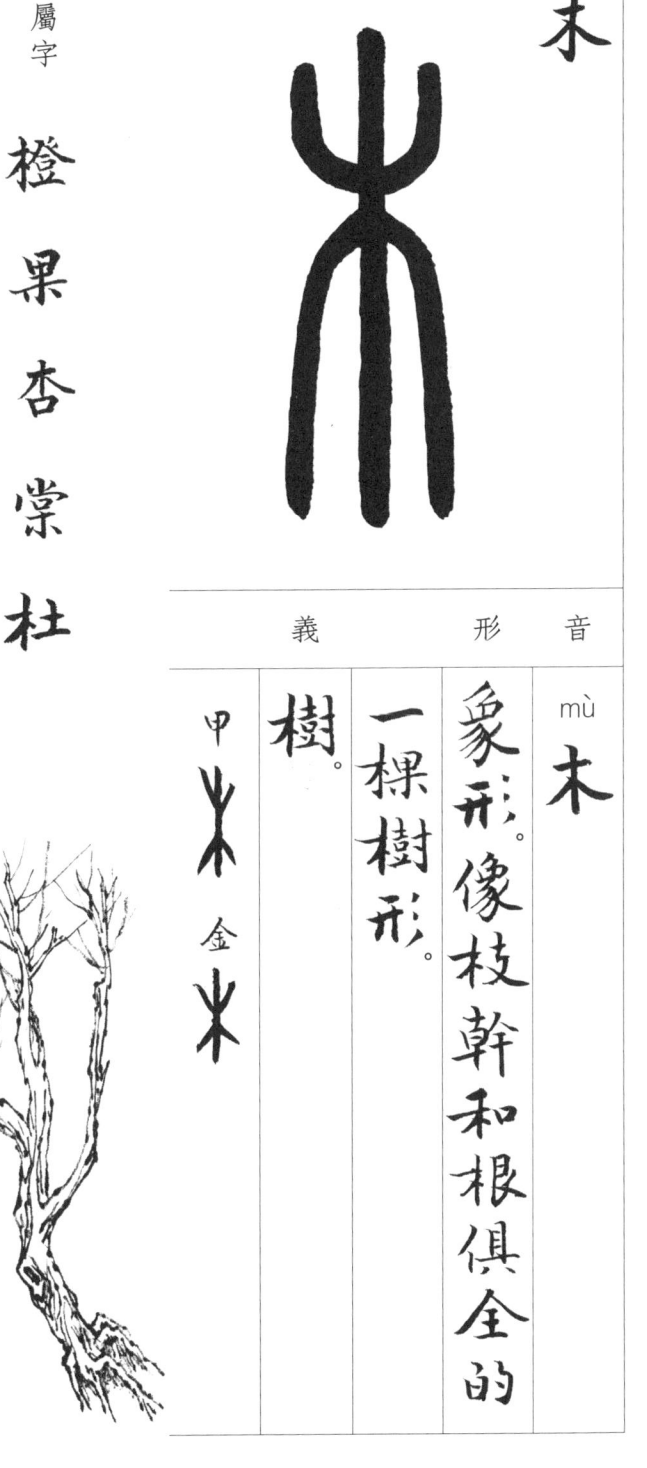

義：樹。

甲 

金 

屬字

橙 果 杏 棠 杜

四二一

東

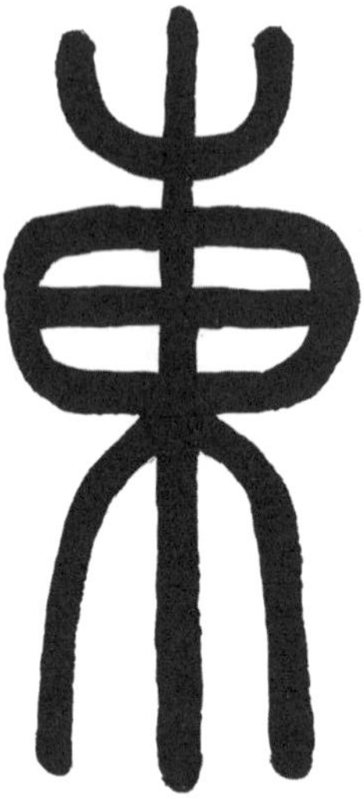

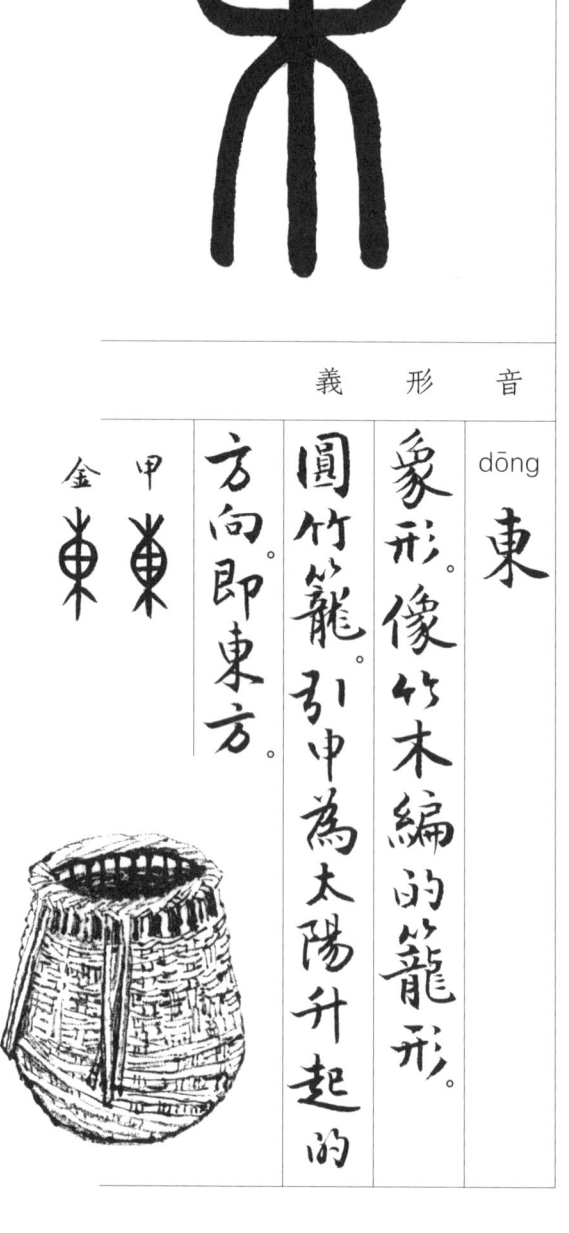

音	形	義
dōng 東	象形。像竹木編的籠形。	圓竹籠。引申為太陽升起的方向，即東方。

甲 

金 

屬字 二

[cáo] 㯥 本義：雙燈籠

林

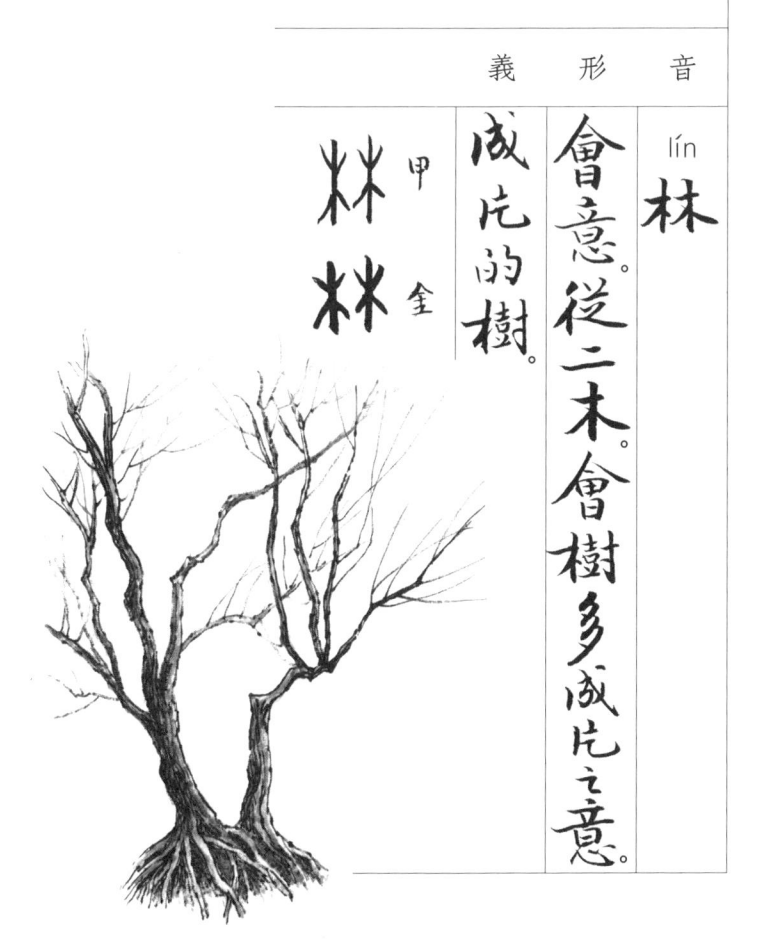

音	形	義
lín 林	會意。從二木。會樹多成片之意。	成片的樹。

甲 林

金 林

屬字 九

楚 麓 森

才

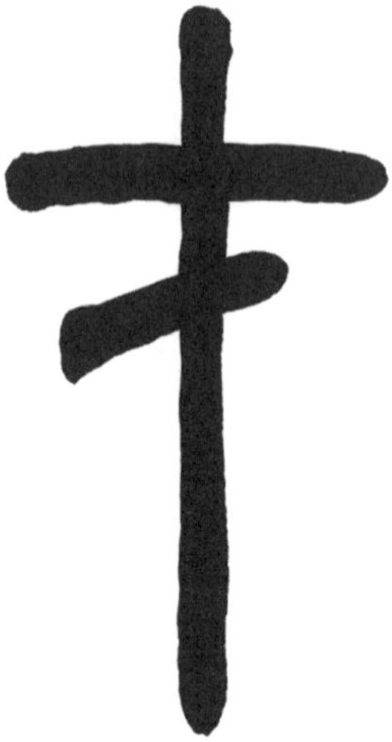

音：cái 才

形：象形。像木草初生。穿一（地）而上形。

義：表植物破土而出。初生的草木。

甲 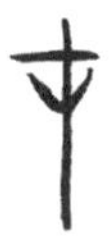 金 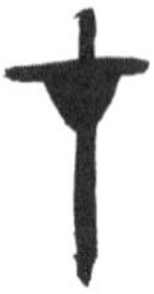

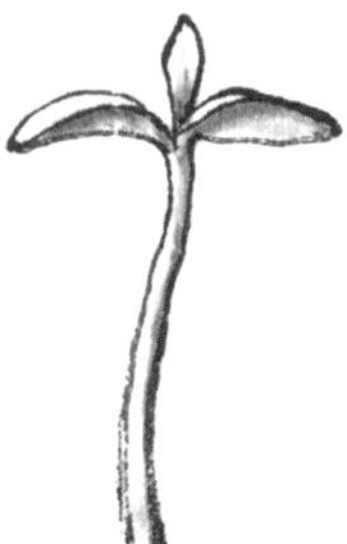

屬字

一

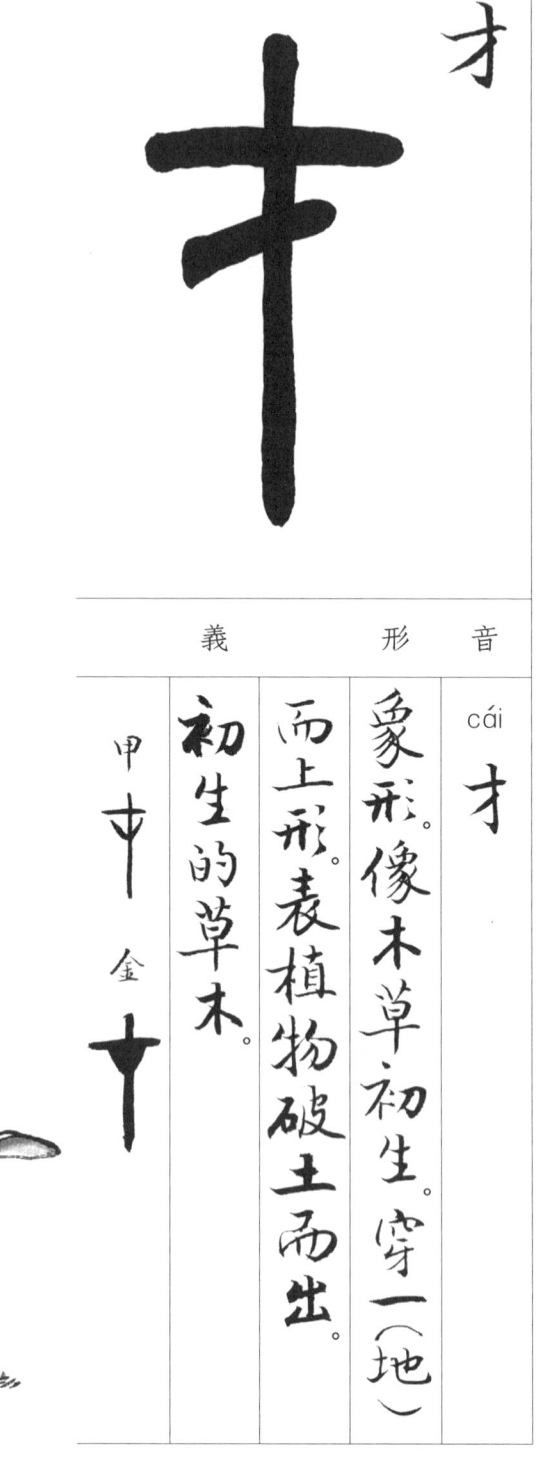

屬字 二

桑

叒

音	形	義
ruò 若	象形。像跪坐之人舉雙手理髮之形。是若字初文。	梳理頭髮使順。

甲

金

之

音	zhī 之
形	指事。上為止（脚）。下面一横，表示此地。人足從這裏出發。
義	前往。

甲

金

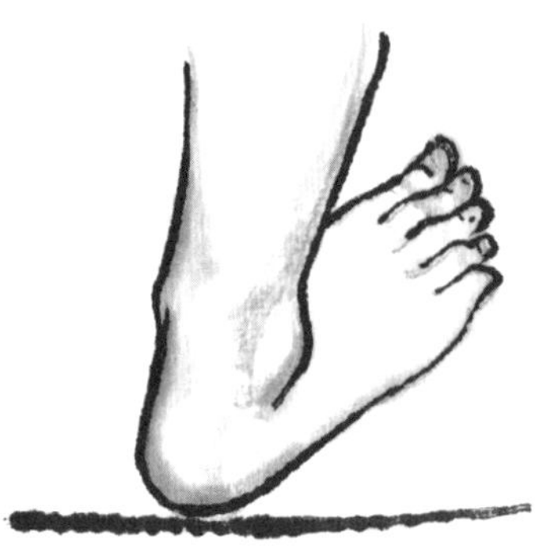

屬字　二

㞷 [huáng]

本義：前往。是「往」的初文

帀

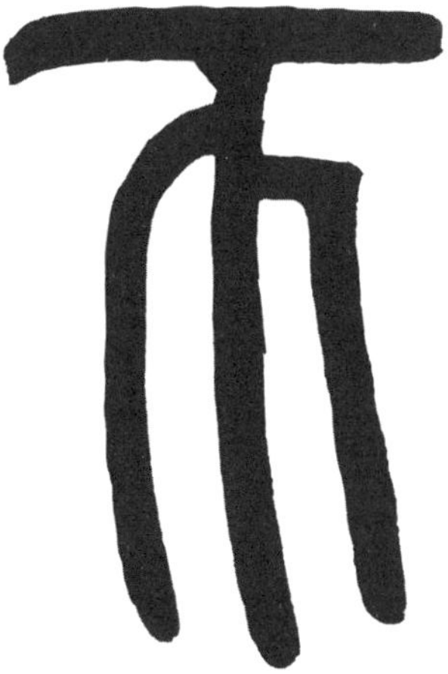

音：zā 匝

形：指事。從倒之（㞢）。表示回來之意。

義：環繞也。指圈兒。

甲 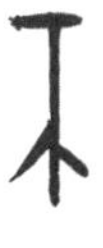 金 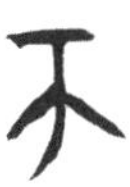

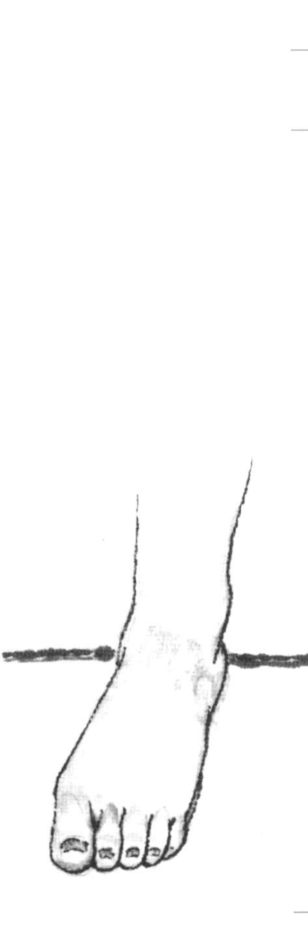

屬字 二

師

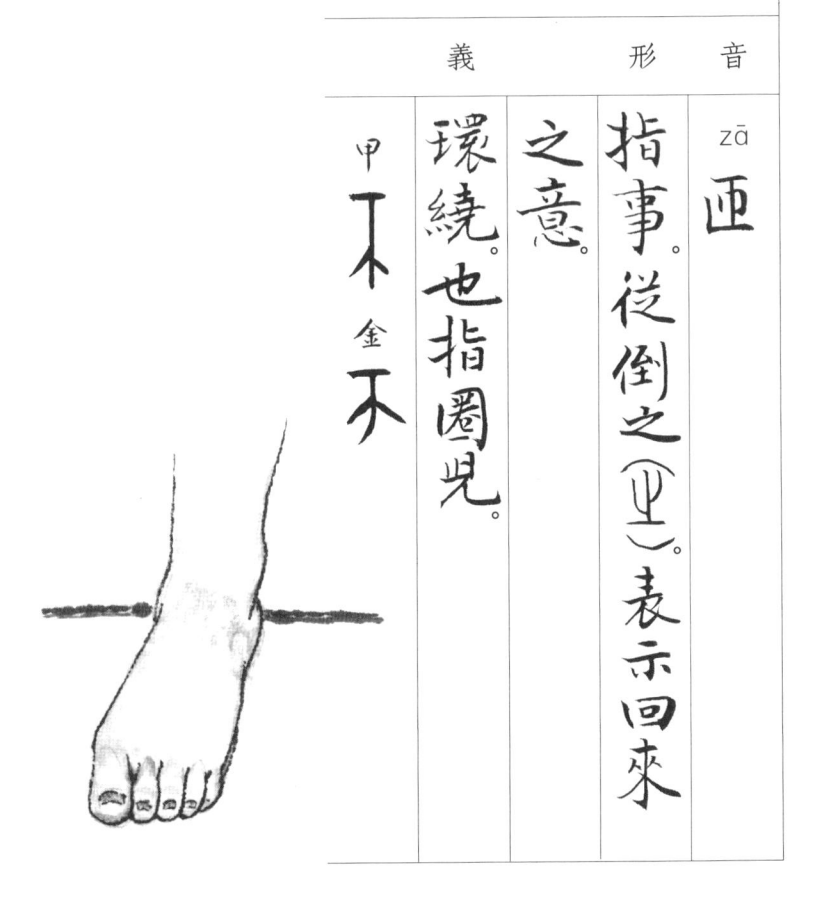

出

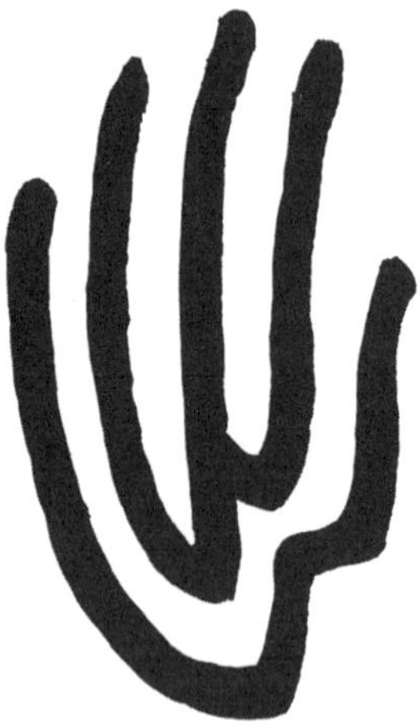

音	形	義
chū 出	會意。從止（脚）。從凵（穴居門口）。	表示走出之意。從內到外。

甲 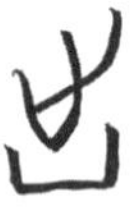 金 

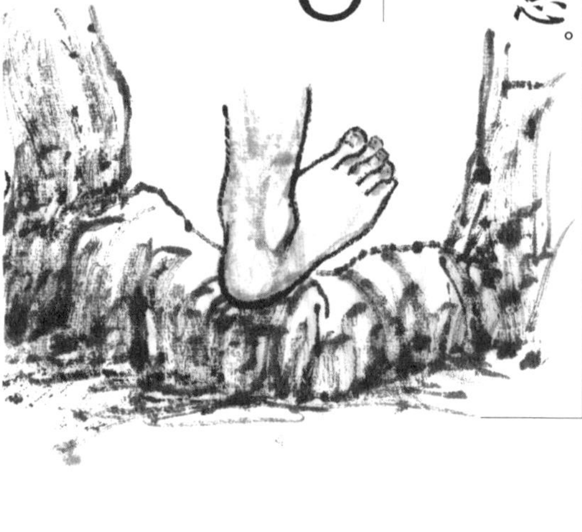

屬字　五

敫　賣　糶 [tiáo] 本義：賣出穀物

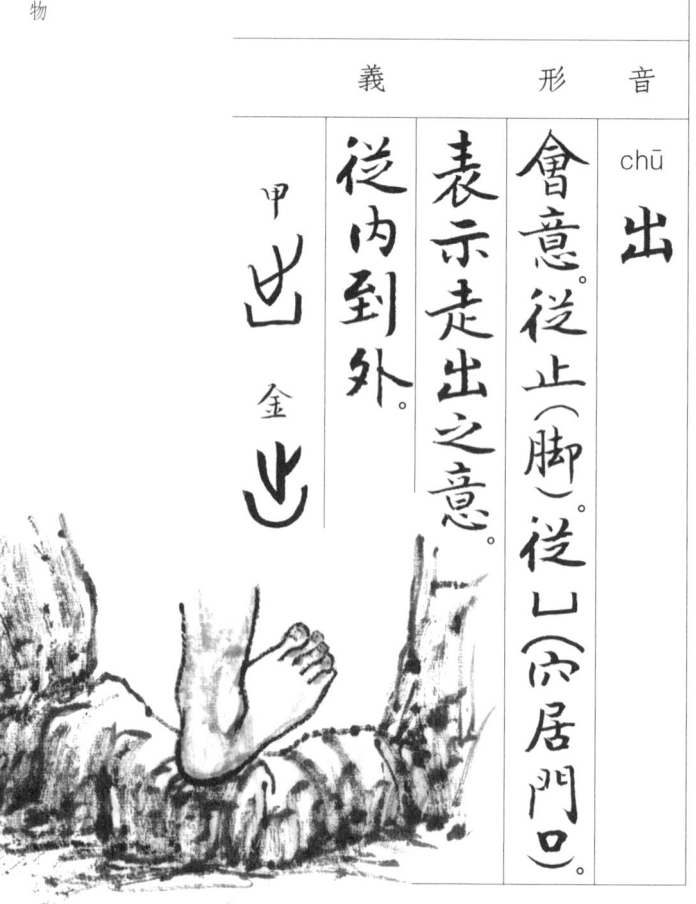

𣎵（朩）

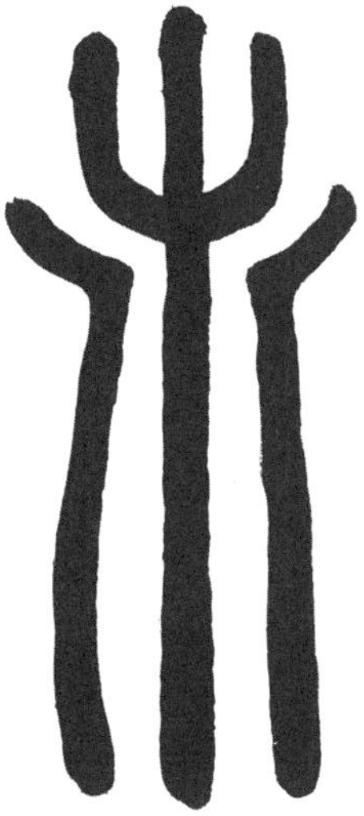

音	形	義
pò 迫	象形。像草木茂盛。枝葉披散的樣子。	草木繁茂的樣子。

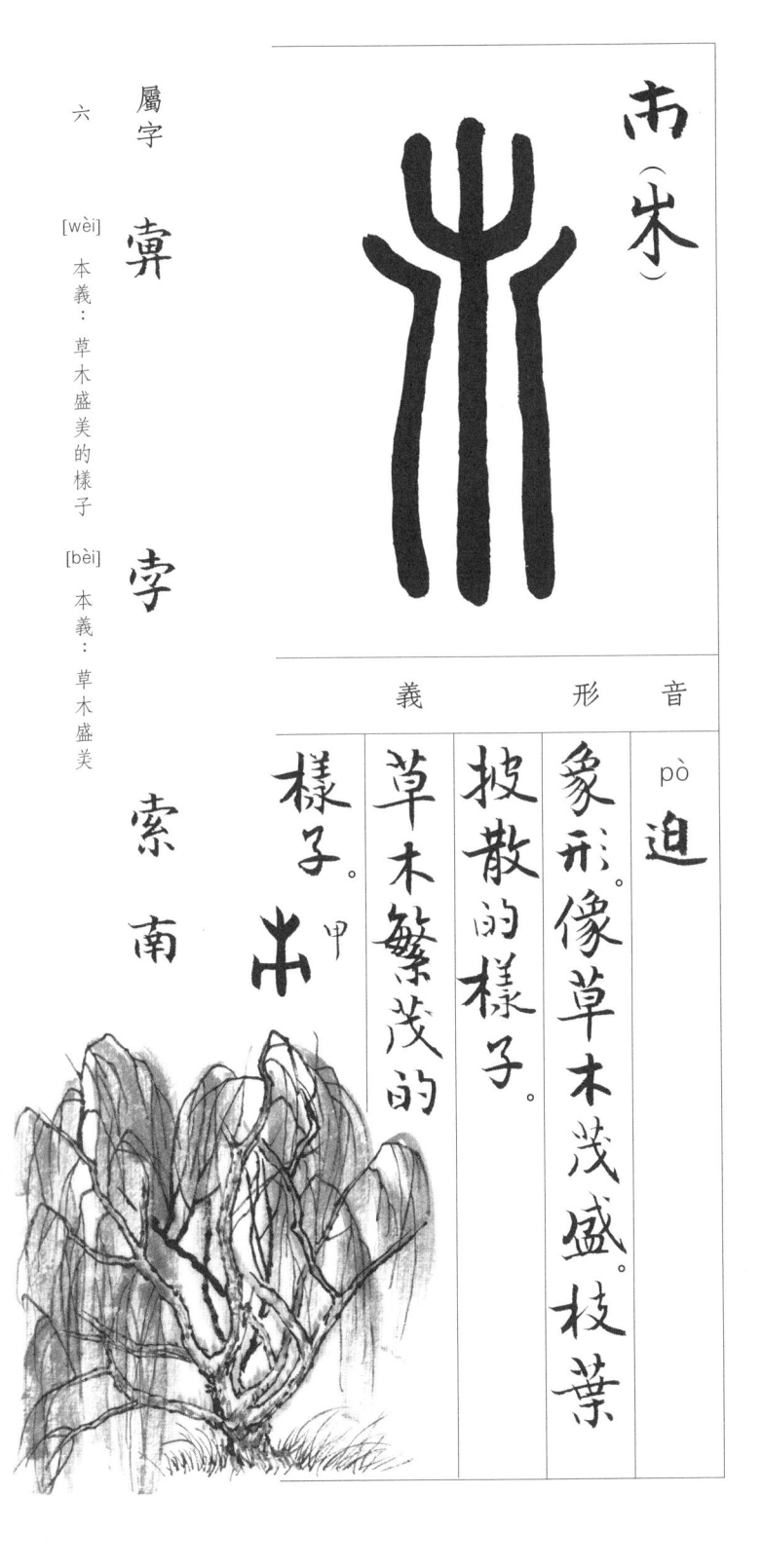

甲

屬字

六

[wèi] 𣎵 本義：草木盛美的樣子

[bèi] 孛 本義：草木盛美

索

南

生

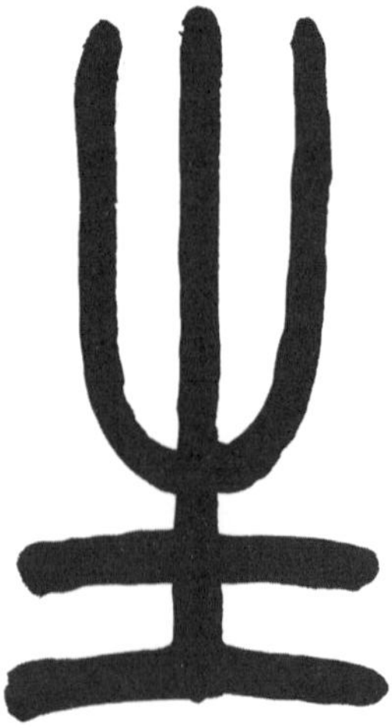

音：shēng 生

形：象形。像草木生長拱出地面。

義：草木滋長。

甲 

金 

屬字 六

產 隆 甦 甡

甡 [shēn] 本義：眾多草木并立的樣子

乇

音：zhé 哲

形：象形。像初生草木破土而出。

義：長出根莖葉之形。草托地生。

甲

金旁

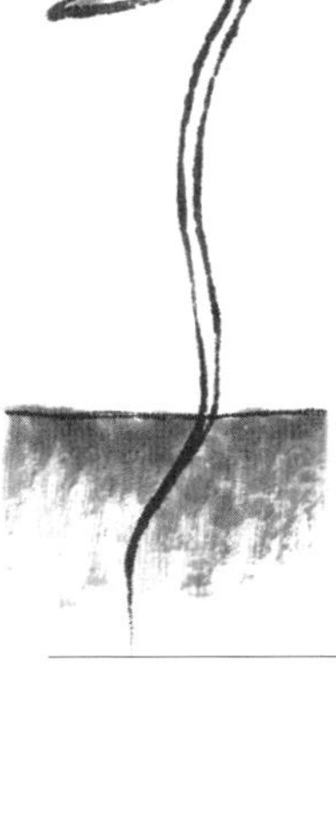

屬字

一

屬字 一

𠂹

音 chuí 垂

形 象形。像草木花葉下垂之形。是花與垂的初文。

義 草木花葉下垂。

甲 

金 

𠌶

音	形	義
huā 花	象形。像草木生于土上。花葉下垂形。	花朵。

甲

金

屬字 二

韡 [wěi]

本義：花葉光彩鮮明

華

音	形	義
花 huā 「華」引申爲光彩華麗時，讀[huá]	象形。華與花（𠌶）、垂（𠂹）同源。像草木花葉下垂形。	花朵。光彩。華麗。

甲 

金 

屬字 二

曄 [yè] 本義：草木的白花

禾

音	形	義
jī 基	象形。像樹梢彎曲形。表樹梢受阻礙不能向上長而彎曲。	因受阻不能上長。

屬字 三

𥝌 [zhǐ] 本義：樹木枝葉屈曲，停止生長

𥝩 [jǔ] 本義：樹木名

稽

音	形	義
jī 激	會意兼形聲。從禾（樹木曲頭不上長）。從尤（贅疣）。會留止意。旨聲。	停留遲延。

金 

篆 

屬字

三

[zhuó] 穛 本義：獨立

[gǎo] 𥡴 本義：屈曲而止

巢

音：cháo 巢

形：象形。從木（樹）。從巛（鳥窩）表示樹上有一個鳥窩。

義：鳥窩。

甲  金 

屬字 二

𡿺 [biǎn] 本義：傾塌

桼

音：qī 七

形：象形。像樹皮被割開。有汁液流出。表示漆汁。

義：漆汁。

甲

金

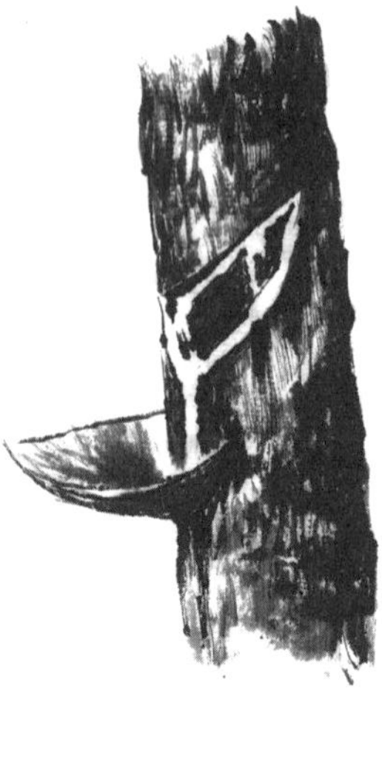

屬字 三

髤 [xiū] 本義：刷漆

麭 [pào] 本義：用漆塗抹器物待乾後再漆

東

音 shù 東

形 會意。從木。從口（捆縛）。會捆縛木柴。木簡之意。

義 捆縛。

甲

金

屬字

四

東　刺

櫜

音 gǔn 滾

形 形聲。束為形。圂為聲。

義 一種無底的袋子。盛物時用繩捆扎兩頭。

甲  古 

屬字 五

囊 橐 [tuó] 本義：袋子

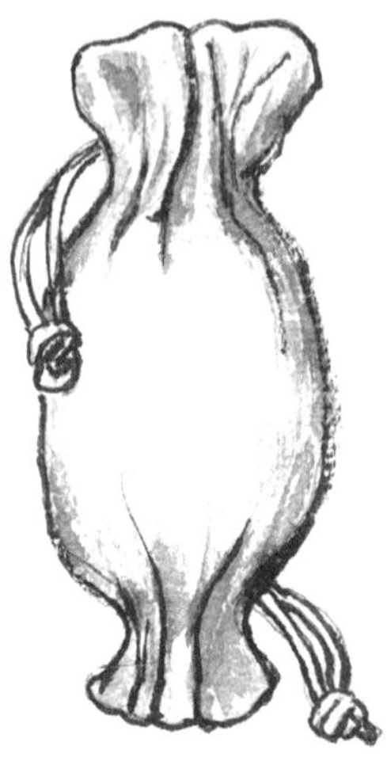

囗

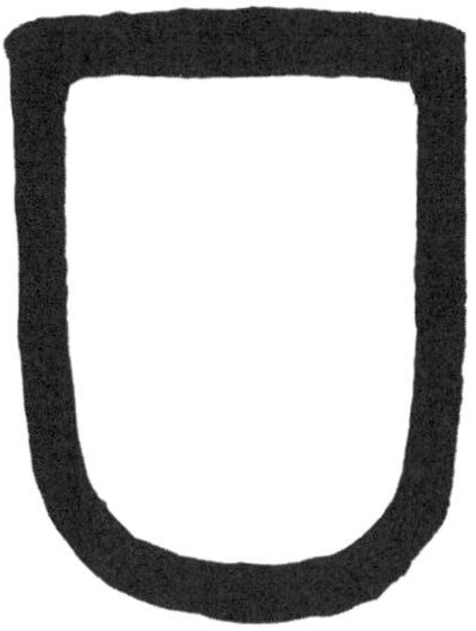

音 wéi 圍

形 象形。像環繞形。

義 圍繞。是圍的初文。

屬字 二六

圖 國 園 固 因

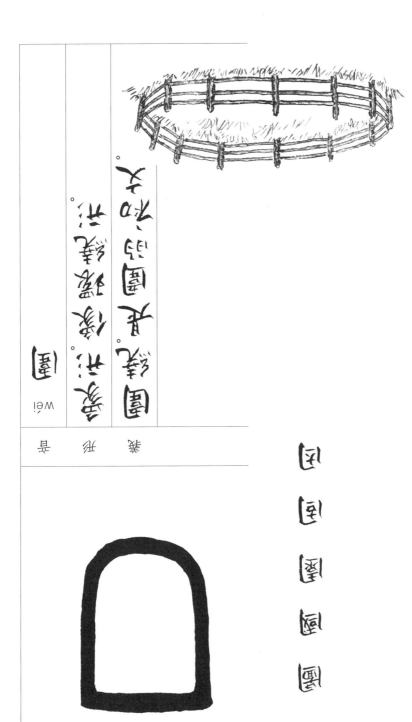

員

音	形	義
yuán 員	指事。貝為鼎的省形。口象征鼎口之圓形。	圓形。是圓的本字。

甲 金 古

屬字 二

䞓 [yún] 本義：東西的數量紛紜雜亂

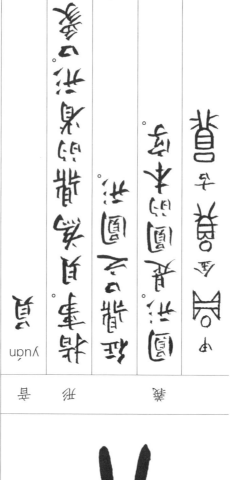

貝

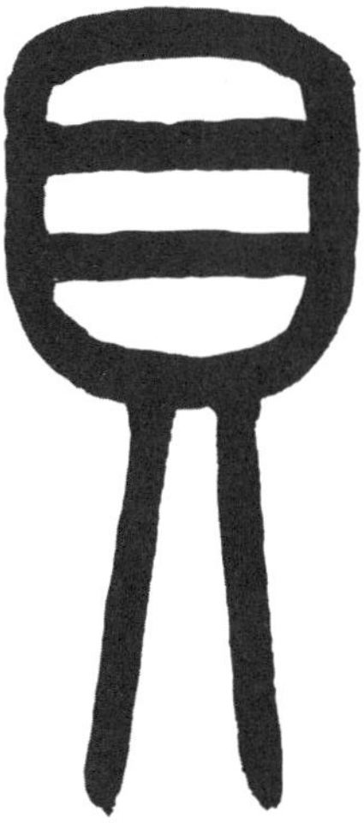

音	形	義
bèi 貝	象形。像張開的蛤貝形。古代以貝為貨幣。	蛤螺。又指與財物有關的事物。

甲  金 

五九 屬字

財 貨 資 贈 贏

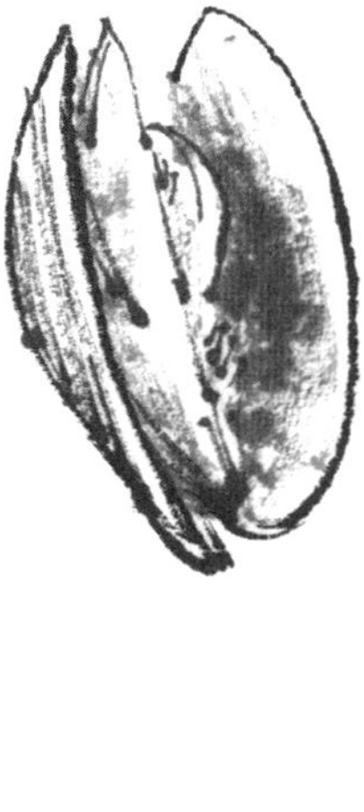

邑

音：yì 易

形：會意。從口（區域）。從巴（跪人）。會人居住地。作右偏旁時寫成阝。

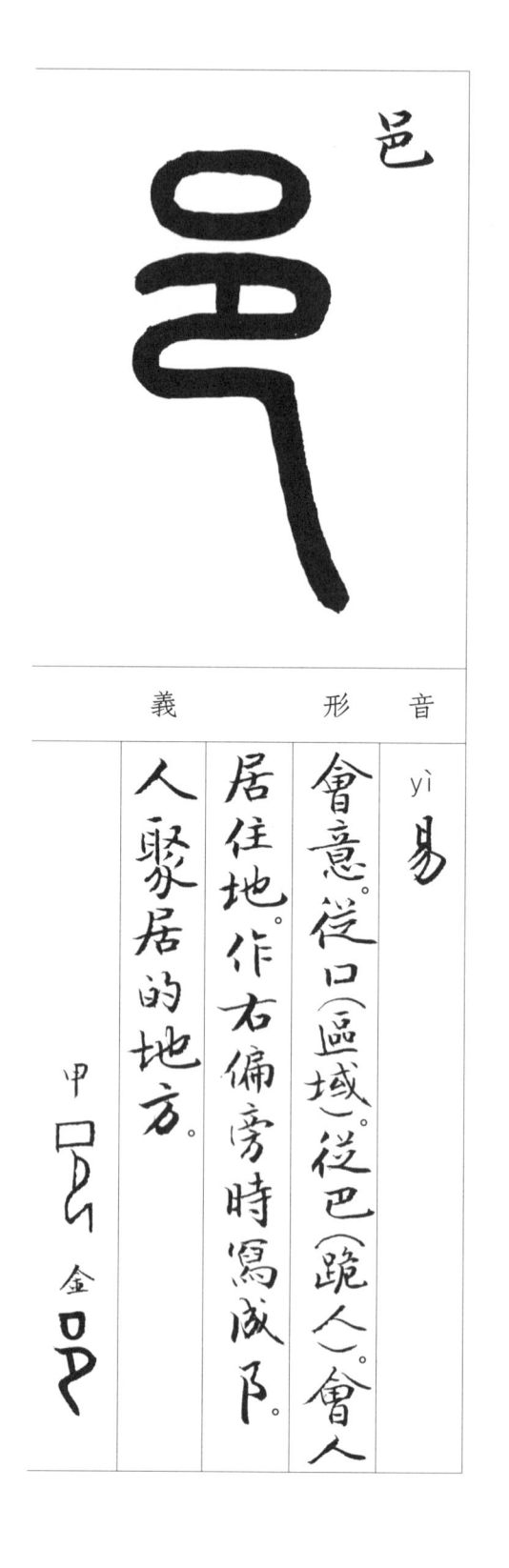

義：人聚居的地方。

甲  金 

屬字 一八四

郡 都 郊 部 郭

𨛜（鄉）

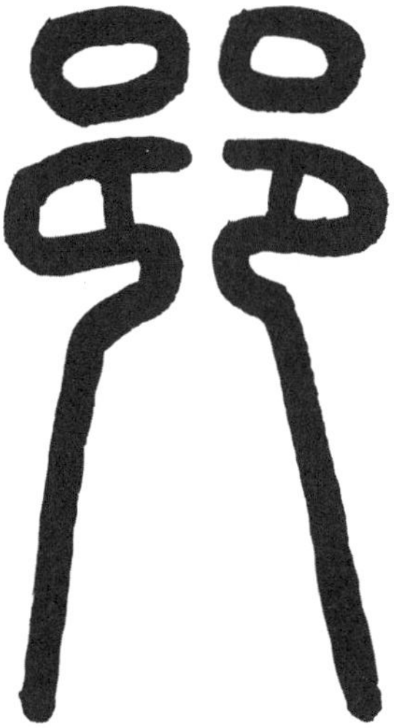

音：xiàng 向

形：會意。二人相對形。會相向之意。

義：與卿鄉同源。二人相向。

甲  古 

屬字 三

𨛜 [xiāng] 本義：兩人相對而食。同「鄉」

𨞰 [xiàng] 本義：街里的道路。同「巷」

日

音	rì 日
形	象形。像太陽形。中間加一點。是為和方圓之圓的○相區別。
義	太陽。引申白天。一晝夜。

甲 

古 

金 

屬字 早 旭 曠 景 昔

七〇

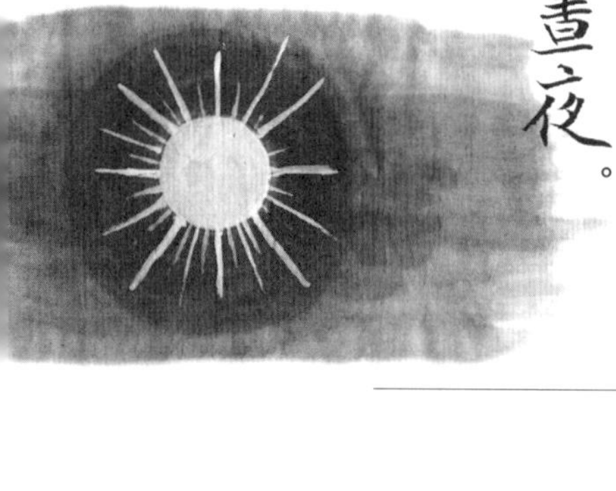

旦

音 dàn 旦

形 會意。從日下像日影。是海上日出的景象。表示日出天亮之意。

義 日出天亮。引申早晨。

甲 

金 

屬字 二

暨

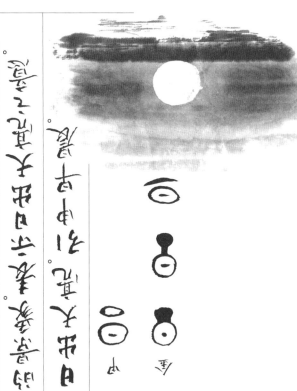

倝

音	形	義
gàn 倝	會意。從旦（日出）。從㫃（旗杆）。會太陽初升。霞光閃耀如旗飄動貌。	日出時光輝閃耀。

金

屬字 三

⿰倝舟 [zhāo]

本義：早晨。同「朝」

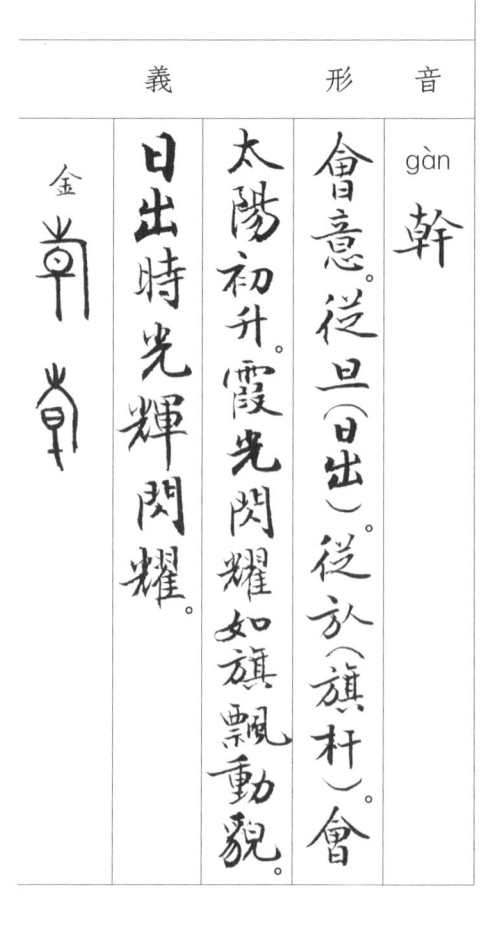

㫃

音 yǎn 眼

形 象形。像旗幟飄動的樣子。

義 旗幟飄動。引申旗上的飄帶。

甲

金

屬字 二三

旗 施 旋 旅 族

冥

音　míng　明

形　會意。甲骨文。從廾（雙手）。冖（冡覆）。日（太陽）。表示冡覆日光。會夜深之意。

義　夜晚引申昏暗。

甲

屬字　二

[méng] 鼆　本義：幽暗

晶

音	形	義
jīng 晶	象形。像天上三星形。表示閃閃群星。	是星的本字。星辰。引申光亮。

甲 

金 

屬字 五

曐 [xīng] 本義：天上的眾星。同「星」

曑 [shēn] 本義：星宿名。同「參」

曟 [chén] 本義：房星，泛指星宿。同「晨」

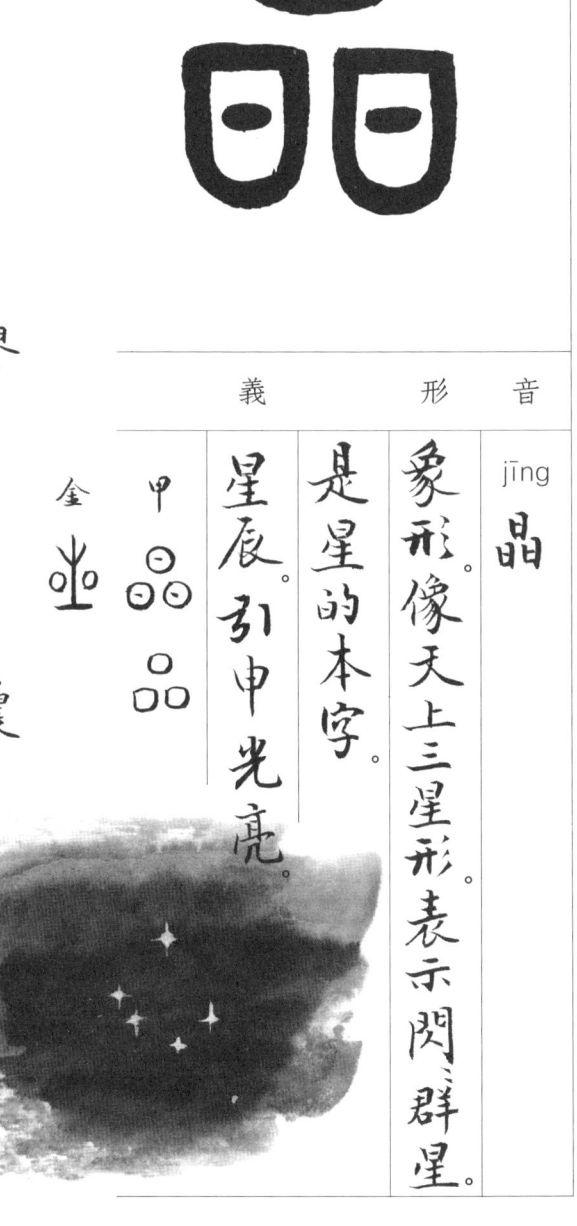

月

音	形	義
yuè 月	象形。半月之形。因為月缺時多。圓時少。	月亮。引申時間單位。

屬字 八

朔 霸 朗 期

有

音	形	義
yǒu 有	會意。從月（肉）。從ナ（又，右手）。表示手中持肉狀。	獲有。持有。佔有。

甲  金 

屬字 三

[yù] 䖑 本義：有文采

[lōng] 龓 本義：籠統

明

音	形	義
míng 明	會意。從月。從囧（窗櫺）。或從日月朗照。皆會光明之意。	光綫足。引申照亮。

甲

金

古

屬字 二

[huāng] 朚

本義：明日

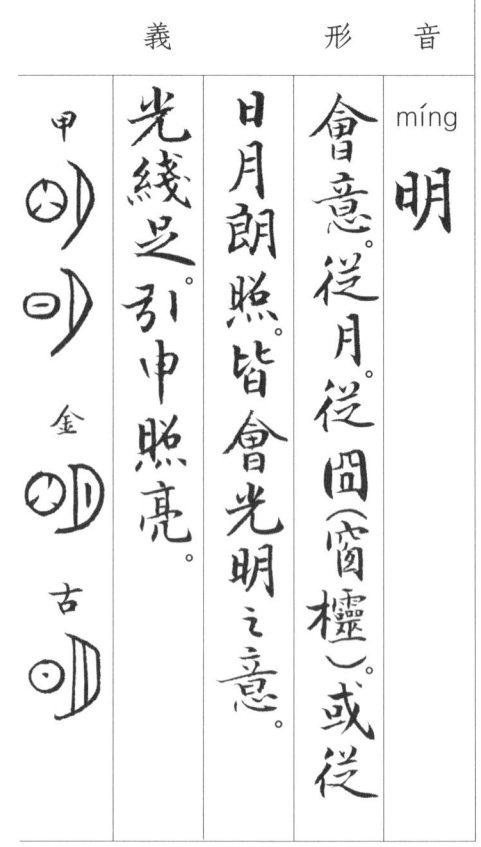

囧

音	形	義
jiǒng 炯	象形。窗櫺木格形。簡易窗户。	明亮。

甲

金

屬字

二 𥂗 [méng]

本義：古代諸侯在神前盟誓締約。同「盟」

夕

音：xī 夕

形：象形。甲骨文夕與月同形，皆像初月形。表示傍晚之義。

義：日落。傍晚。

甲

金

屬字 夜 夢 外 姓[qíng]

九

本義：雨在夜晚停止而星星出現。同「晴」

多

音	形	義
duō 多	會意。甲骨文是疊放的兩塊肉。	古代祭祀分賜胙肉。能分兩塊為多。數量大。引申相差程度大。

甲 [glyph] [glyph] 金 [glyph]

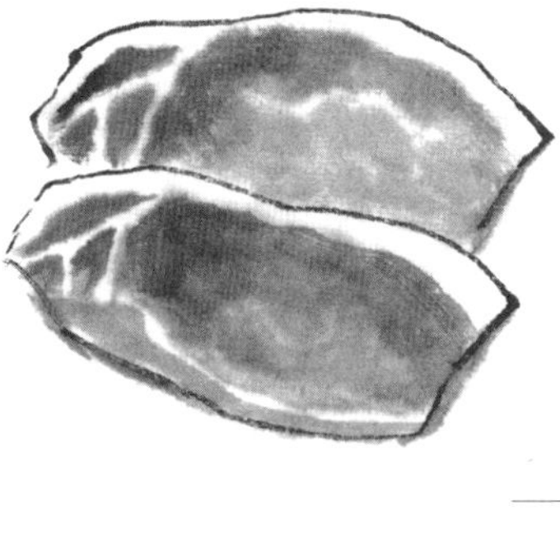

屬字 四

𡖗 [huǒ] 本義：多。同「夥」

毌

音 guàn 貫

形 象形。甲骨文像以繩棍穿貝殼等物形。又像盾牌形。

義 貫穿。

甲 

金 

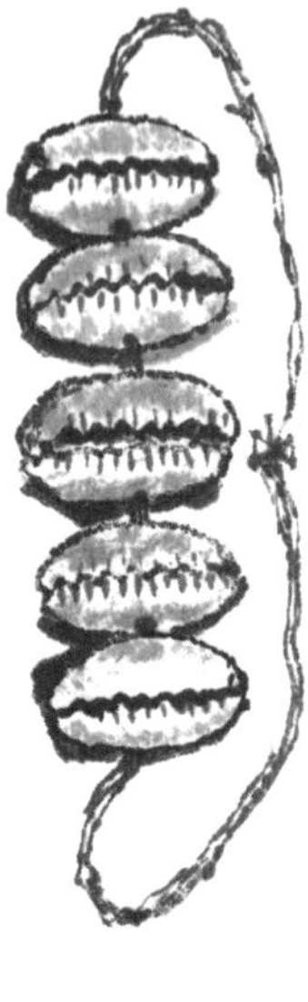

屬字 三 貫 虜

𢎘

音	形	義
hàn 汗	象形。像花含苞未放形。由于𢎘只作偏旁。其義由菡萏表示。	含苞未放的荷花。

屬字 五

函 [hán] 本義：舌頭

甬 [yǒng] 本義：草木之花含苞待放的樣子

𣐺

音	形	義
hàn 旱	會意兼形聲。從木。從𢎘（含苞）。𢎘兼表聲。會含苞眾多之意。	纏束。也表示花木垂掛花實。

甲 金

屬字

二

𩏂 [wéi]

本義：捆束

卣

音	tiáo 條
形	象形。是甲骨文 (栗樹)省去樹形，只留下一個菓實(卣)。作偏旁為(西)。
義	草木菓實下垂的樣子。

甲 

古 

屬字

三

㮚 [lì] 本義：栗子樹。同「栗」

𥻆 [sù] 本義：穀子脫粒的小米。同「粟」

齊

音	形	義
qí 齊	象形。甲骨文像禾麥吐穗整齊一致形。金文下邊又畫出地面形。	禾麥吐穗上齊平。引申平整。

甲  

金  

屬字 二

[illegible] [qí] 本義：相等

朿

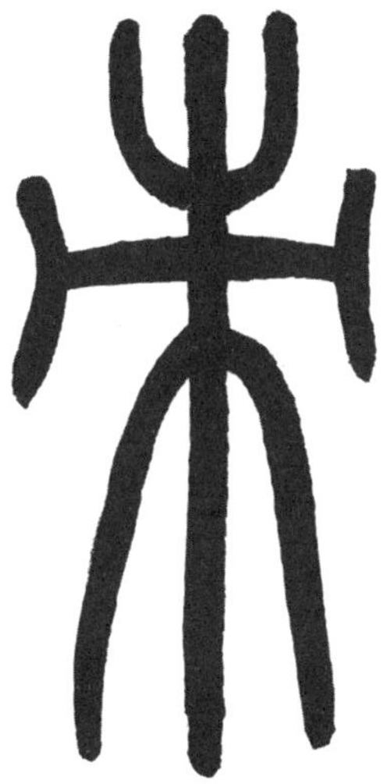

音：cì 次

形：象形。甲骨文  像以尖木穿物形。

義：穿刺。引申樹木的棘刺。

屬字 三

棗 棘

片

音	形	義
piàn 片	象形。像半個木字。表示剖分成一半的木。	板狀木製品。引申平而薄的物。

甲

金

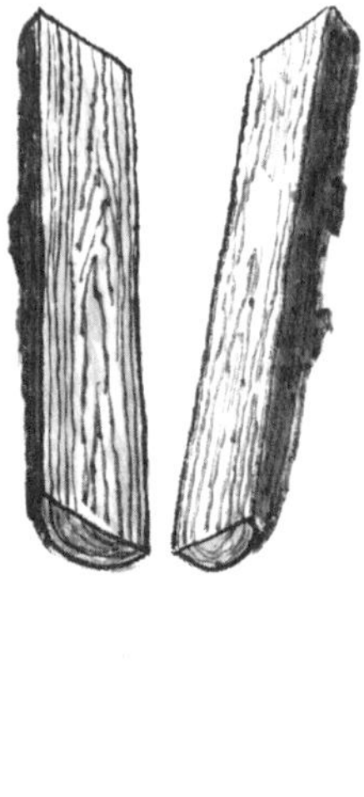

八 屬字

版 牘 牒 牖

鼎

音：dǐng 頂

形：象形。古人烹煮食器。一般三足。兩耳。碩腹。作偏旁或訛變為貝。

義：古人食器。

甲 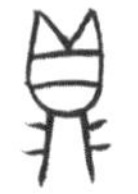

金 

屬字 四

鼐 鼏

[jiōng] 本義：用木棍橫貫鼎耳抬起來

屬字 一

克

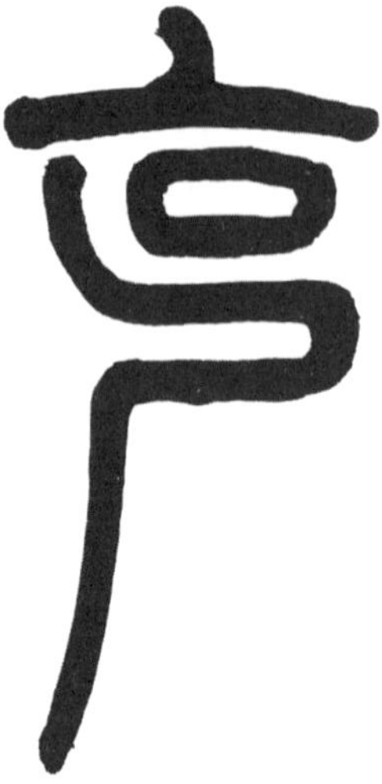

音 kè 克

形 象形。像戴盔執戈的武士形象。或省去戈。表示攻打戰勝之意。

義 戰勝。凌犯。

甲 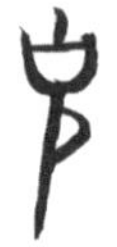 金 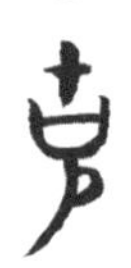

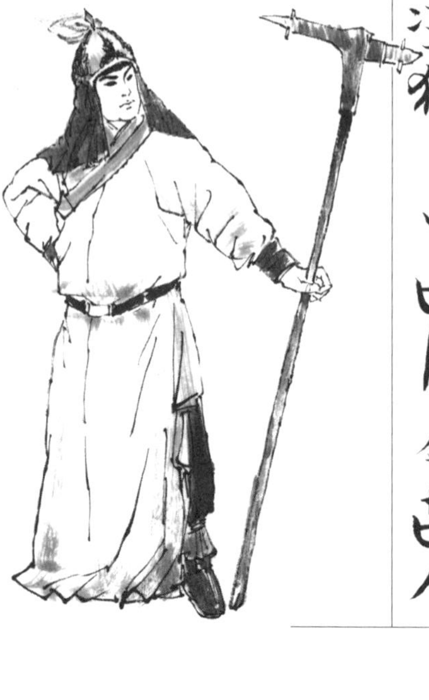

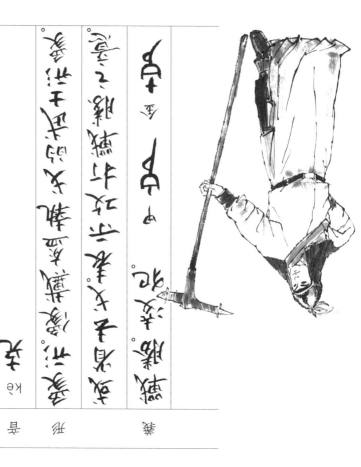

屬字
一

彔

音 lù 露

形 象形。像鑽木取火之形。

義 鑽木取火。引申記載。

甲 

金 

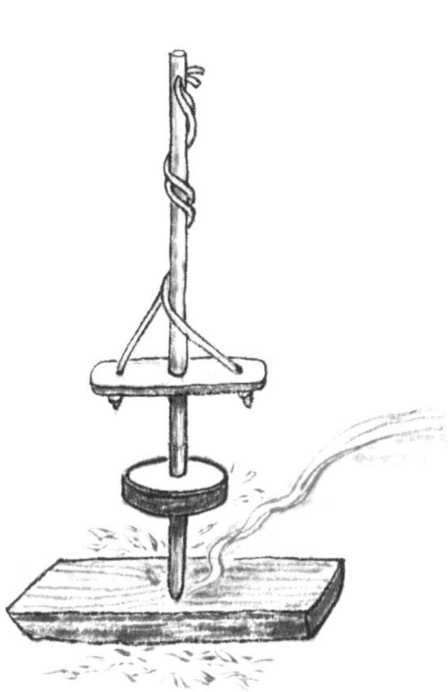

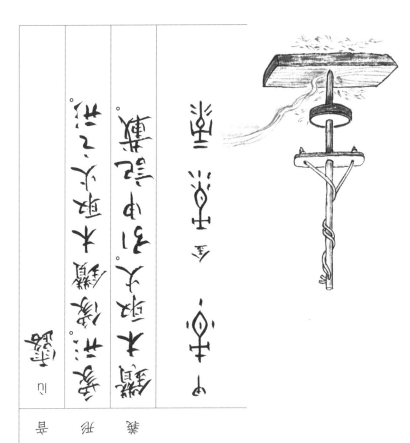

禾

音：hé 禾

形：象形。像成熟的禾穀垂穗形。

義：穀子。引申穀類作物的苗。

甲

金

屬字

稼 稀 私 秦 秋

八七

秝

音 lì 歷

形 會意。從二禾。會禾苗均勻一株一株很清晰之意。

義 稀疏合宜歷歷在目。

甲

屬字 二

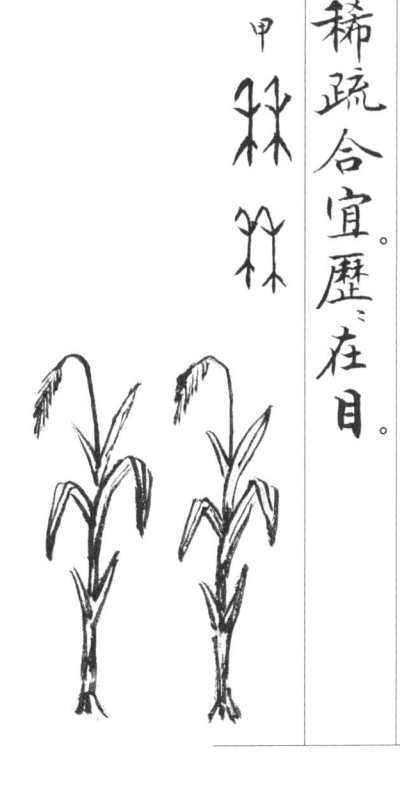

兼

黍

音　shǔ　暑

形　象形。像黍子散穗。下垂如流水。

義　黍子也指黍子的籽實。

甲 

金 

屬字　八

黏　䵑　䵝

香

音：xiāng 香

形：會意。從黍。甘。會禾黍芳香之意。

義：禾穀糧食馨香。引申氣味好聞。

甲

屬字 二

馨

米

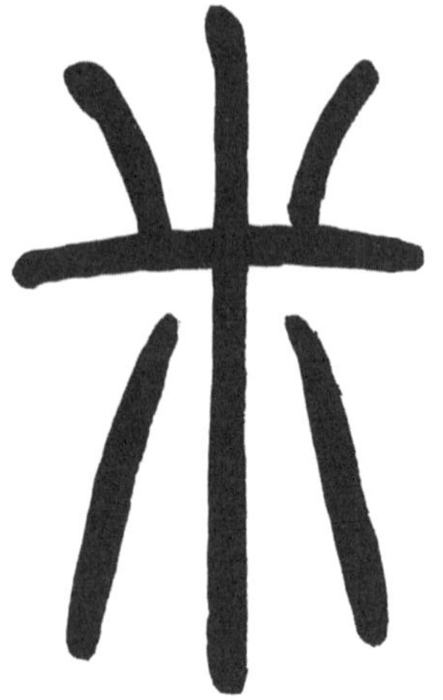

音　mǐ 米

形　象形。像一段有米粒的穀穗形。中間一長横是穗中之梗。

義　粟米。脱殼的小米。

甲

金

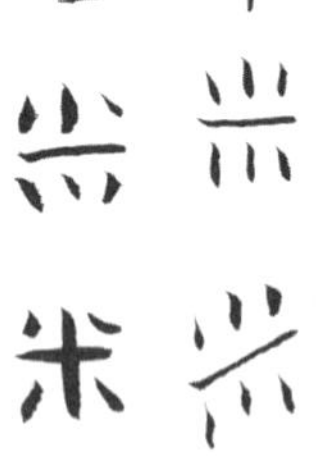

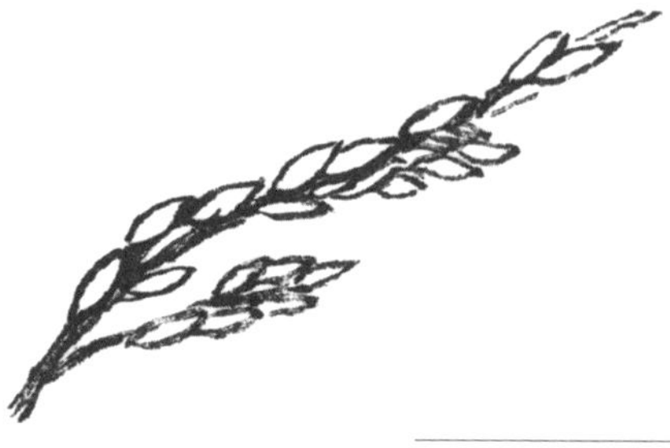

屬字 三六

粱 粒 粹 粗 氣

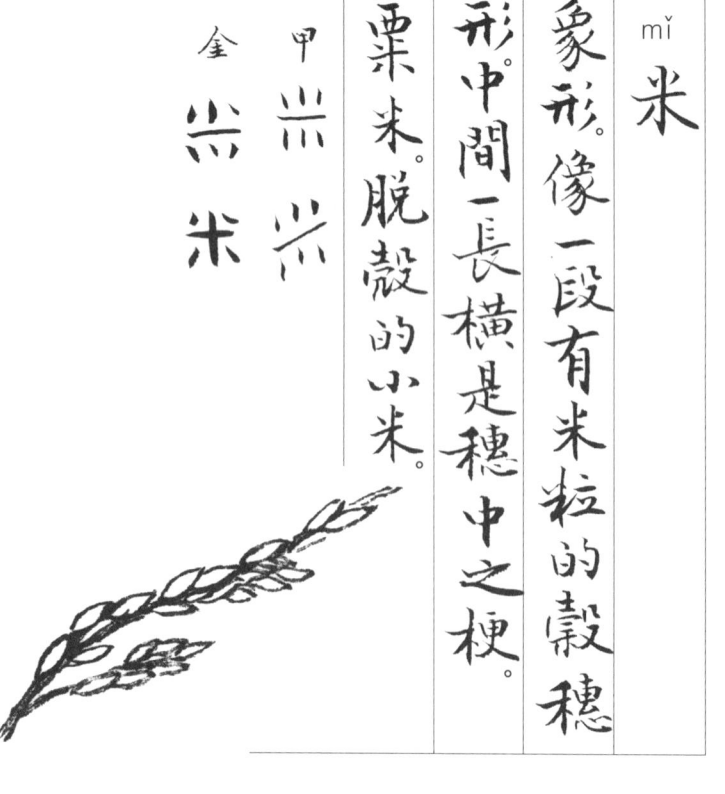

毇

音	形	義
huǐ 悔	會意。從𦥺（臼中盛米）。從殳（手持槌）。表示搗米之意。	舂米再加工使之成為精米。

屬字 二

糳 [zuò] 本義：舂過的精米

臼

音 jiù 就

形 象形。像舂坑形。用整塊的石頭把中間鑿空。其四點爲齒紋。

義 舂米的器具。

甲 金 古

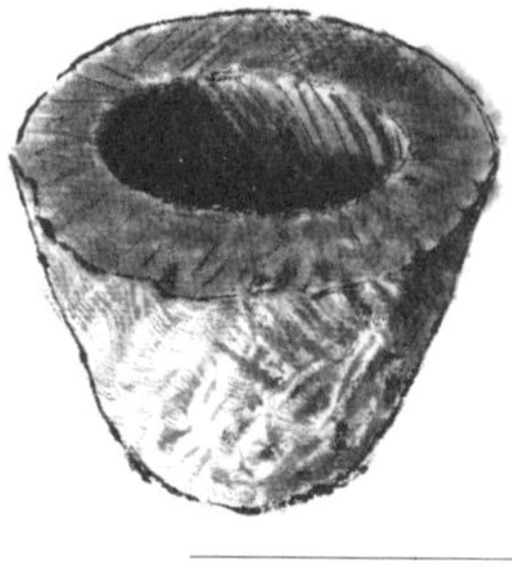

屬字 舂 臿 臽

六

凶

凶

音	形	義
xiōng 凶	象形。凵（地面塌陷）。㐅（落入坑陷）。	表示險惡之地。凶惡。引申不吉利的。

楚帛 

秦簡 

篆 

屬字 二

兇 [xiōng] 同「凶」

朩

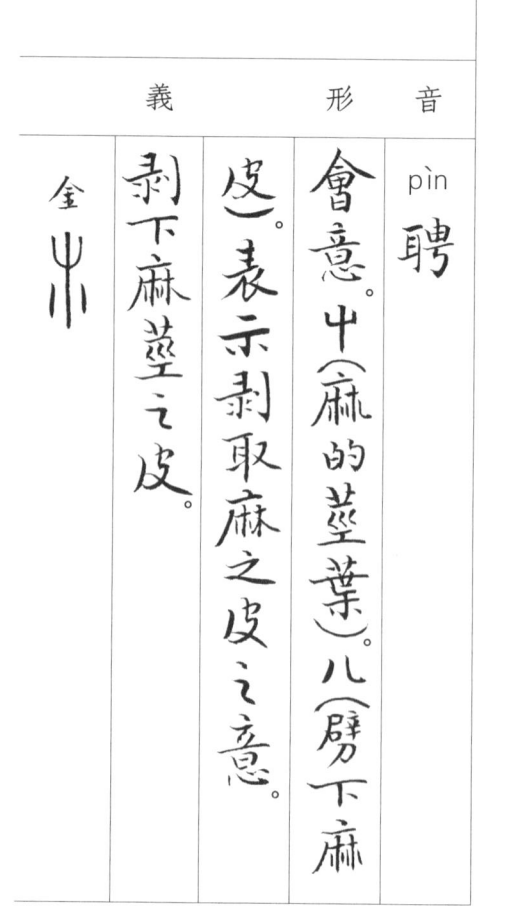

音	形	義
pìn 聘	會意。屮（麻的莖葉）。八（劈下麻皮）。表示剝取麻之皮之意。	剝下麻莖之皮。

金 

屬字 二

枲 [xǐ] 本義：麻

𣏟

音	派 pài
形	會意。從二朩（剝麻莖皮）表示劈下許多細麻絲之意。
義	剝下許多細麻絲。

金

屬字 三

檾 [qǐng] 本義：麻一類的植物

㪔 [sàn] 本義：分離。同「散」

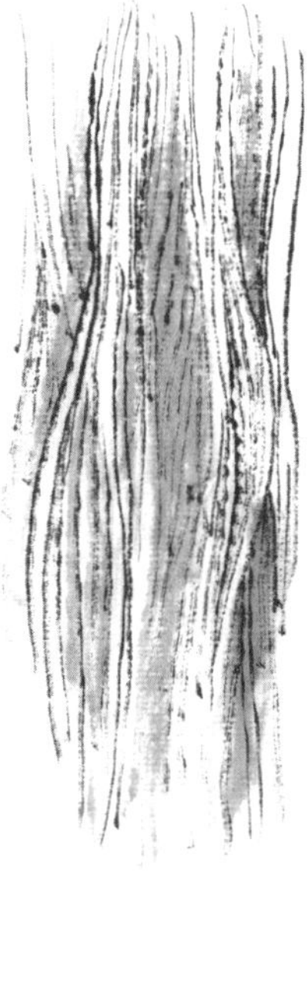

麻

音	形	義
má 麻	會意。從广（敞屋）。𣏟（麻莖皮）。	表示在房檐下晾麻。劈好的麻莖皮纖維。

金

屬字 四

黀 [zōu] 本義：麻稈

⿱俞麻 [tóu] 本義：麻類

尗

音	形	義
shú 熟	會意。從上（上木橛子形）。小（土點）。表示用木橛掘取芋頭的地下球莖。	掘取植物的地下球莖。

甲  金 

屬字 二

敊 [chǐ]

本義：用煮熟的大豆發酵製成，供調味用。同「豉」

屬字 一

耑

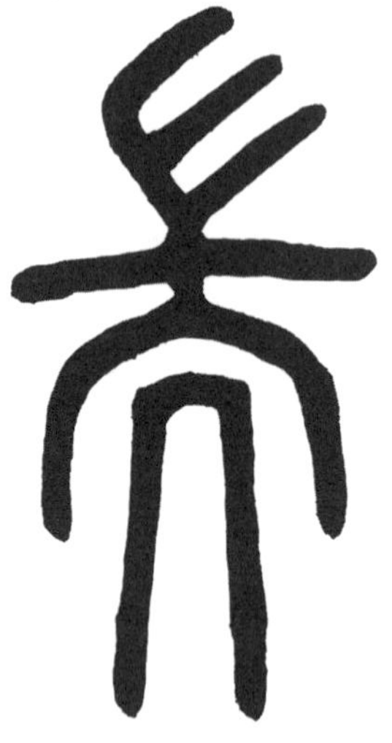

音：duān 端

形：象形。上面像植物從地下冒出的芽端。下面像根的形狀。

義：植物初生的枝葉。

甲

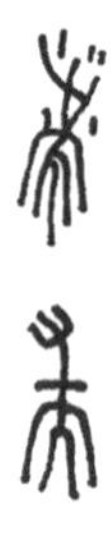

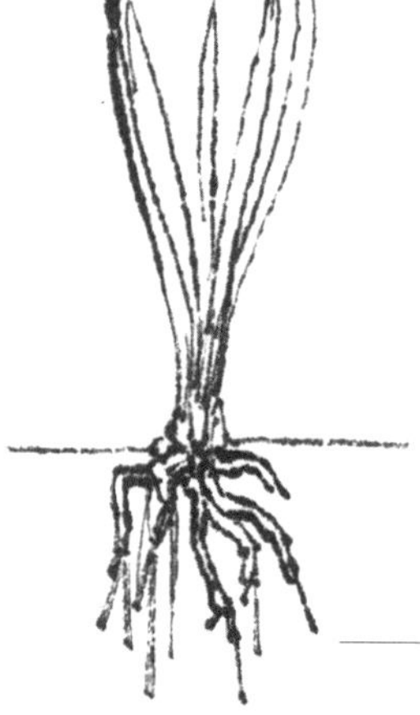

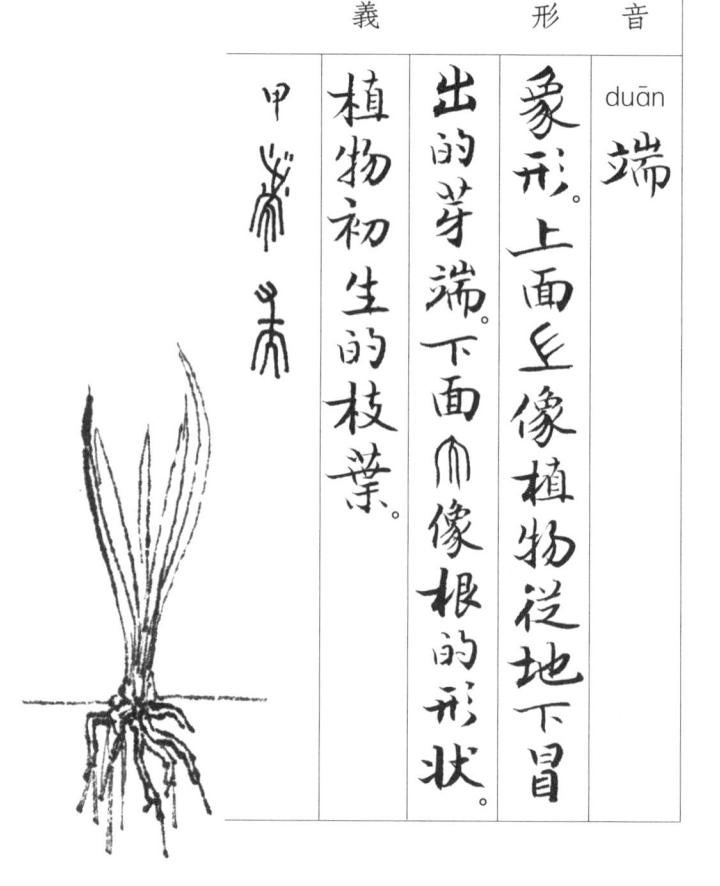

韭

音 jiǔ 九

形 象形。上面非。像細密的韭菜形。一像地面。表示韭菜或似韭之菜。

義 韭菜。

楚簡 韭

秦簡 韭

屬字 六

䪂 [duì] 本義：切碎的菜

韱 [xiān] 本義：山韭

瓜

音	形	義
guā 瓜	象形。像藤蔓上結有瓜形。	葫蘆類蔓生植物的統稱。

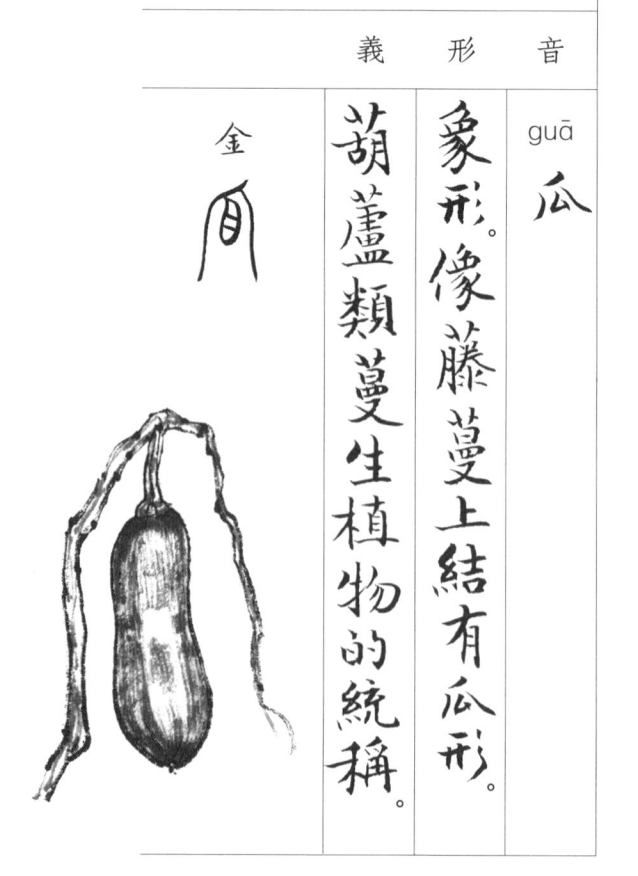

金

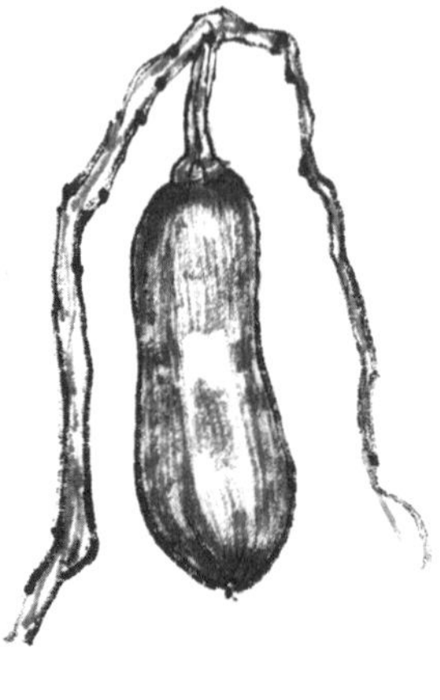

屬字 七

瓞 瓣 𤬪 [xīng] 本義：小瓜

瓠

音	hù 户
形	形聲。從瓜。夸聲。即瓟。有甘苦兩種。甘者可食。苦者做瓢器。
義	葫蘆。

屬字 二

瓢

宀

音：mián 棉

形：象形。像房屋之形。

義：古代的一種簡易房屋。

甲 ∩ 介

屬字
家 室 察 安 實

七一

屬字 二

營

宮

宮

音	形	義
gōng 宮	象形。宀像房屋的框架。呂像有數室之狀。呂像宮室相連狀。	宮室毗連。

甲

金

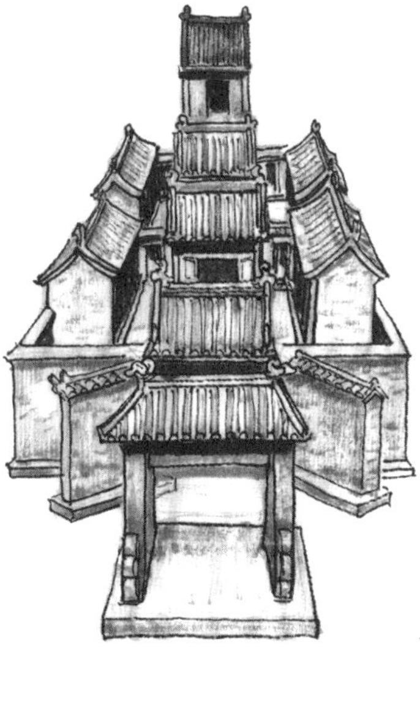

呂

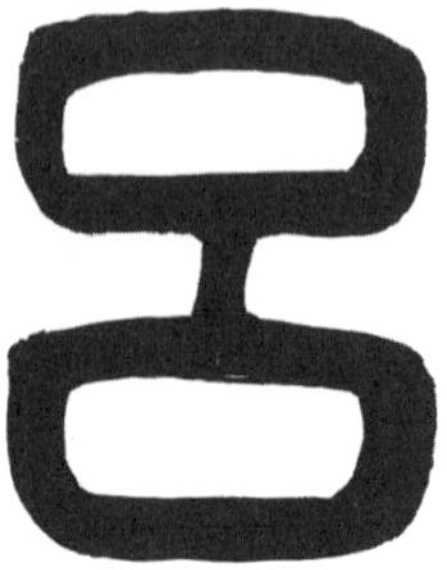

音	形	義
lǚ 呂	象形。呂取象脊椎骨節相疊連形。	脊椎骨。也表示圓形宮室。

甲 秦簡 戰國

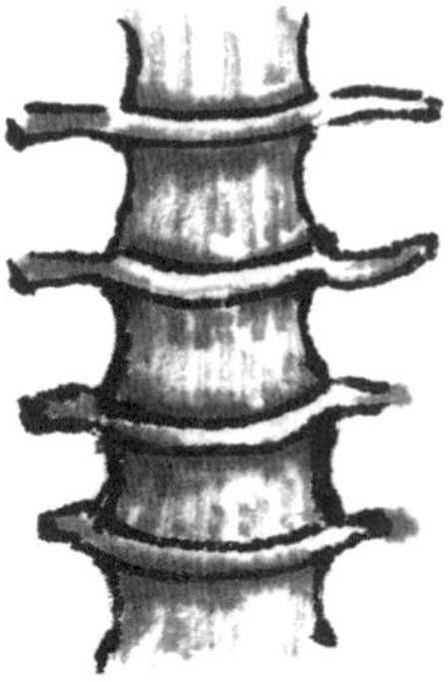

屬字 二

躳 [gōng] 本義：身體。同「躬」

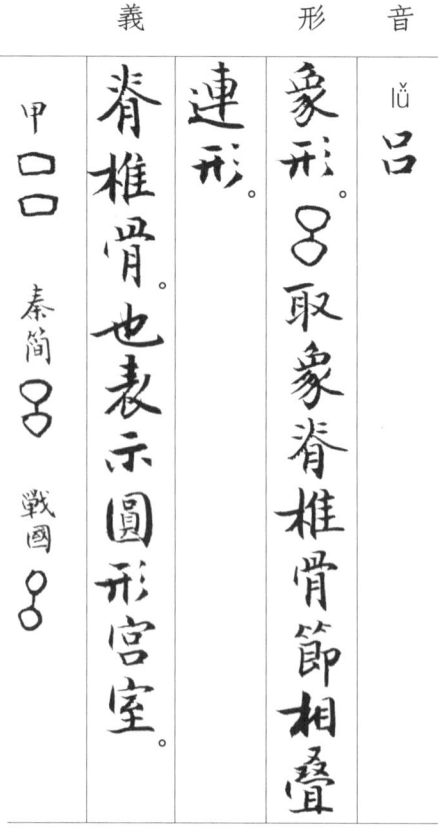

穴

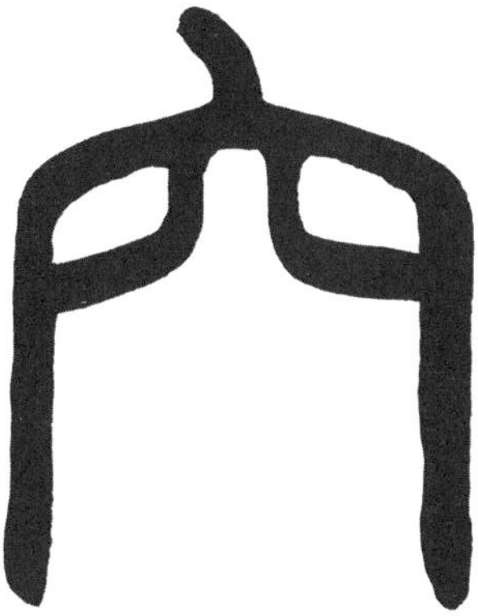

音	形	義
xué 穴	象形。像半地下土窖形。	古人居住的半地下土窖。

金

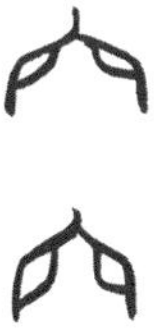

五一

屬字

空 突 究 窺 窖

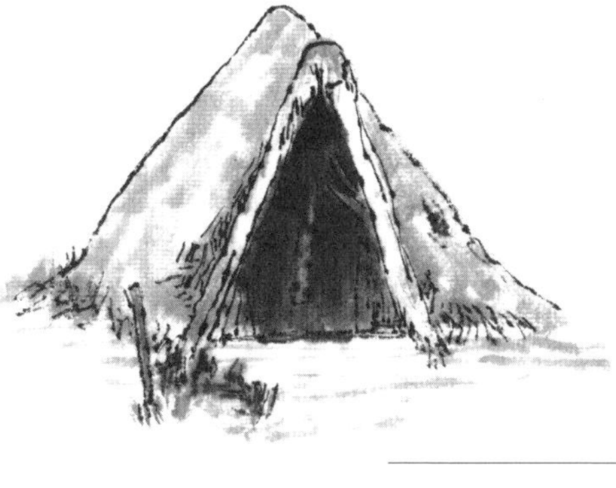

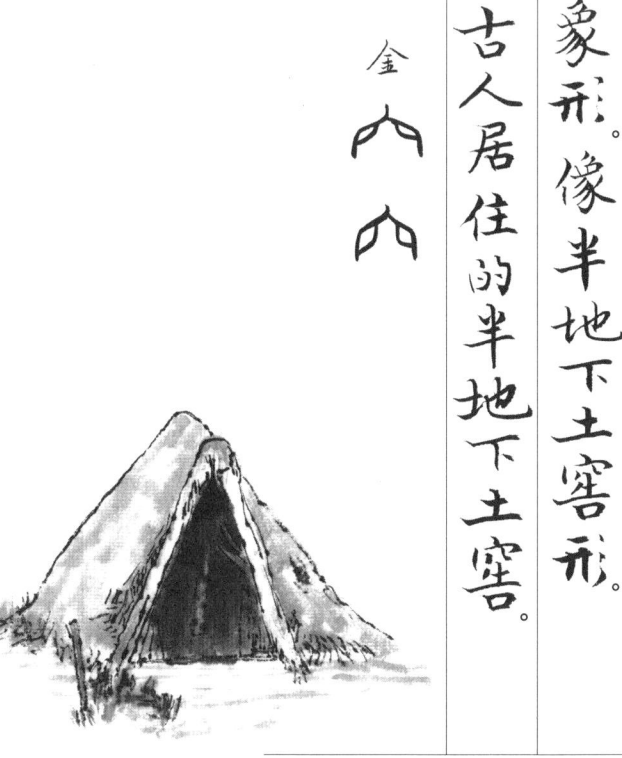

㝱

音	形	義
mèng 夢	會意。苜（眼有眵目糊）。𠆢（人形）。宀（屋內有牀）。夕（夜晚）。會寐而有覺。	寐而有覺即做夢。

甲  金  帛 

屬字 一〇

𡪢 [qǐn] 本義：因病而臥。同「寢」

寐 寤 寣 [hū] 本義：睡臥而驚醒

疒

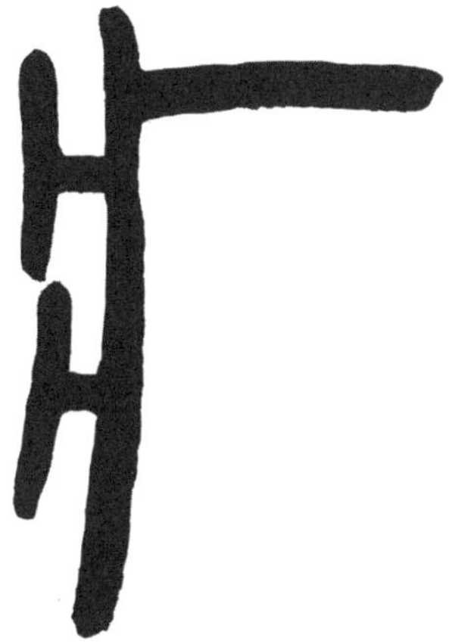

音	nè 訥
形	會意。从爿(牀)。一(人形)。人卧牀上。 表示人得了重病，躺在牀上之意。
義	重病。

甲

金

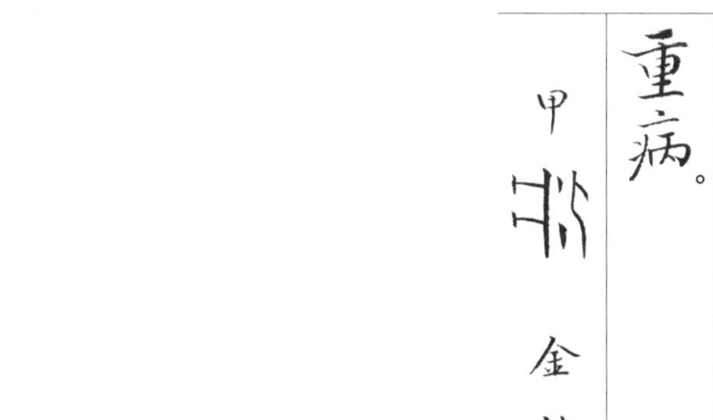

屬字

一〇二

疾 病 痛 痕 疲

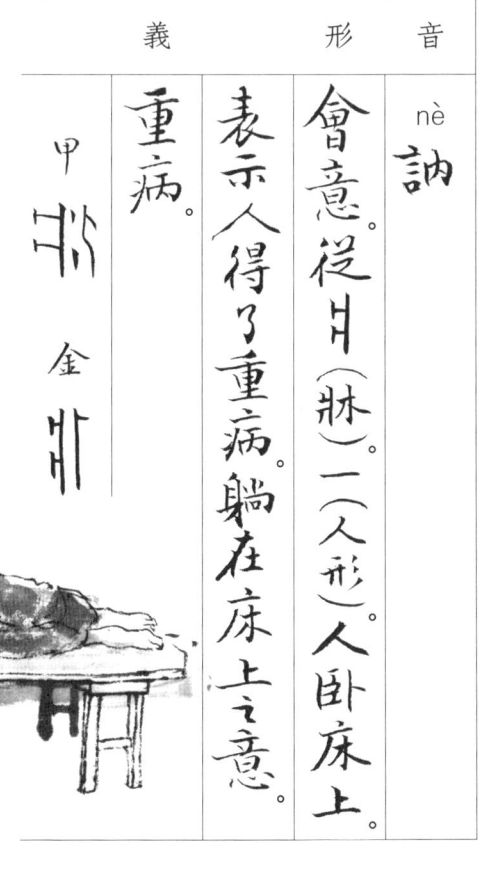

冂

音　mì 冪

形　象形。像布巾蒙覆形。是原始的帽子。借以表示蒙覆。

義　蒙覆。

甲 冂　金 冂

屬字　冠　冣 [jù] 本義：積聚

四

冃

冃

音	形	義
mǎo 卯	象形。冃與冖。冃同源。皆象原始簡易的皮帽形。一横為縫合處。	帽子。

甲  （蒙）

屬字 四

同

冡 [méng] 本義：蒙覆

冃

音	形	義
mào 冒	象形。冃與冖同源。像原始的簡易皮帽。二為縫合邊飾。	皮帽。

屬字 五

冕 冑 冒 最

㒳

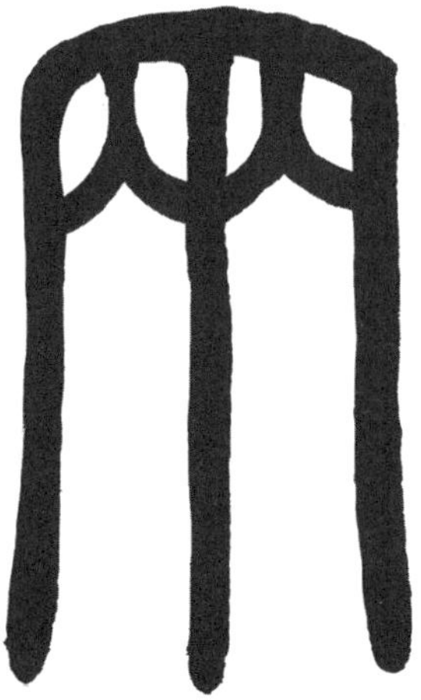

音 liǎng 兩

形 會意。兩個錢幣相并形。一說車轅前雙軛形的部分而成。

義 成對并列。

金

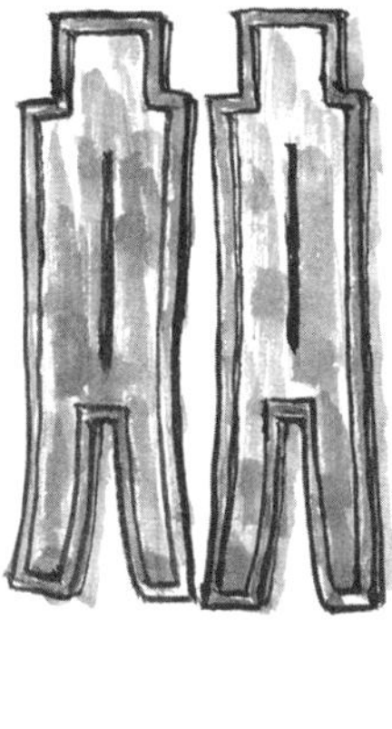

屬字 三

兩

㒼 [mán] 本義：平均

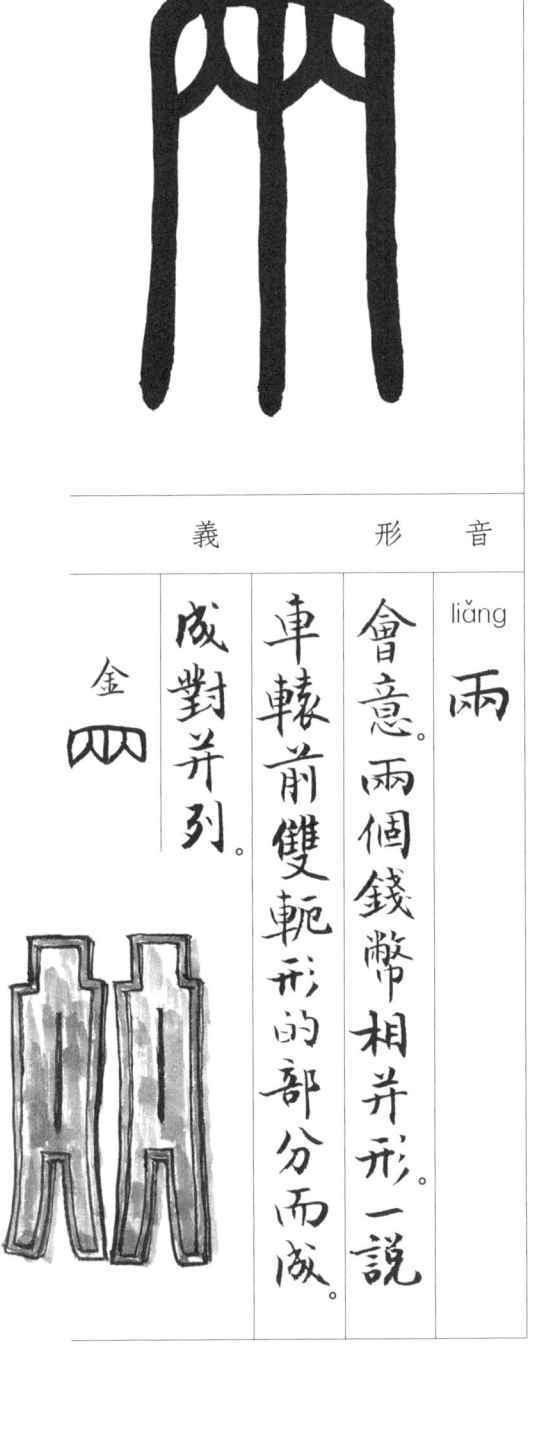

网

音	形	義
wǎng 网	象形。像一張网形。偏旁為罒。	用繩綫結成的用于漁獵的工具。

甲 

金 

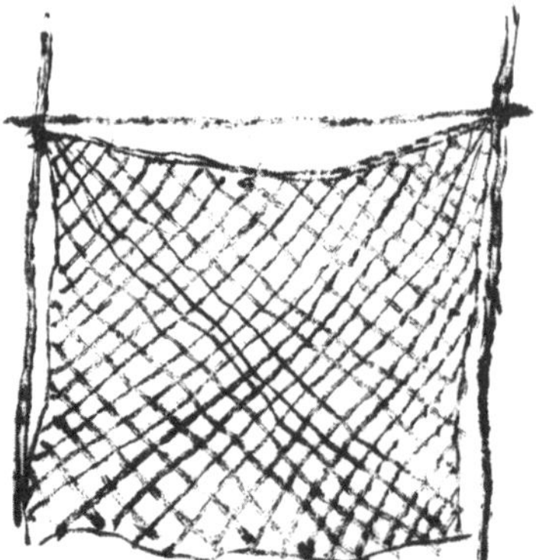

屬字

罩 罪 羅 罷 置

三四

襾

音：yà 訝

形：象形。像用布包酒糟做成的塞子。把酒罈子嚴密塞住形。

義：覆盖。包裹。

秦簡 襾

屬字 四

覆

巾

巾

音	jīn 巾
形	象形。像下垂的佩巾形。
義	繫在衣前的飾物。

甲 巾　金 巾

六二

屬字

帥 帶 幅 幕 帳

巿

音	形	義
fú 福	象形。像古代繫在腰間的圍裙。	古代遮蔽前面的原始服飾形。

金

屬字

二

[jiá] 帢

本義：士人的八角形蔽膝

帛

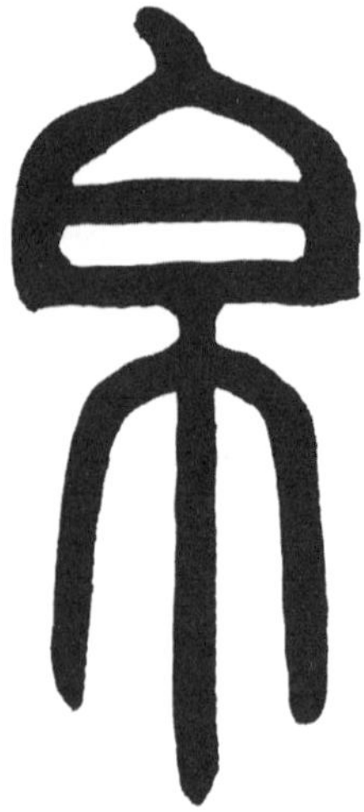

音：帛 bó

形：會意兼形聲。從白。巾表示白色的絲織品。白兼表聲。

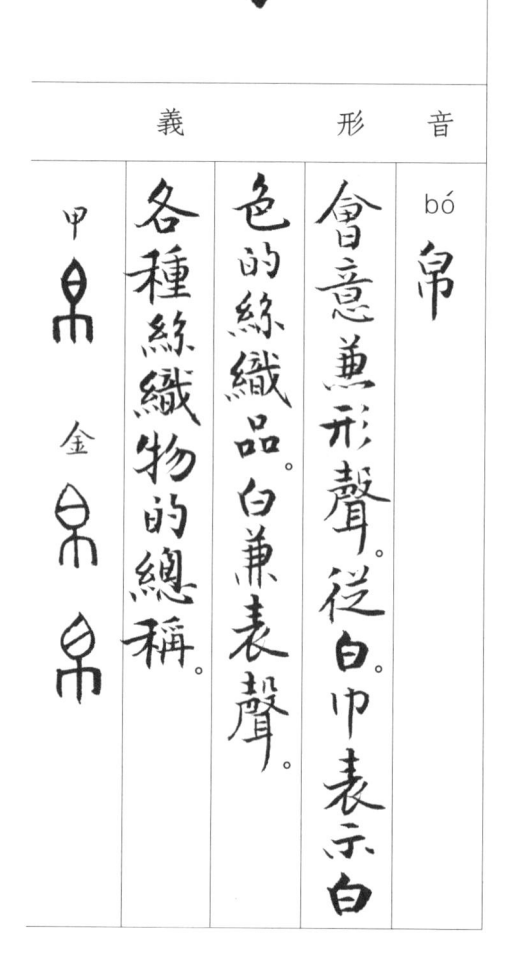

義：各種絲織物的總稱。

甲 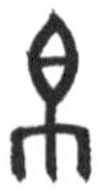

金 

屬字 二

錦

白

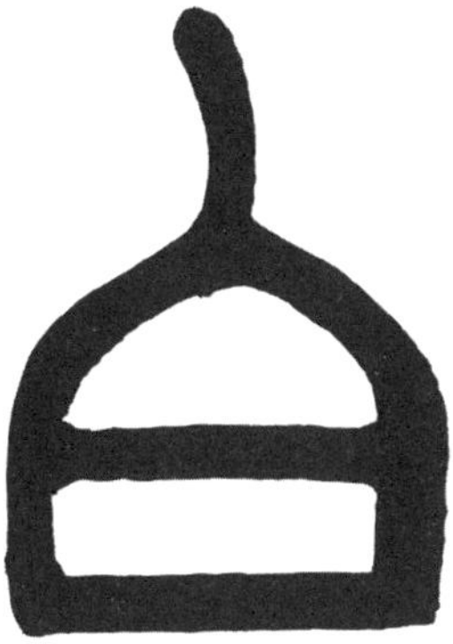

音 bái 白

形 象形。甲骨文。像白米粒形，中間兩畫像胚芽形。

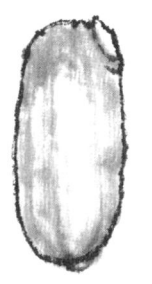

義 白米粒。引申像霜雪的顏色。

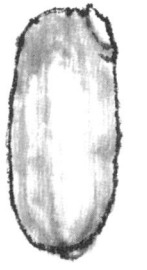

甲

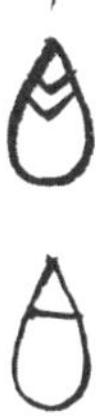

金

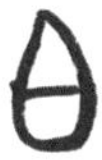

屬字 一一

皎 晳 皚 皦

㡀

音	bì 壁
形	象形。以巾表示衣服。上下左右四個點表示敗散之形。
義	破舊的衣服。引申破敗。
	甲 㡀 敝 敝

屬字 二

敝

黹

音	zhǐ 只
形	會意。從巿。丵（眾多）。古代在衣服邊沿上綉成的一種花紋。
義	用針綫刺成的花紋。引申縫紉。

甲 金

屬字 六

黼 黻 黹卒 [zuì] 本義：五彩繒帛

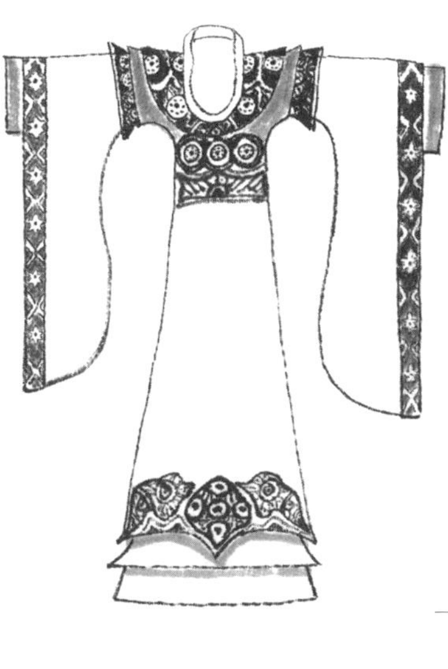

二四五

屬字

企仁俊側依

人

音	形	義
rén 人	象形。甲骨文為人的側視形象。臂腿之形狀。	人類。引申民眾。

甲  金 

屬字 四

眞 化

匕

音	huà 化
形	象形。甲骨文𠤎。像倒人形。用以表示變化之意。
義	變化。

甲 𠤎 𠤎 金 匕

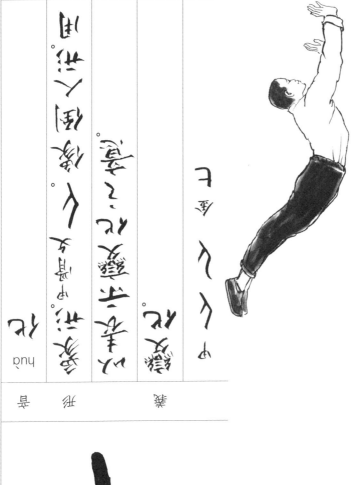

匕

音	形	義
bǐ 比	象形。甲骨文像跪拜人形。是柔順婦人形象。是妣的初文。	已婚女性。引申義匙。又指匕首。

甲 金

屬字 九

匙 頃

从

音	形	義
cóng 從	會意。甲骨文……前後二人。會相跟隨之意。	二人相隨而行。引申順從。

甲

金

屬字 三

從 并 𠀤

比

音：bǐ 比

形：會意。甲骨文 二匕相并。會夫婦比肩親近之意。

義：夫婦并肩親合。引申并列。較量。

甲 

金 

屬字 二

毖

屬字 二 冀

北

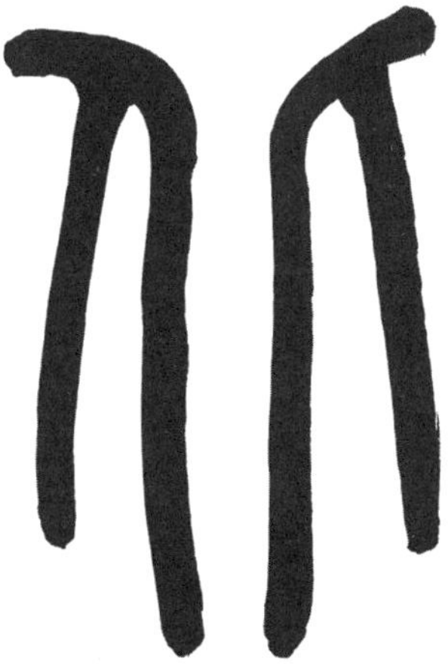

音	形	義
bĕi 北	會意。二人相背。會背離之意。	脊背。引申軍隊打敗仗。又引申稱背向的一方為北方。

甲

金

丘

音：qiū 丘

形：象形。甲骨文像小土堆形。

義：小土山。引申廢墟。

甲 

金 

屬字 三

虛

㐺

音	形	義
yín 銀	會意。甲骨文三人并立。會多人之意。	許多人。引申普通。

甲

金

篆

屬字 四

眾 [zhòng] 本義：多。同「眾」

聚 [jù] 本義：會合。同「聚」

𡈼

音：tǐng 挺

形：象形。像人挺立在土堆之形。

義：人挺立在土堆上。引申挺立。

甲 

金 

屬字

徵

望 [wàng] 本義：月滿之時。同「望」

四

重

音	zhòng 重
形	會意兼形聲。從𠂉（人）。東（竹籠）。土（地上）。會一人背一簍東西站立在地上。
義	沉。分量大。引申數量多。

金 

屬字 二

量

卧

音	形	義
wò 卧	會意。從像人伏身下視形。臣為豎目形。	低頭俯視。引申趴伏。躺下。

金

屬字 四

監 臨

身

音：shēn 身

形：象形。甲骨文像懷孕的大肚子人形。

義：懷孕。引申人或動物的軀體。

甲　金

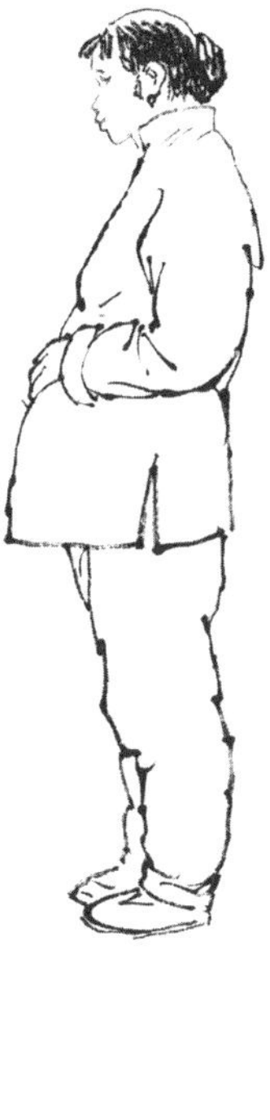

屬字　二

軀

㐆

音　yī 衣

形　象形。㐆就是右向的身字。㐆與身應當是同一個字。

義　身引申為轉身。又表示歸依。

金

屬字　二

殷

一一六

屬字

裁 裹 被 製 補

衣（衣）

音 yī 衣

形 象形。像帶大襟的上衣形。

義 帶大襟的上衣。泛指衣服。

甲 

金 

裘

音	形	義
qiú 求	會意兼形聲。求。衣（毛朝外的皮衣）會皮衣。求也表聲。	皮衣。引申穿上皮衣。

甲 金 古

屬字 二

䰐 [kè] 本義：皮衣服的裏子

老

音	lǎo 老
形	象形。像長髮老人形。
義	年歲大的人。引申年歲大。

甲 

金 

屬字 考 孝 耆 耋 耄

耄 [mào] 本義：九十歲

一〇

毛

音	形	義
máo 毛	象形。像一撮毛絨的絲狀獸毛形。	獸毛。又指人的鬚髮。

金

屬字

六

[rǔn] 氄 本義：毛茂盛

[hàn] 𣯛 本義：獸的鬃毛

氊

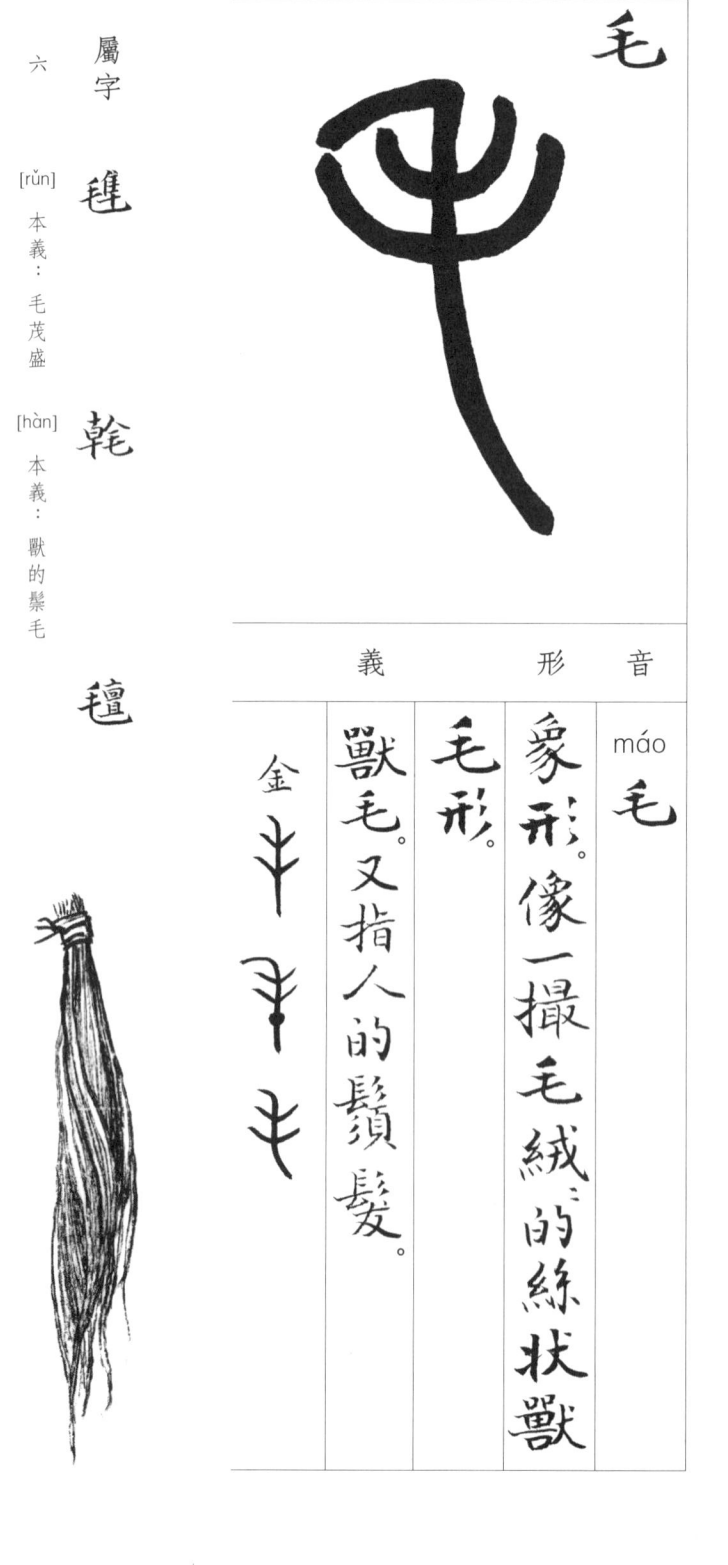

毳

音	形	義
cuì 翠	會意。從三毛。會叢生細毛意。	鳥獸身上的細絨毛。

金

屬字　二

靟 [fēi]　本義：細毛密多

尸

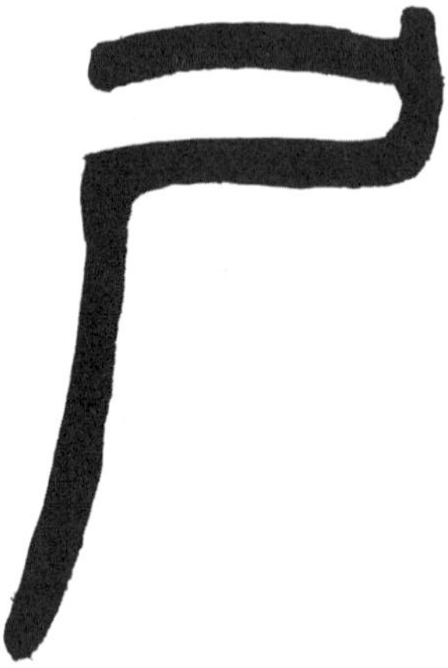

屬字 二三

居 屆 尼 屋 層

音 shī 尸

形 象形。像屈膝而坐的人形。是古代祭祖時扮成祖先接受祭祀的人。

義 替代死者接受祭祀的人。

甲

金

尺

音	chǐ 尺
形	指事。金文 從人加點。指明人身足以上小腿約為一尺。篆文改為尸乙。義同。
義	尺子。引申法度。古代長度單位。

金　古　秦簡

屬字　二

咫

尾

音　wěi　尾

形　會意。從尸。從倒毛。會人臀後繫有毛尾飾物之意。

義　裝在人身後的毛狀飾物。引申尾巴。

甲 

简 

屬字　四

屬　屈　尿

屬字 六

屐 𡳐

[juē] 本義：草鞋

履

音 lǚ 呂

形 會意。從尸(人)。彳(街道)。夊(脚)。舟(方頭鞋)。表示人在街上行走之意。

義 穿鞋行走。引申踐踏。脚步。鞋。

金壂 鼎古 題

舟

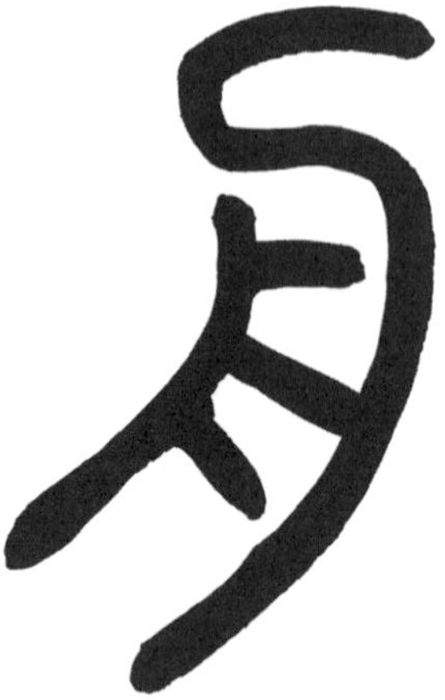

音 zhōu 舟

形 象形。像小船形。

義 船也指乘船。

甲
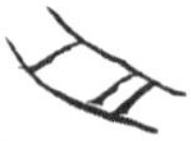
金

古
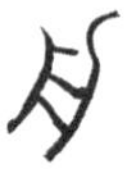

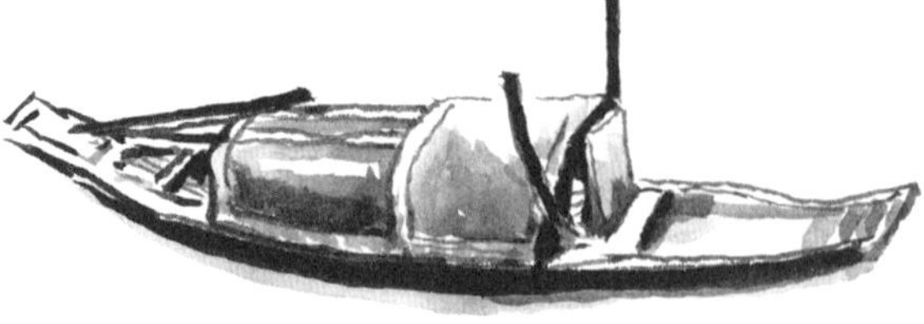

屬字 一二

船 般 舫

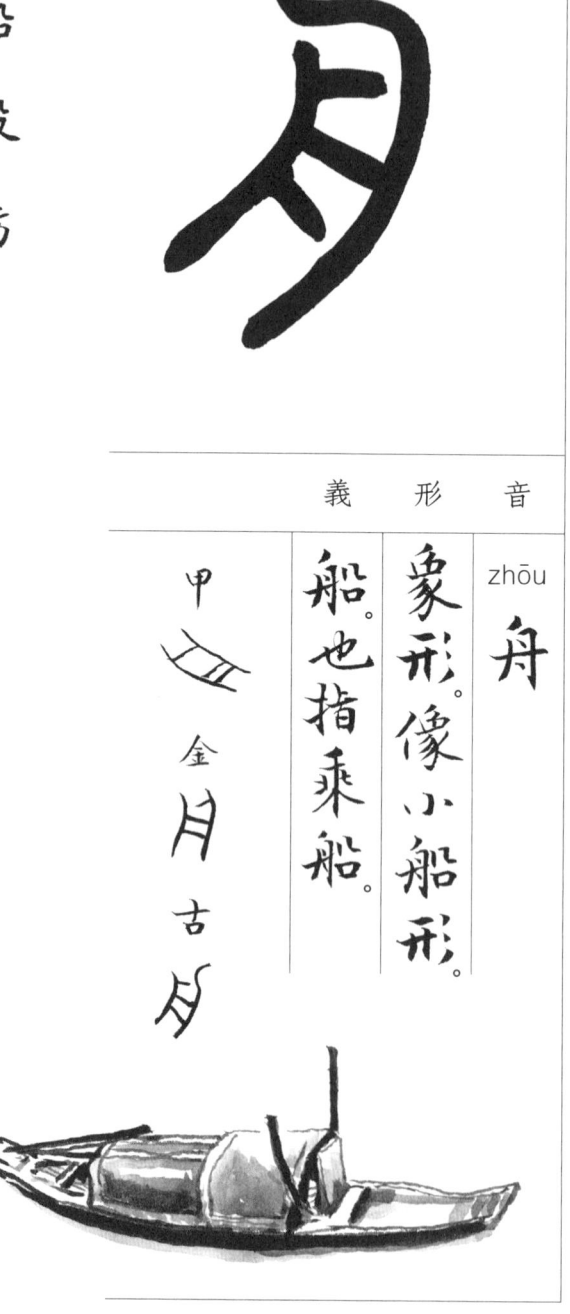

方

音：fāng 方

形：象形。像起土出糞的大鍤形。

義：起土鍤。引申土坑。四個直角的四邊形。

甲  金 方

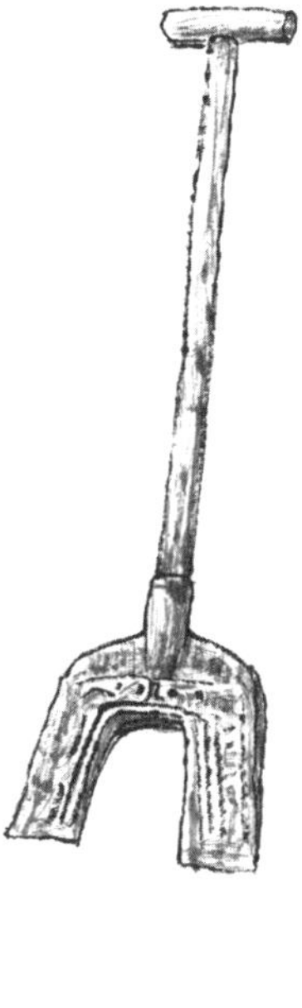

屬字 二

斻 [háng] 本義：兩船相併

儿

「儿」在字下作爲部首時，讀[rén]。後作爲「兒」的簡化字獨立成文，讀[ér]。

音	rén 人
形	象形。與儿（人）實爲一字。篆文將人分爲二體。在字下者屈腿。
義	小孩子。引申兒子。

甲 金

屬字 六

兒 允 兑 充

兄

音 xiōng 兄

形 會意。從儿（人）。從口。表示人張口向天有所禱告求福之意。

義 禱告賜福。也指哥哥。

甲 

金 

屬字 二

兢 [jīng] 本義：强勁。同「兢」

兂

音 簪 zān

形 象形。甲骨文 。像女子頭上對插二簪形。篆文訛為匕和儿。

義 簪子。引申尖銳和插入。

金 

屬字 二

 [jiān] 本義：尖銳

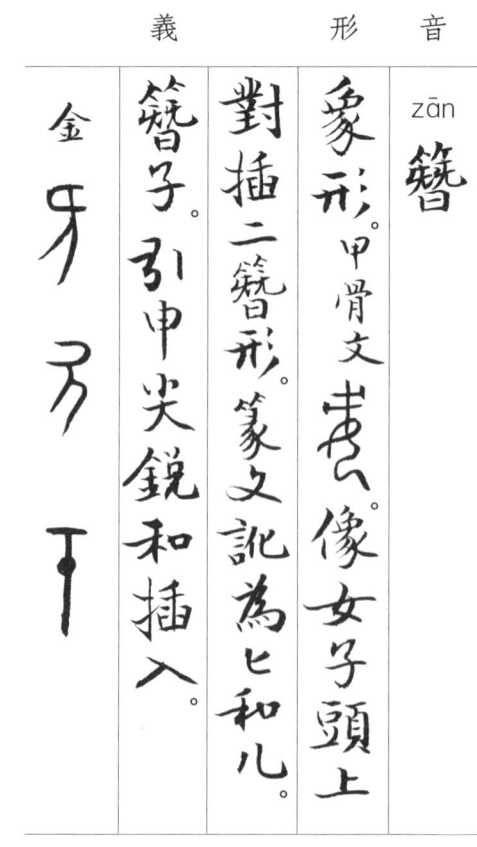

皃

音	形	義
mào 貌	象形。像人面束髮之形。	儀態容貌。

甲  古 

屬字 二

覍 [biàn] 本義：帽子

兜

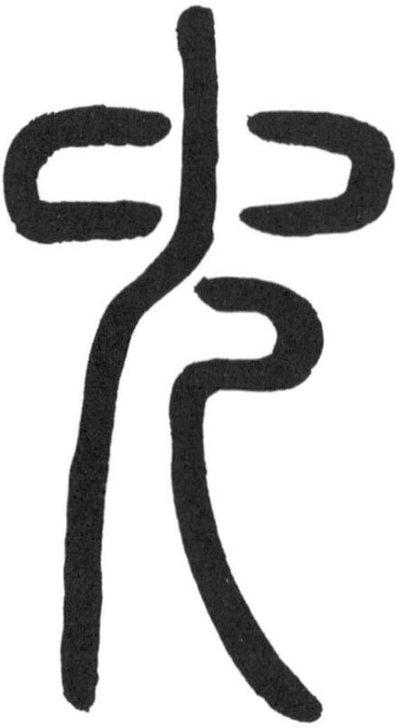

音	形	義
gǔ 鼓	象形。像用物遮蔽住頭面形。	蒙蔽。引申蠱惑。

屬字

兜 [dōu]

本義：頭盔

二

先

音	形	義
xiān 先	會意。甲骨文。上為之（腳前行）。下為人。表示在前引導之意。	前導。引申時間或次序在前的。

甲  金 

屬字 二

兟 [shēn]

本義：在前引導賓客

禿

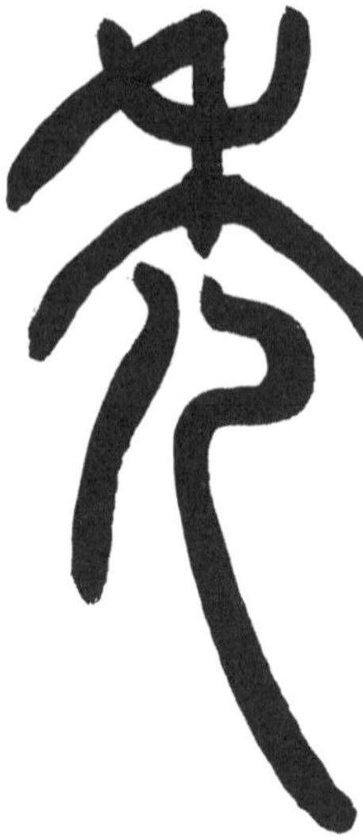

音	tū 禿
形	象形。金文。像老人短髮稀疏形。篆文（毛）。訛為禾（禾苗）。
義	很少或沒有頭髮。引申樹無枝葉。金

屬字

二

[tuí] 穨

本義：沒有頭髮

見

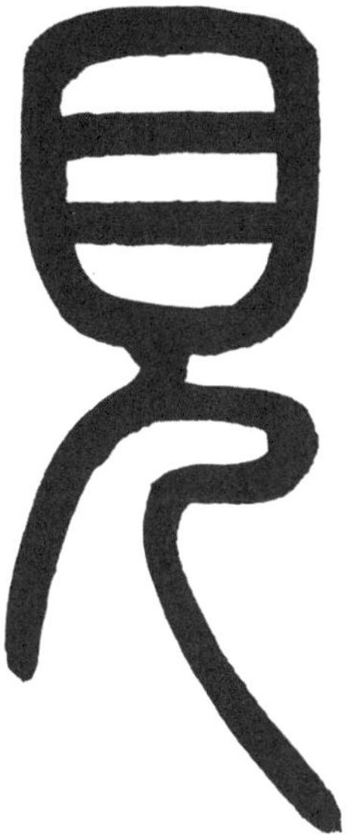

音	形	義
jiàn 見	會意。甲骨文。從(眼)。(人)。用人形突出眼睛。會看到之意。	看到。引申會面。遇到。

甲 

金 

屬字 四五

視 覽 觀 親 覬

[门] 本義：希望

覞

音	形	義
yào 要	會意。從二見。表示二人對視。	兩人相對而視。

屬字 三

⿱雨覞 [xì] 本義：遇雨

欠

音：qiàn 欠

形：象形。像人張口出氣。打呵欠。

義：打呵欠。引申不足，缺少。

甲

篆

屬字 六五

吹 款 欲 次 歇

㱃(飲)

音 yǐn 飲

形 會意。甲骨文。像一人張口伸舌就罏子飲酒之狀。

義 喝。又特指喝酒。可以喝的東西。

甲 

金 

屬字

二

[chuò] 歠

本義：喝

次（涎）

音：咸 xián

形：會意。甲骨文  從欠（張口）。從水。

義：表示人口中流出口水之意。羨慕的口水。

甲  金  籀 

屬字 四

羨 盜

旡

音：jì 既

形：象形。像人吃飽飯扭頭張口打嗝形。

義：吃飽飯打嗝。

甲

金文

屬字 三

旤 [huò] 本義：遇到可惡或驚詫的事發出的呼聲

𣄼 [liàng] 本義：對不好的事情表示鄙薄

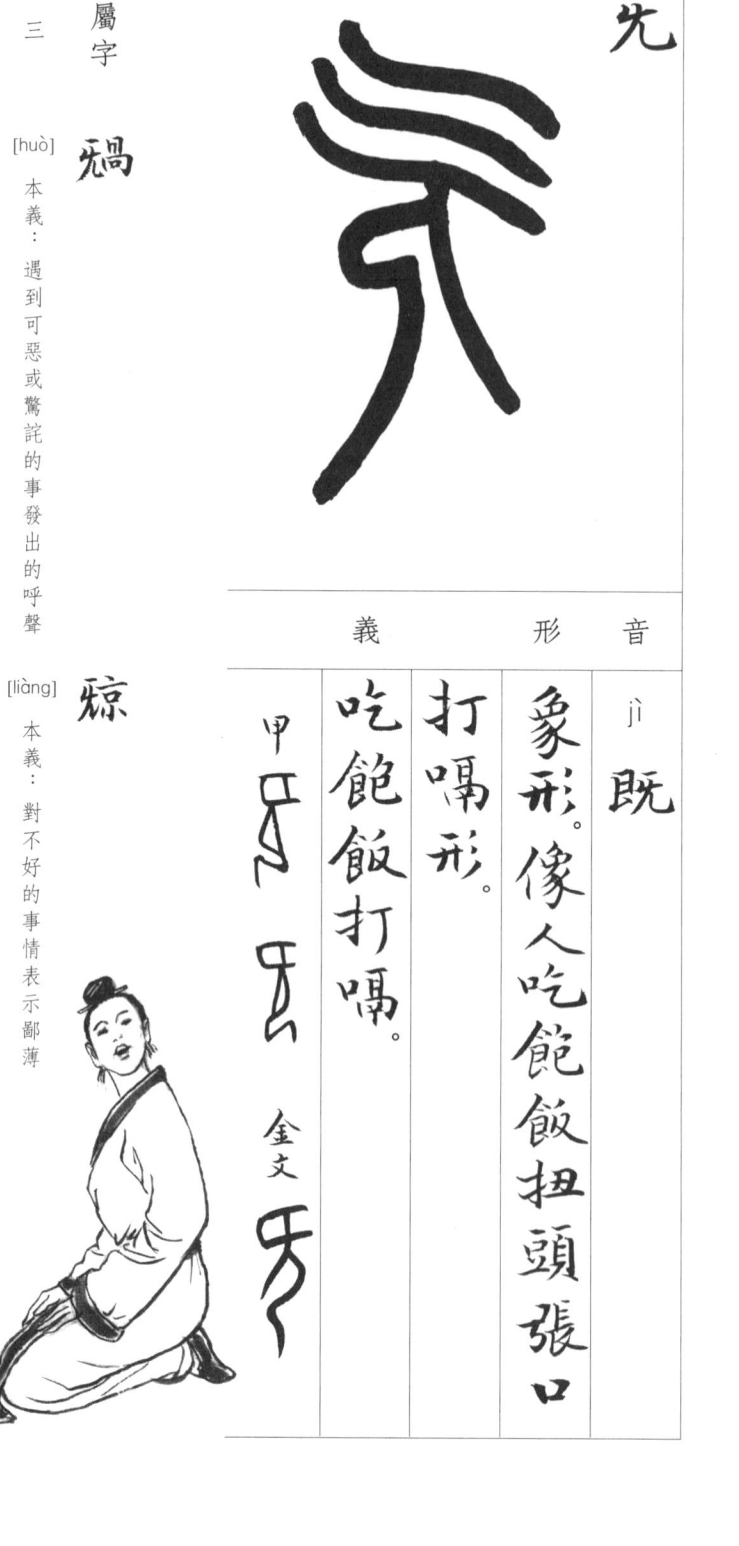

頁

音 xié 協

本義：頭。讀[xié]。引申義：書冊的一張。讀[yè]。

形 象形。像突出了頭部的人形。

義 頭。與百。首同源。

甲

金

屬字 九三

頭 頌 題 領 頓

百

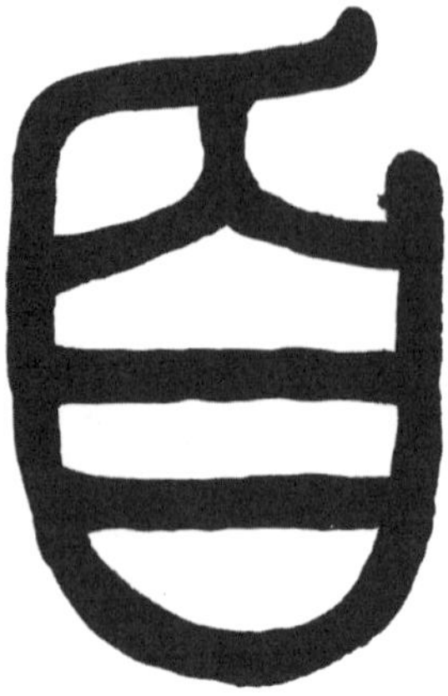

音：shǒu 首

形：象形。甲骨文。像無髮人頭形。與首、頁是同一個字。

義：人頭。引申首領。

甲 

簡 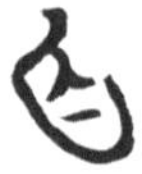

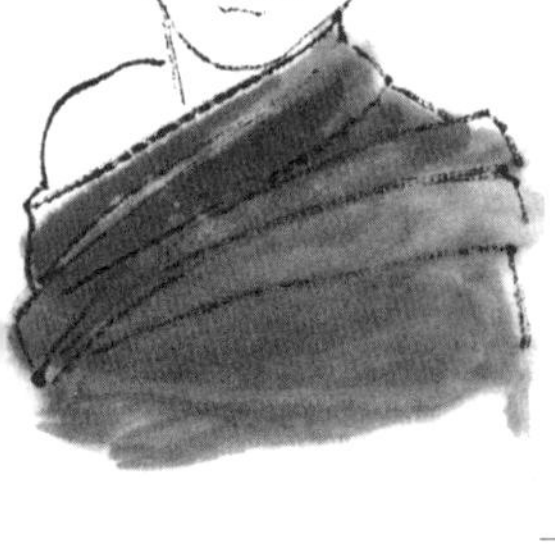

屬字 二

脜 [yóu] 本義：面色溫和

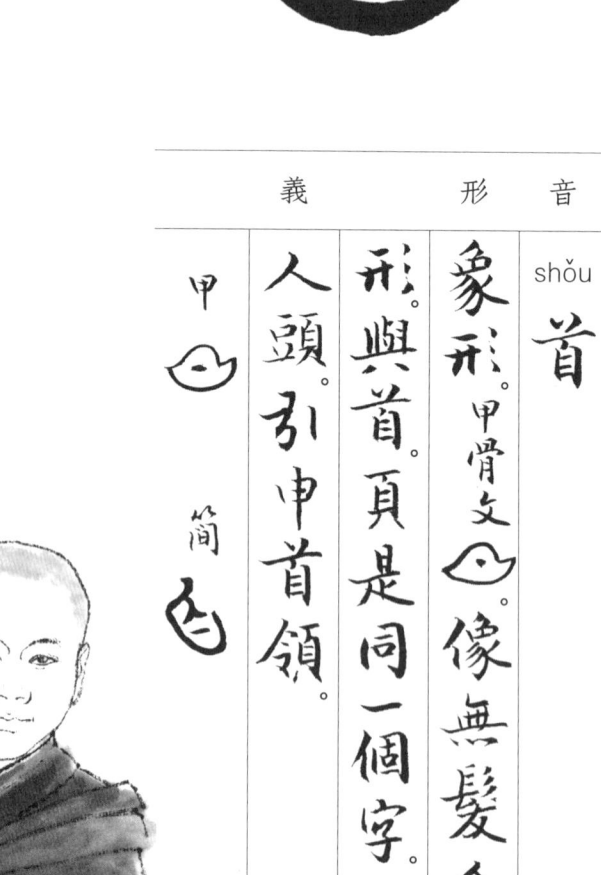

面

音：miàn 面

形：象形。甲骨文。像人臉面形。外為臉的輪廓。內畫一目。表示是臉。

義：臉。引申指物體的表層。

甲 

金 

屬字 四

[tiǎn] 靦 本義：慚愧

[jiāo] 醮 本義：面皮焦黑黃瘦

[fǔ] 酺 本義：面頰

屬字 一

丏

音 miǎn 免

形 象形。ㄅ即儿（人的變形）。
乚（像有物遮蔽）。像小孩追逐
捉迷藏。蒙住面目。

義 蒙蔽不見。

首

音：shǒu 首

形：象形。甲骨文像人頭有髮形。突出了眼睛。

義：人頭。引申為首領。第一。

甲 

金  

屬字

三　䭫 [qǐ] 本義：拜頭至地

県

音	形	義
jiāo 交	象形。像一顆倒掛的人頭形。下邊是頭髮。表示梟首示衆意。	梟首示衆。

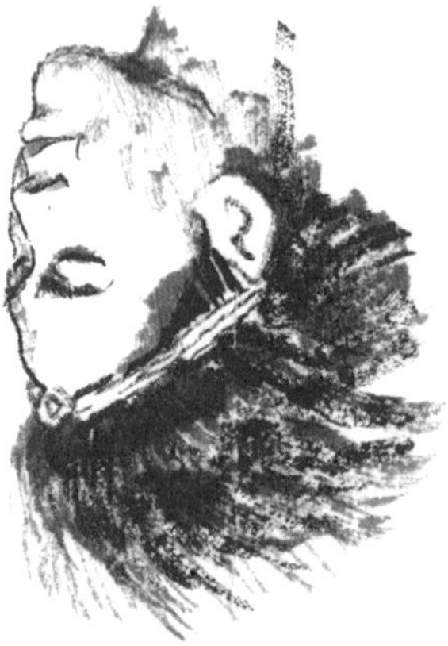

屬字 二

縣 [xuán] 本義：懸首示衆。後假借爲古代行政區劃單位，讀[xiàn]

須

音：xū 須

形：象形。金文。像人臉上長鬍鬚須形。

義：鬍子。引申像鬍鬚的東西。

金

屬字 五

顲 [rán] 本義：面頰上的鬍鬚

顊 [bēi] 本義：鬚髮半白

頿 [pī] 本義：短鬚髮

彡

彡

音	形	義
shān 山	象形。像鬚毛及飾畫的花紋。也表示鼓聲之象徵符號。	毛髮。彩飾。垂穗。飄帶。聲響。條狀。細軟的象徵符號。

屬字 九

形 修 彰 彫 弱

彣

音：wén 文

形：會意。篆文從彡（表彩畫）。從文（花紋）。會錯綜斑駁的花紋或色彩之意。

義：錯綜斑駁的花紋。

屬字　二

彥

文

音	形	義
wén 文	象形。甲骨文。像人胸部有刺畫的花紋形。	文身。引申花紋。文章。

甲  金 

屬字 四

斐

辬 [bān] 本義：駁雜的花紋

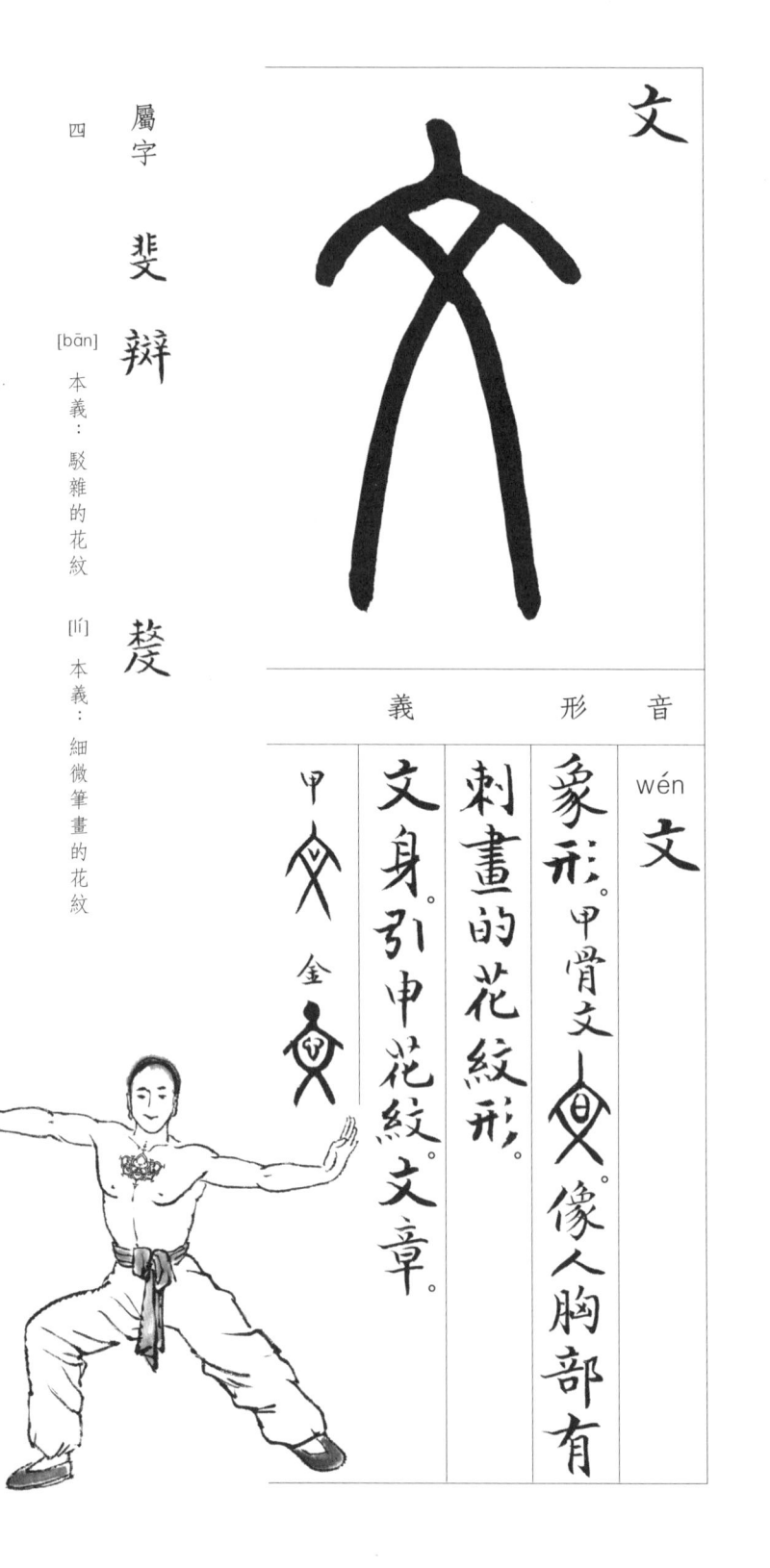

嫠 [lí] 本義：細微筆畫的花紋

髟

音：biāo 標

形：會意。從長（長髮）。從彡（飄動）。會長髮飄垂的樣子。

義：長髮披垂的樣子。

甲

金

三八

屬字

髮 鬢 髦 髡

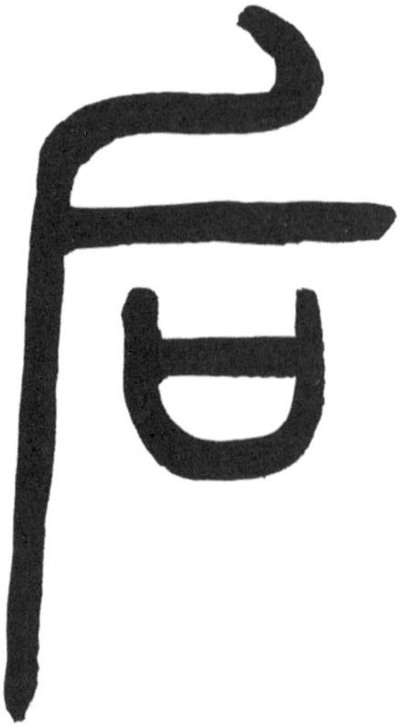

音：后 hòu

形：會意。甲骨文。從女。從倒子。

義：是毓（育）的本字。會母生子之意。母親產子。也指帝王的正妻。

甲

金

屬字

二 呴 [hǒu] 本義：盛怒的聲音

司

音	sī 司
形	會意。甲骨文 司。從倒匕（匙）。從口。會用匙向口中送食入口中。
義	進食。引申掌管。官府。

甲 司 司 金 司

屬字 二

詞

卮

音	形	義
zhī 支	會意。從匕（匙）。從卩（跪坐人）。	用人持匕取飲。會酒器。古代酒器。

三 屬字

[shuàn] 䏏 本義：有耳有蓋小而圓的酒器

[zhuǎn] 䏝 本義：小而圓的酒器

卩

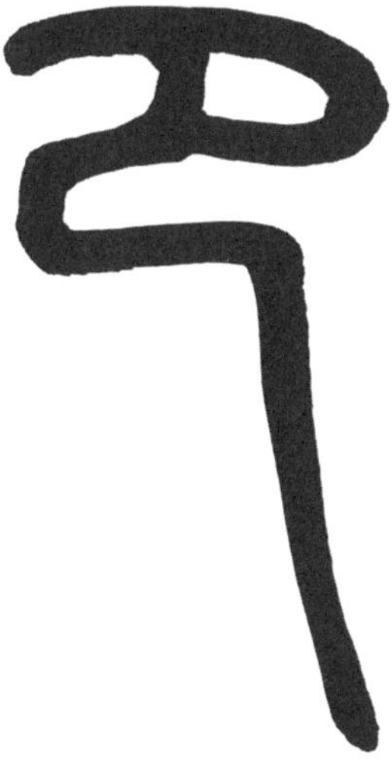

音	形	義
jié 節	象形。甲骨文。像跪坐的人形。	跪坐之人。

甲

金

屬字 一三

令 卷 卻 卸

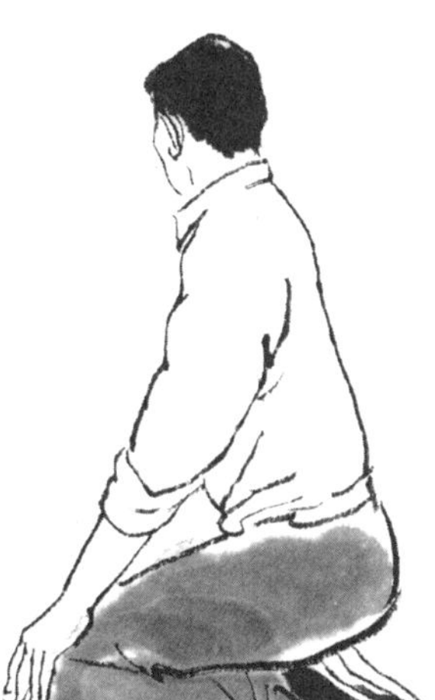

印

音	形	義
yìn 印	會意。甲骨文。從爫（覆手）。下從卩（跪人）。會用手按一人使跪下。	按壓。引申圖章。

甲

金

屬字　二

𠨚 [yì] 本義：按壓

色

音	sè 色
形	會意。上從立人，下從跪人。用立人訓誡跪人，會怒形于色之意。
義	怒色。引申外表，顏色。

金

屬字 三

艴 [bó] 本義：臉色甚爲矜莊

艵 [pīng] 本義：絲織物的青白色

卯（㔾）

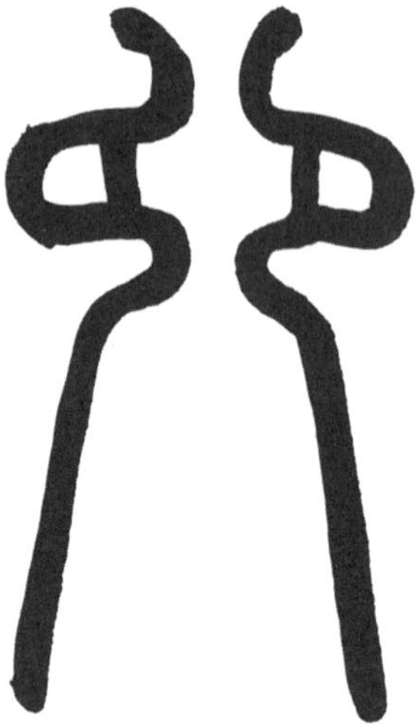

音：qīng 卿

形：會意。甲骨文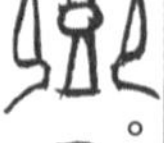。二人相向。中間擺上一碗飯食。會賓主二人相對食。

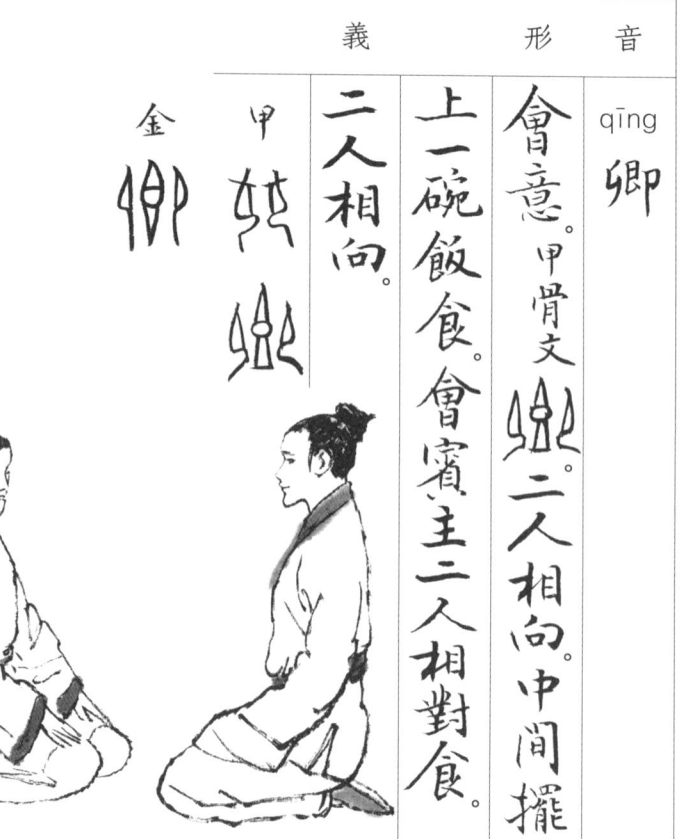

義：二人相向。

甲 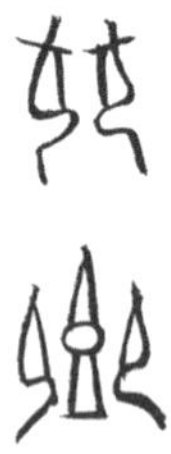

金 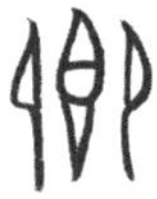

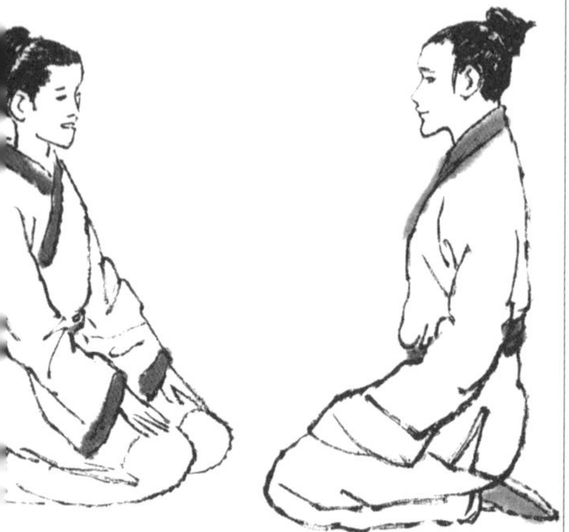

屬字 二

卿

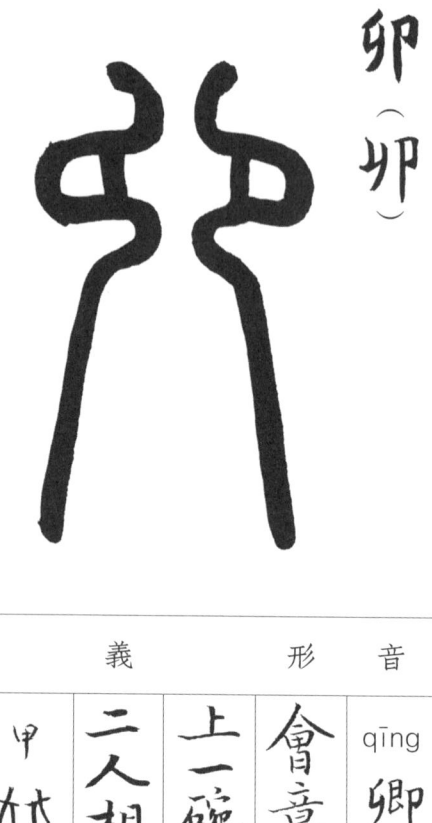

辟

音	形	義
bì 辟	會意。甲骨文 。從卩（跪人）。辛（刑刀）。口（割下的肉塊）。表示古代酷刑。	行刑。引申法度。君主。

甲 金

屬字 三

㢢 [bì] 本義：治理

[illegible] [yì] 本義：治理

勹

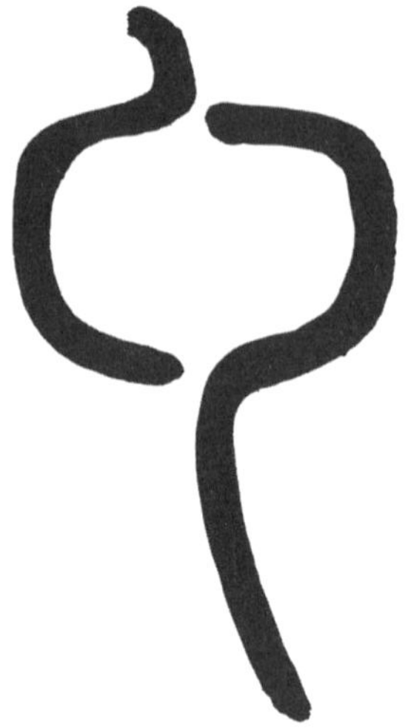

音 bāo 包

形 象形。甲骨文。像人的手臂彎曲。有所包裹形。

義 環包。

甲 金

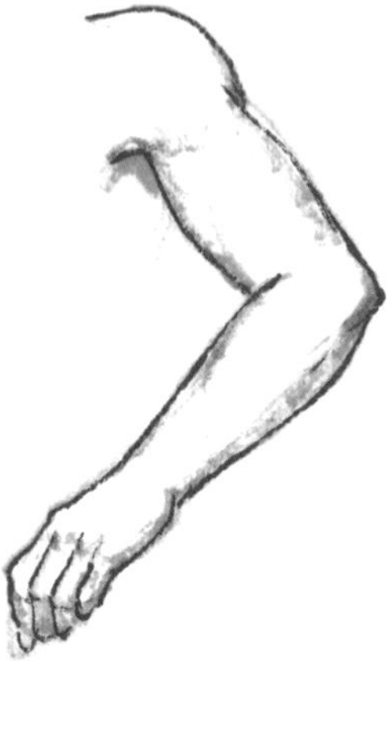

屬字 一五

匍 匀 旬 匈

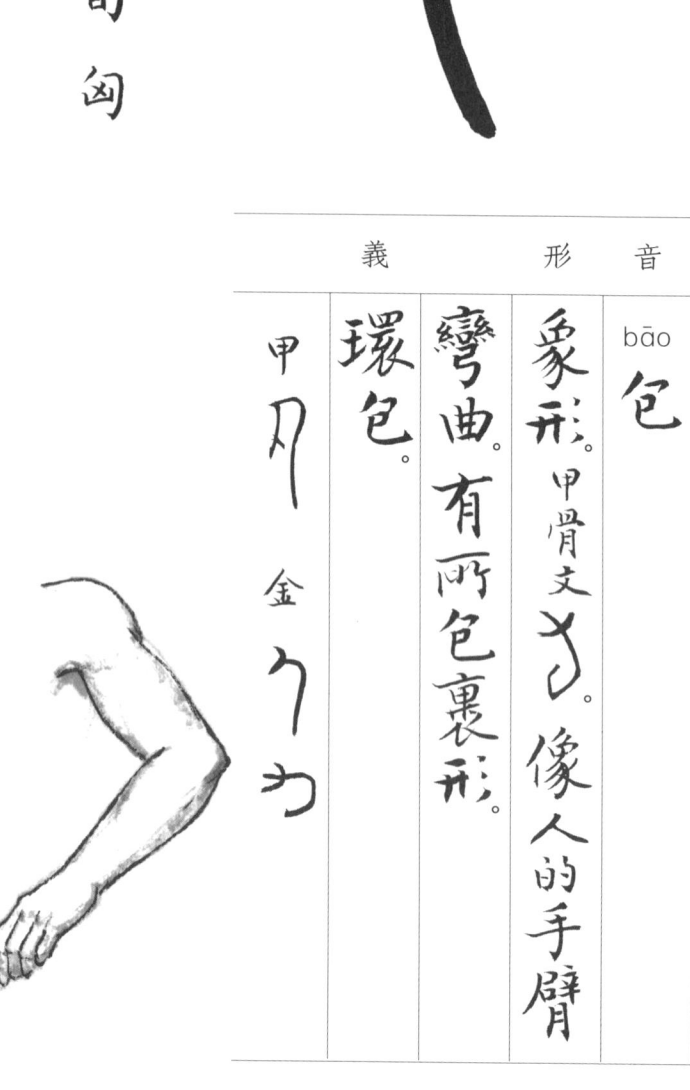

包

音：bāo 包

形：象形。从勹（人曲身有所包裹）。从巳（胎兒）。會胎胞之意。

義：胎胞。引申裹扎。四面圍住。

甲

簡

屬字 三

胞 匏

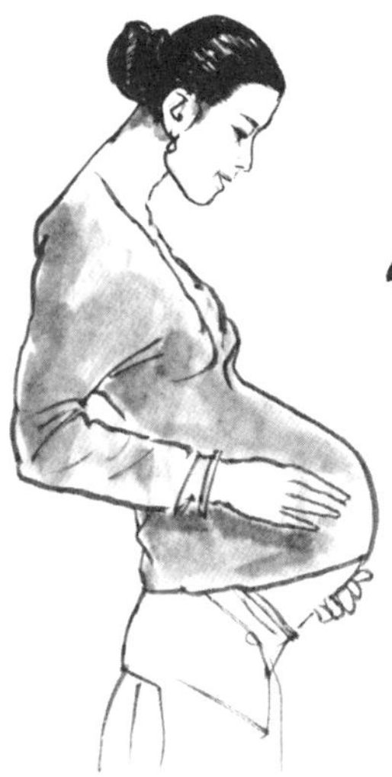

茍

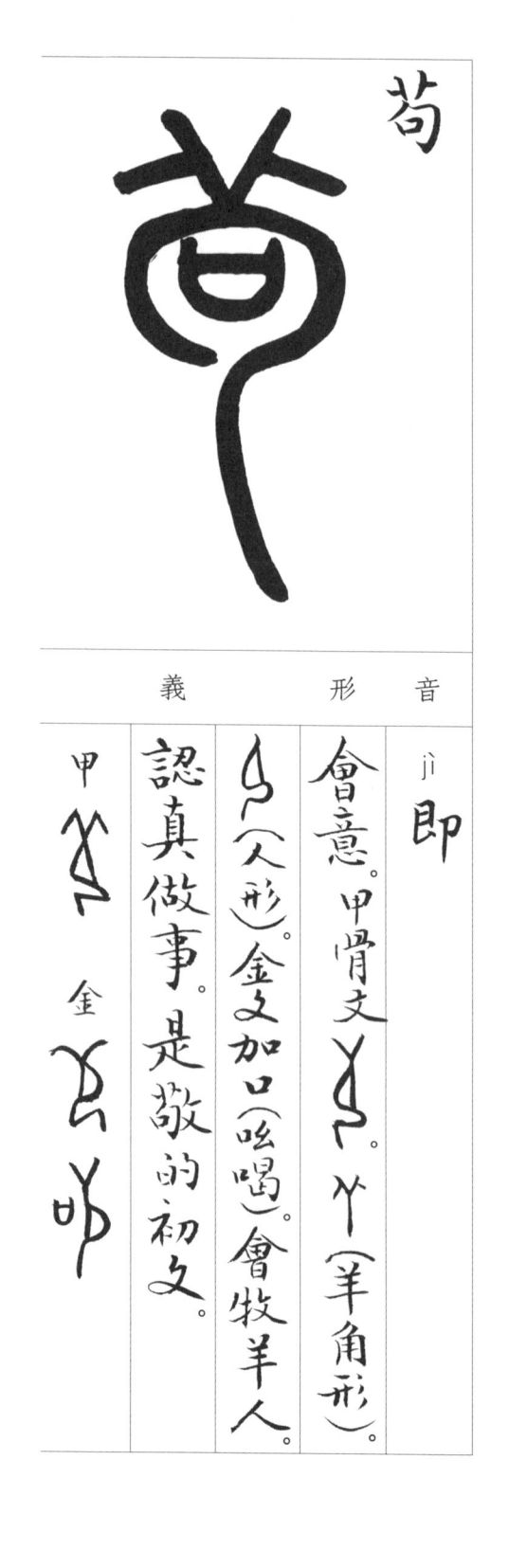

音	形	義
jì 即	會意。甲骨文。(羊角形)。(人形)。金文加口(吆喝)。會牧羊人。	認真做事。是敬的初文。

甲  金 

屬字 二

敬

鬼

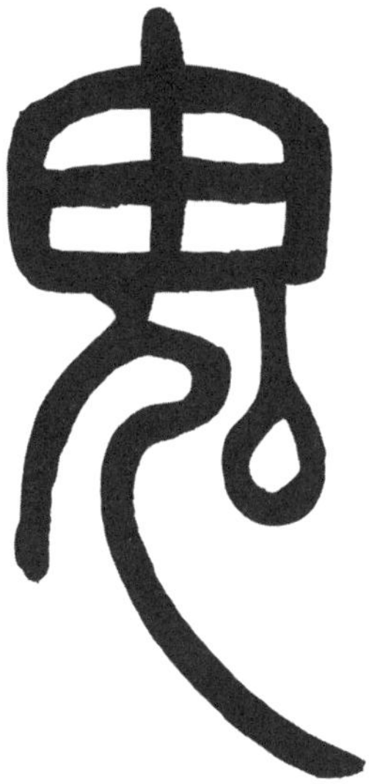

音：guǐ 鬼

形：象形。由大猩猩的形象簡化而來。表示鬼怪。

義：人死後精靈不滅為鬼。

甲  

金 

屬字 一七

魂 魄 醜

甶

音	fú 浮
形	象形。像古代歌舞愉神時戴的假面具。面具大多是猛獸頭形。
義	假面具。

甲  金 

三 屬字

畏

禺 [yù] 本義：獮猴

三　屬字　簒

厶

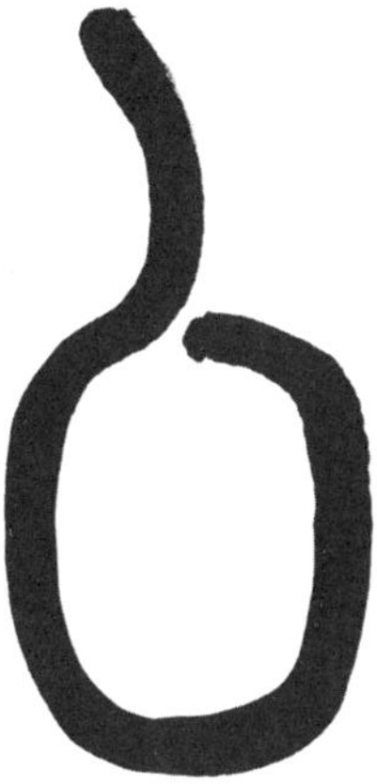

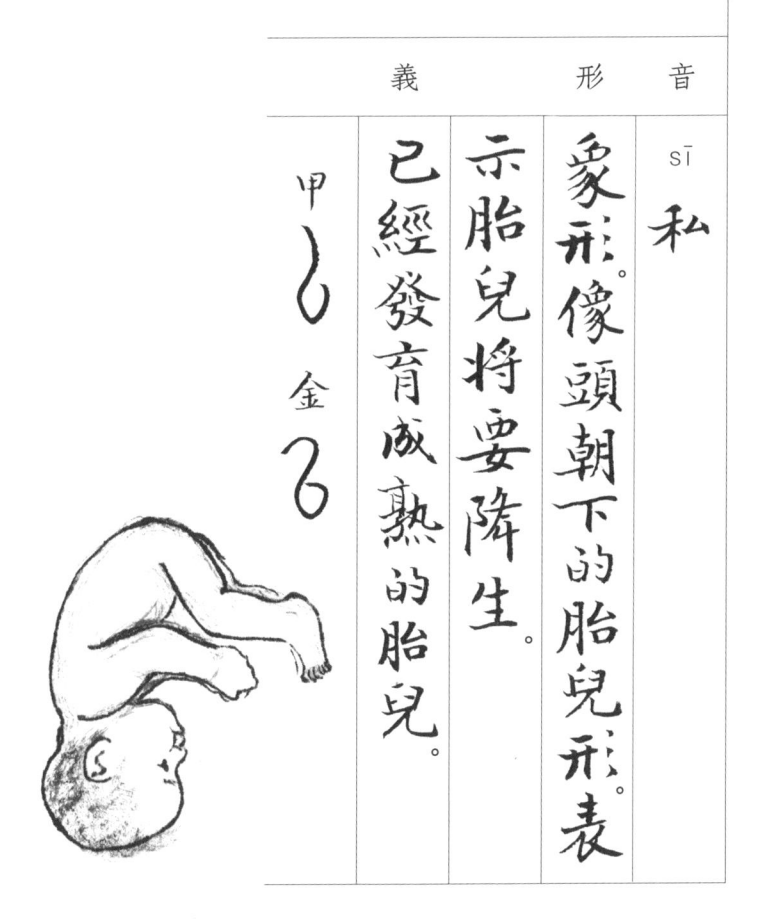

音	sī 私
形	象形。像頭朝下的胎兒形。表示胎兒將要降生。
義	已經發育成熟的胎兒。

甲 

金 

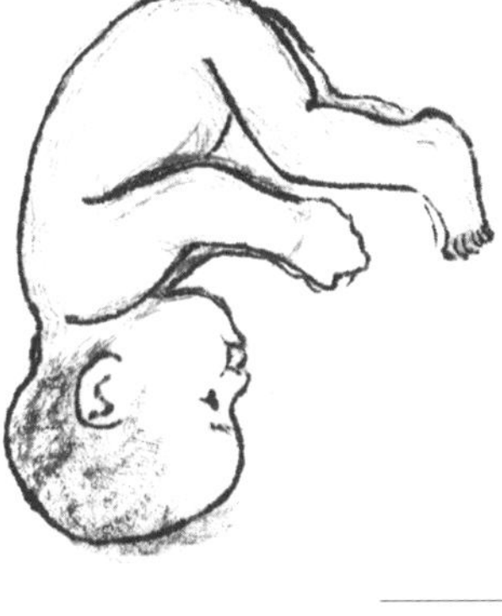

嵬

音	形	義
wéi 惟	形聲。從山。從鬼（高大意）兼聲。	表示山高大聳立的樣子。山高大聳立。

屬字 二

巍

山

音	形	義
shān 山	象形。甲骨文 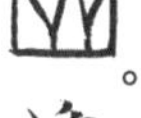。像山峰連綿形。	由土石構成的巨大而高聳的部分。

甲 

金 

屬字 五三

岱 嵯 峨 崇 密

屾

音　shēn　申

形　會意。從二山。會二山對峙。

義　二山對峙。屾也是山的繁文。

屬字　二

嵞　[tú]　本義：會稽山

屵

音：è 咢

形：會意兼形聲。從山。從厂(山崖)聲。

義：表示山崖高聳的樣子。山崖高聳。

六 屬字：岸 崖

广

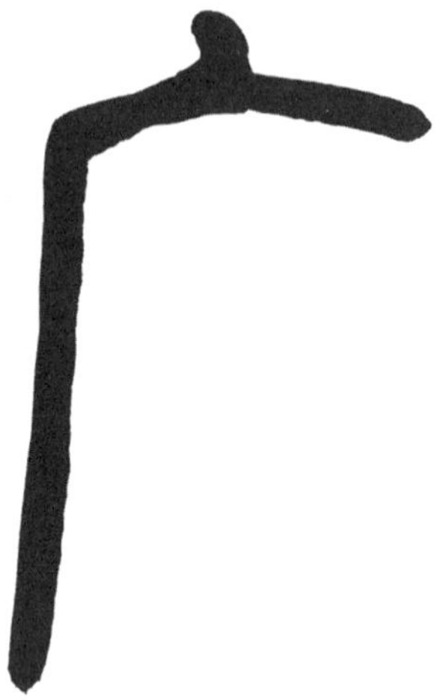

音：yǎn 眼

形：象形。像山崖下有屋形。

義：就着山崖建造的敞屋。

甲

金

「广」本義讀[yǎn]。後作爲「廣」的簡化字時，讀[guǎng]。

屬字 四九

庭 廣 廟 庫 序

「厂」本義讀[hǎn]。後作爲「厰」的簡化字時，讀[chǎng]。

厂

厂

音	形	義
hǎn 喊	象形。像向外突出的山崖形。	山崖。

甲 

金 

屬字 二七

厥 [jué] 本義：發射石塊

厲 [lì] 本義：磨刀石

仄 [zè] 本義：傾斜

丸

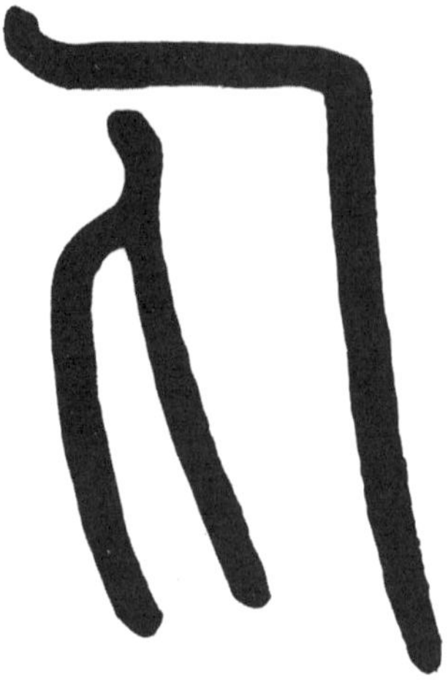

音

wán 丸

形

象形。是用手摶揉一物形。表摶揉之意。

義

摶揉。引申小而呈圓球形的物體。又特指丸藥。

屬字 四

[wěi] ⿰丸咼 本義：猛禽吃完獵物吐出皮毛

[nuó] ⿰丸而 本義：雙手搓物，動作純熟

金

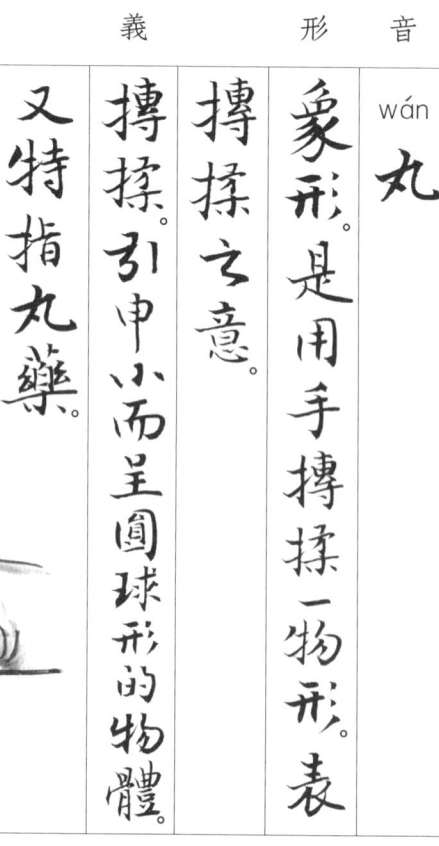

危

音：wēi 危

形：會意。厂（山崖）。⺈（人形）。卩（人形）。⺈表人居高而危。卩表處崖下而安。

義：處高崖而懼。

屬字 二

攲 [qī] 本義：崎嶇不正

石

石

音：shí 石

形：象形。甲骨文石。像山崖下有石塊之狀。

義：岩石。引申石刻。堅硬。

甲 石　金 石

屬字 四九

礦 研 破 磬 硯

長

音：chánɡ 長

形：象形。像長髮披散扶杖。年老之象。

義：年老。引申長久。深遠。

甲 金

屬字 四

肆 [sì] 本義：窮極

镾 [mí] 本義：長久

勿

音 wù 勿

形 象形。丿（旗柄）。彡（旗幟邊緣上的飄帶）。像旗幟形狀。

義 古時州里召集民眾用的一種旗幟。

甲 金

屬字

二

[yáng] 昜

本義：日出，光明。是「陽」的本字

屬字 一

冄（冉）

音	rǎn 冉
形	象形。金文 。像毛柔弱下垂的樣子。
義	柔弱下垂的樣子。引申緩緩漸進。

甲   金  

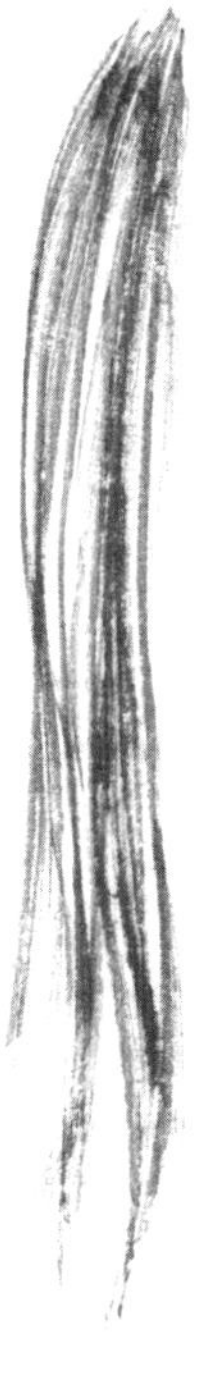

而

音	ér 而
形	象形。甲骨文。上面是下巴頦。下面是垂鬚形。
義	頜下鬍鬚形。
	甲　金

屬字　二

耏 [nài]　本義：鬍鬚

豕

音 shǐ 史

形 象形。甲骨文。像豎立起來的大豬形。

義 豬。

甲 

金 

屬字 二二

豬 豢 豖

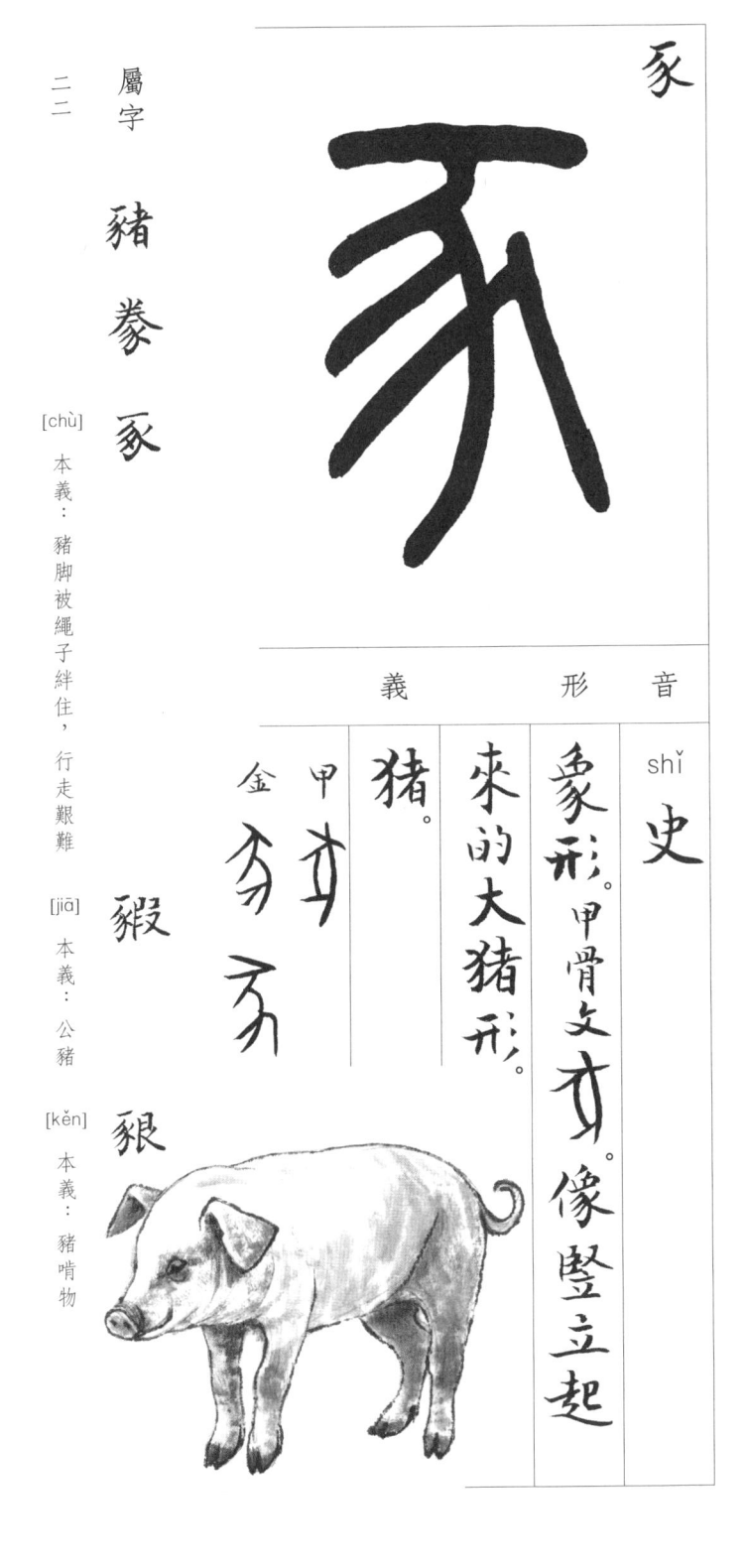

豖 [chù] 本義：豬脚被繩子絆住，行走艱難

豭 [jiā] 本義：公豬

豤 [kěn] 本義：豬啃物

音 yì 易

形 象形。金文 。像宰殺後懸挂着豬形。頭向右扭轉。落下血滴。

義 宰殺後懸挂着供祭祀用的牲豬。

甲 金 古

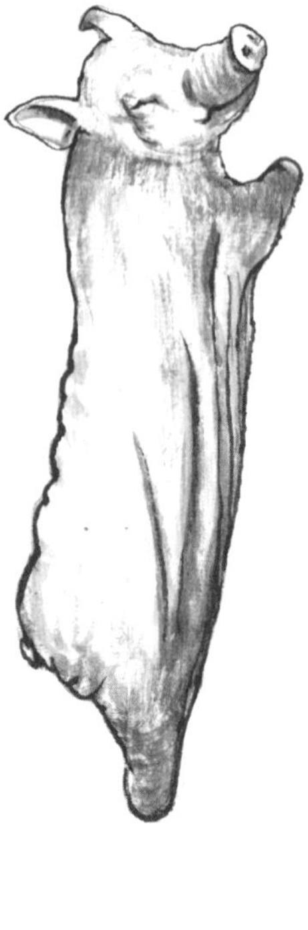

屬字 五

彙 [huì] 本義：像豪豬的野獸

豪 [háo] 本義：箭豬

彑

彑

音	形	義
jì 即	象形。像宰殺後懸掛的豬頭形。是彘與彖的省略形。	宰殺後懸掛的豬。引申豬頭。

屬字 五

[zhì] 彘 本義：豬

[chǐ] 彖 本義：豬

[tuàn] 彖 本義：豬奔跑

豚

音：tún 屯

形：會意。金文。從豕(猪)。月(肉)。又(手)。會用手持乳猪供給祭祀。

義：供祭祀的整頭乳猪。

甲　金　篆

屬字　二

衞豚 [wèi]　本義：小豬

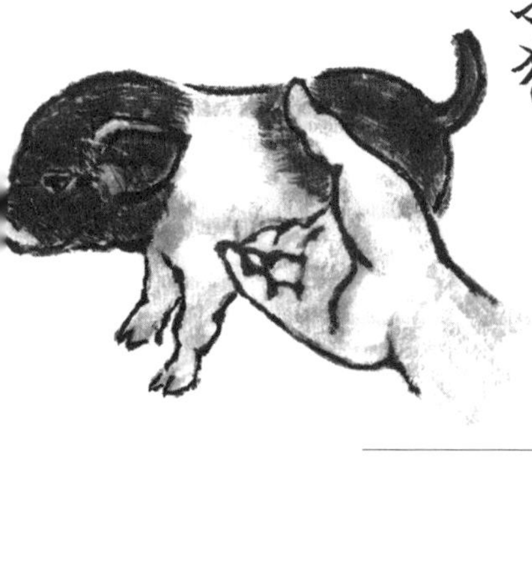

豸

音：zhì 志

形：象形。甲骨文。像圓頭。長脊。修尾的貓形。

義：貓。引申泛指貓科動物。無脚蟲子。

甲  金 

屬字 二〇

豹 貂 貍 貛 豺

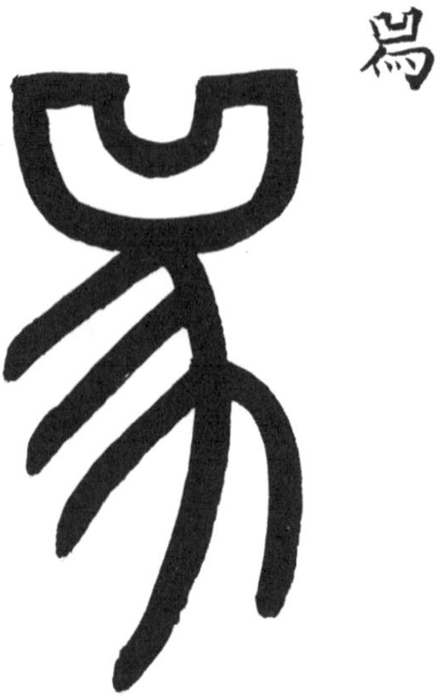

音	形	義
sì 四	象形。甲骨文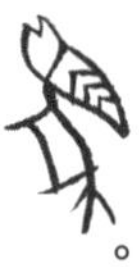。像獨角犀牛形。	犀牛類動物。甲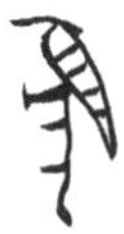古兕

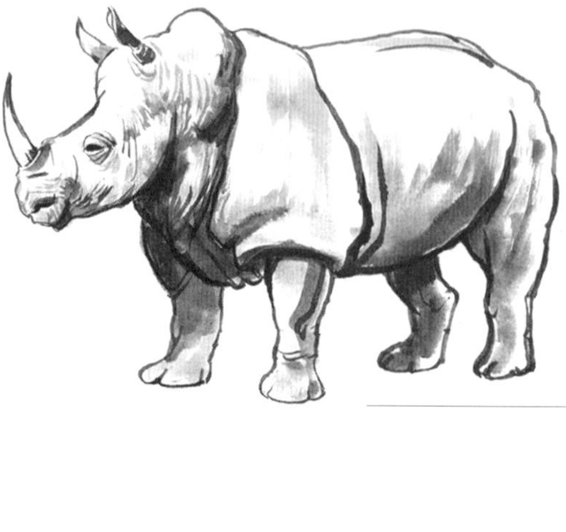

屬字 一

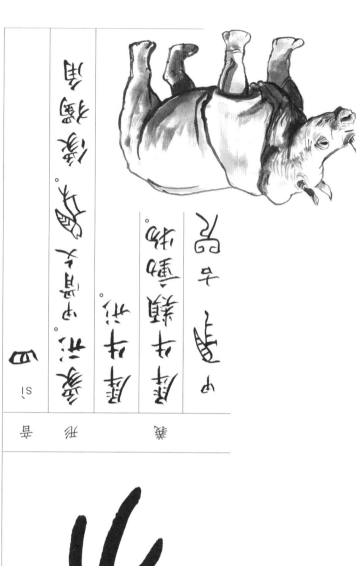

屬字

一

易

音	yì 易
形	會意。甲骨文。像一個容器裏的酒倒進另一個容器的樣子。
義	賞賜。引申改變。替代。交換。

甲  金  

象

音：xiàng 象

形：象形。甲骨文。像大鼻子象的樣子。

義：大象。引申可見之物。摹擬。

甲 

金  

屬字 二

豫 [yù] 本義：大象

馬

音	形	義
mǎ 馬	象形。甲骨文。像馬形。	馬。引申騎兵。像馬的事物。

甲 

金 

屬字 一一五

駒 驃 驕 驥 驀

[mò] 本義：上馬

廌

音	形	義
zhì 治	象形。甲骨文。像有雙角。高肩。翹尾的牴牛形。	犍牛。引申為能斷案的神獸。

甲 

金  古 

屬字 四

薦 [jiàn] 本義：獸畜吃的草

灋 [fǎ] 本義：刑法。同「法」

鹿

音：lù 鹿

形：象形。甲骨文。像頭上有樹枝狀角的雄鹿形。

義：鹿科動物的通稱。

甲 

屬字

麒 麟 麇 麗

麤

音：cū 粗

形：會意。從三鹿。會群鹿狂奔之意。

義：群鹿狂奔。引申行程超遠。長距離奔跑。又表示粗野。

甲

屬字

二 𪋻 [chén] 本義：塵土。同「塵」

㲋

音	形	義
chuò 綽	象形。像一種似兔而大的獸形。	似兔的一種動物。

甲

金

屬字 四

毚 [chán] 本義：少壯的兔子

⿱㲋夬 [jué] 本義：像猩猩的獸名

兔

音：tù 兔

形：象形。甲骨文。像長耳。短尾上卷為特徵的兔子形。

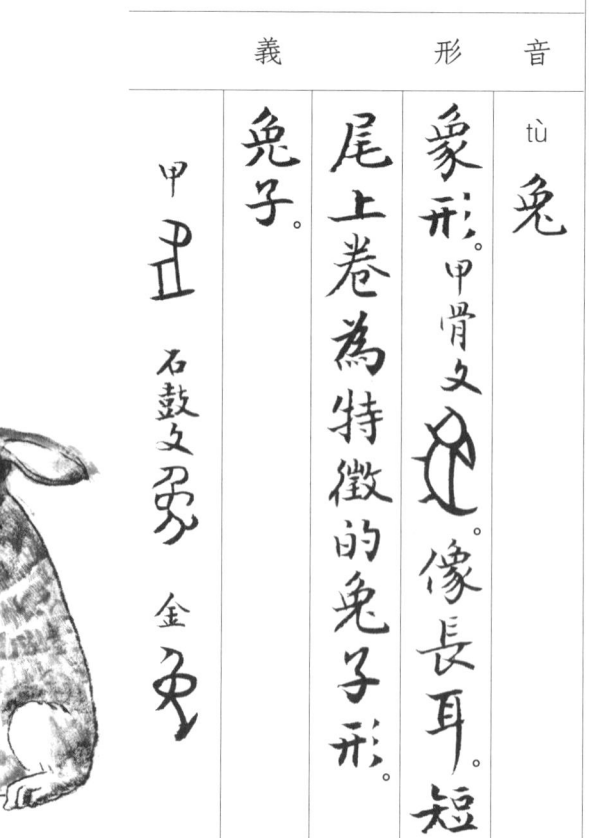

義：兔子。

甲  石鼓文  金 

屬字 五

逸 冤

屬字

一

萈

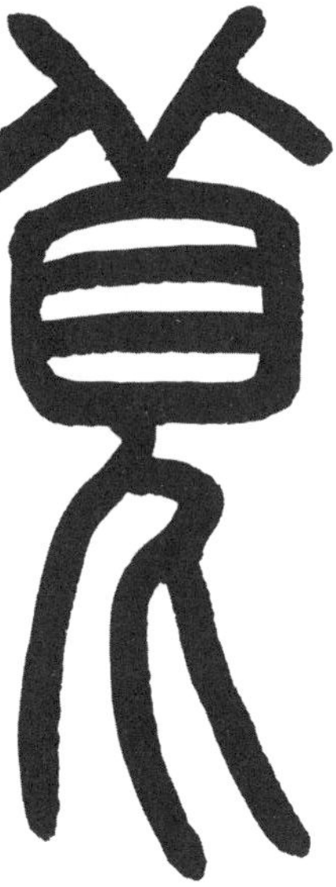

音	huán 環
形	象形。甲骨文。丫像羊角。 目表示羊頭。下像足尾形。
義	山羊。 甲

犬

音	形	義
quǎn 犬	象形。甲骨文。像大狗形。以尾長上卷為形體特徵。	大狗。引申幫兇。

屬字 狗 默 猜 臭 獨

甲 

金  石鼓 

八三

犾

音 yín 吟

形 會意。甲骨文。從兩犬相對。會兩犬相爭咬之意。

義 兩犬相咬。引申言語粗野。

甲  金 

屬字 三

獄

鼠

音 shǔ 鼠

形 象形。像蹲踞的老鼠形。以其臼（牙）。匕（爪子）。乚（長尾）。為特徵。

義 老鼠。引申鼠類動物的泛稱。

帛書  金 

屬字 鼢 鼬 鼲

鼲 [hún] 本義：灰鼠

二〇

屬字
一

能

音	形	義
néng 能	象形。金文。厶(大耳)。月(巨口)。比(短尾巨身爪子)。大狗熊形。	熊類野獸。後借用以表示才能。

金

古

熊

音：xióng 熊

形：會意兼形聲。從火。從能聲。表示火勢兇猛。後假借為狗熊之意。

義：火勢兇猛。假借為熊科動物通稱。

金

屬字 二

羆

火

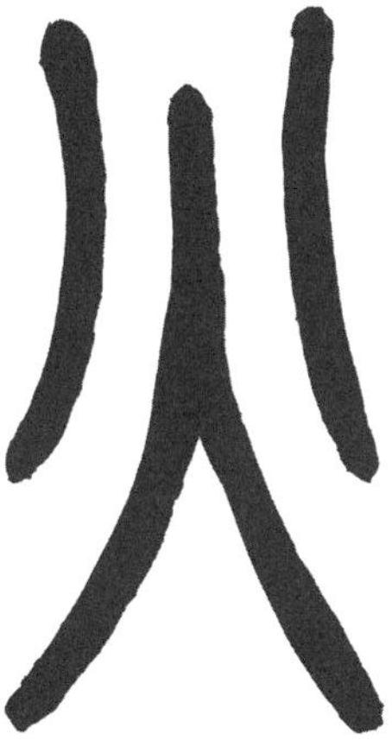

音	形	義
huǒ 火	象形。甲骨文。像火焰升騰形。	燃燒時產生的光和熱。引申發怒。

甲 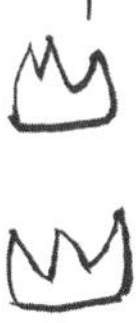

金 

屬字 一一二

然  灰 烘 燎 煌

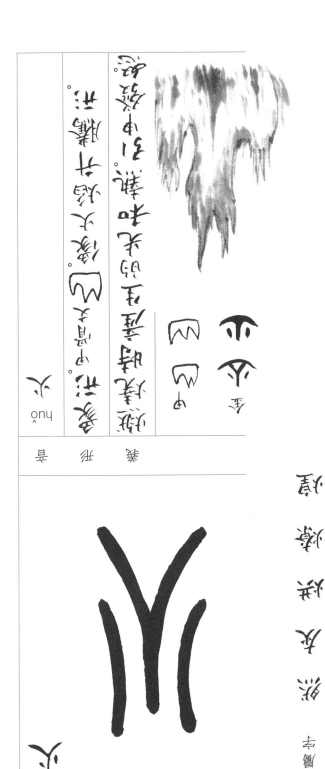

炎

音　yán 炎

形　會意。金文。從重火。會火焰。

義　猛烈冲騰之意。火苗升騰。引申旺盛。

甲　　金

入

屬字　錟　燮　炶

[shǎn] 本義：火燃燒閃爍的樣子

黑

音

hēi

黑

形

象形。金文。（人頭上有黑點）。

炎是炏（正面人形）之變體。黔首之形。

義

黔首黎民。引申黑色。光綫昏暗。

甲

金

屬字

三七

點 黔 黨 黯 黝

囪

音　chuāng　窗

形　象形。古文。像古代半地下穴居房頂上的簡易窗櫺形。

義　屋頂上的天窗。

古　

金　

屬字　二

悤 [cōng]　本義：繁多急速

焱

音　yàn　焱

形　會意。從三個火。會火焰盛大。

義　火焰盛大。

甲 

屬字　三

燊　燊　[shēn]

本義：旺盛的樣子

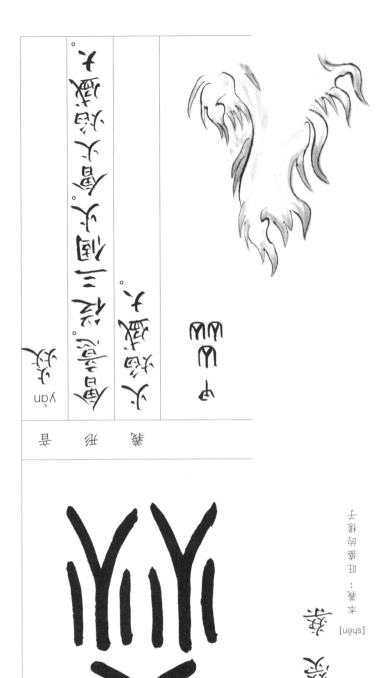

炙

音：zhì 致

形：會意。從⺼(肉)。從火。會烤肉。

義：烤肉。引申曝曬。受熏陶。

古 

屬字 三

燔 [fán] 本義：宗廟祭祀時用的烤肉

爒 [liǎo] 本義：把肉串在火上燒烤

赤

音：chì 赤

形：會意。甲骨文。從大（人形）。從火。

義：會火映紅了人之意。比朱紅稍淺的顏色。引申紅色。

甲 

金 

屬字

赧 赭 赫 𩑗 [gàn]

本義：紅色

入

大

音：dà 大

形：象形。像正面站立的大人形。借成人的形象表示大的意思。

義：所佔的空間、面積、容量較多。

甲 

金 

屬字 一入

夸

夾 [jiā] 本義：左右二人相扶持

奎 [kuí] 本義：兩條大腿之間

亦

音　yì 亦

形　指事。甲骨文　。從大（人形）在腋下加兩點。指出腋窩所在。

義　腋窩。後借作副詞又也。已經。

甲　　金

屬字　二

夾 [shǎn]　本義：偷竊東西藏在懷裏

夨

音	形	義
zè 仄	象形。甲骨文。是人傾頭甩袖。婀娜起舞形。	人傾頭甩袖。婀娜起舞。

甲 金

屬字 四

吳

奊 [jié] 本義：頭傾斜

夭

音：yāo 妖

形：象形。甲骨文 像人兩袖揮動。翩翩起舞形。

義：擺袖。屈首翩翩起舞。姿態嬌媚。

甲 金

屬字 四

喬 奔

交

音	形	義
jiāo 交	象形。甲骨文。像兩腿交叉形。	兩腿交叉。引申相遇。甲金

屬字 三

絞

尣（尢）

音	形	義
wāng 汪	象形。金文。像人瘸一腿。	人一腿瘸。引申短小。

金

屬字 一二

[pǒ] 尥 本義：跛脚

[yào] 尦 本義：行走不正常

[liào] 尥 本義：行走時兩脚相交

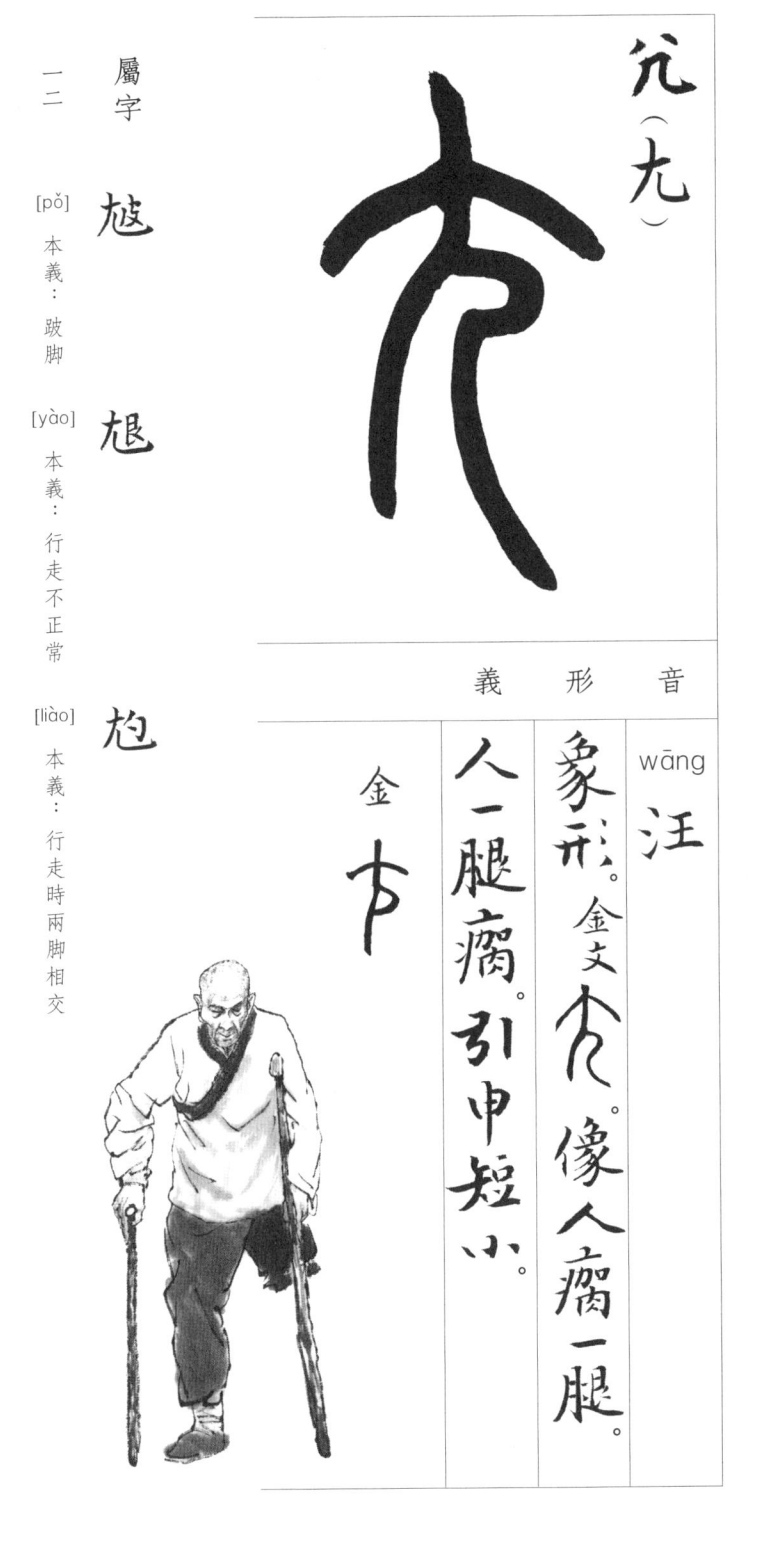

壺

音：hú 壺

形：象形。甲骨文。像有蓋兩耳。鼓腹圓足的酒壺形。

義：酒壺。引申像壺的容器。

甲 

金 

屬字 二

壼 [yūn]

本義：氣在壺中升騰的樣子

屬字 二

懿

壹

音：一 yī

形：形聲。從壺。吉聲。壺渾然一體盛物不外泄。以此表示專一。

義：專一。引申統一。

㚔（㚔）

音：niè 聶

形：象形。甲骨文。像古代的械手刑具。即如今的手銬。

義：古代的木製刑具。

甲  

金 

屬字 七

睪 [yì] 本義：伺察

執

圉 [yǔ] 本義：牢獄

報

奢

音	形	義
shē 奢	形聲。從大。者聲。	張大。引申侈靡放縱。又指誇張。

金

屬字 二

奲 [duǒ] 本義：因富有而形體寬大

亢

音	形	義
gāng 鋼	象形。人為大的省形。表示正面人形。川像人的頸部。中間一橫為喉結。	人脖子。

甲  金 

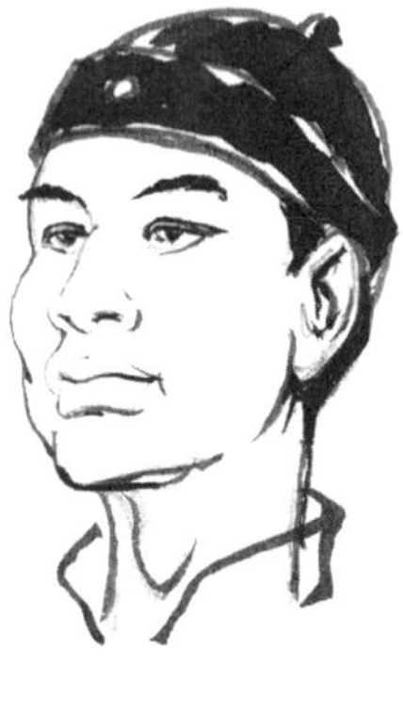

屬字 二

𡕒 [gǎng] 本義：倔强不屈

六

屬字 皋 奏 𠦬

[hū] 本義：迅疾

夲

音	tāo 滔
形	會意。甲骨文。拔起禾麥奉獻給神祖，以祈求豐收。
義	拔起禾穗，上下頻頻拜祭禱告。引申迅速。

甲 金

夰

音 gǎo 稿

形 會意。從大（正面人形）。從八（散開）。

義 會放縱輕佻的樣子。
分散。放縱。傲慢。

甲 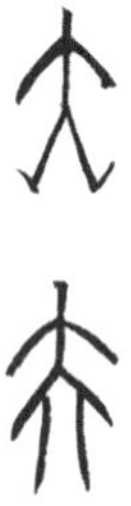

屬字 五

昦 [ào] 本義：傲慢

䀠 [jù] 本義：抬眼而驚恐的樣子

亣

音	形	義
大 dà	象形。此字為籀文的大，也是正面人形。當部首時只在字下。	大。（是大的變體）

籀

屬字

奚 奕 奘 臭

[gǎo] 本義：白色，光澤

入

夫

音：夫 fū

形：象形。甲骨文。像頭上插簪子的成年男子。

義：成年男子。引申女子配偶。

甲 

金 

屬字 三

規

扶 [bàn] 本義：肩并肩地行走

立

音　ㄌㄧˋ　立

形　指事。甲骨文。從大（正面人形）從一（地面）。指人站立不動。

義　站着不動。引申豎起。

甲　　　金

一九　屬字

端　竢　竭　靖

竝

音：bìng 并

形：會意。甲骨文。從二立。會二人相并立之意。

義：平列挨着排在一起。

甲  金 

屬字

二 替 [tì] 本義：廢棄。同「替」

囟

音	形	義
xìn 信	象形。像嬰兒頭頂骨未合縫	處。即囟門。

囟門。

甲 

金 

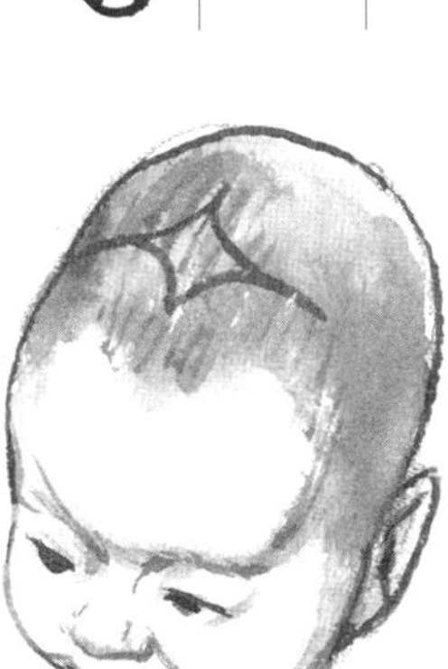

屬字

三

鬣 [liè] 本義：毛髮

毗 [pí] 本義：人的肚臍

思

音 sī 思

形 會意。從囟（囟門）。從心。表用腦思考。楷寫作思。囟訛為田。

義 考慮。思考。引申想念。

簡

秦璽

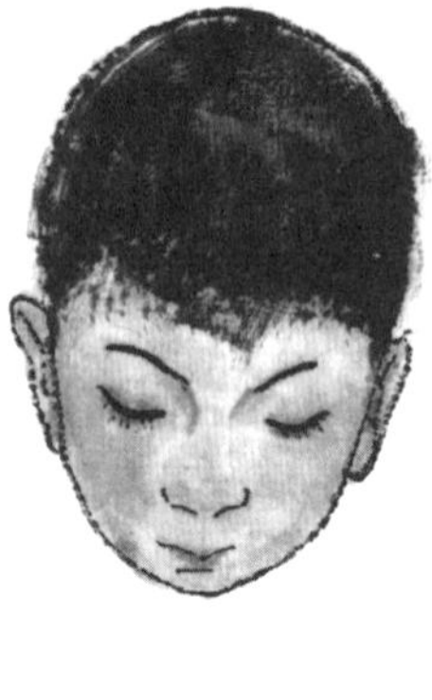

屬字 二

慮

心

音	形	義
xīn 心	象形。甲骨文。像心臟形。	心臟。引申頭腦。心思。

甲  金 

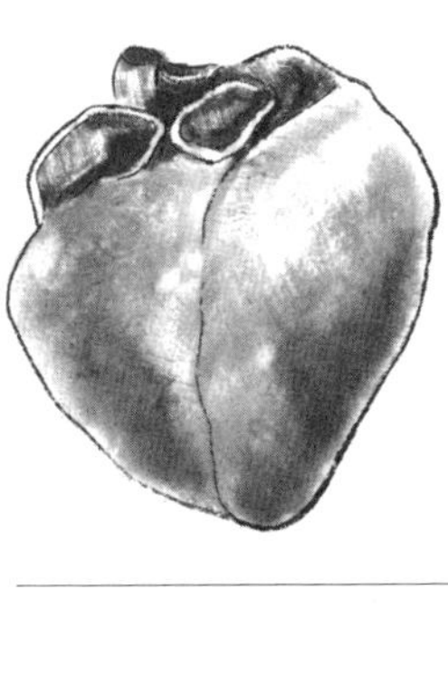

屬字 二六三

息 意 情 恭 忒

惢

音：所 suǒ

形：會意。從三心。會多心。多疑。

義：心疑。花蕊有多蕊。故是蕊的本字。

古璽文

屬字 二

繠 [ruǐ] 本義：下垂

水

音	shuǐ 水
形	象形。甲骨文。像水流形。
義	河流。江河湖海的總稱。

甲 金

屬字 四六八

江 泰 衍 潁 滕

沝

音 zhuǐ 沝

形 會意。從二水。表兩條河交滙。

義 二水匯流。也表示灘磧相湊之處。此讀音為[zǐ]

甲 

屬字 三

㳅 [liú] 本義：水的運行。同「流」

𣻓 [shè] 本義：涉水。同「涉」

屬字 二 顰

瀕（頻）

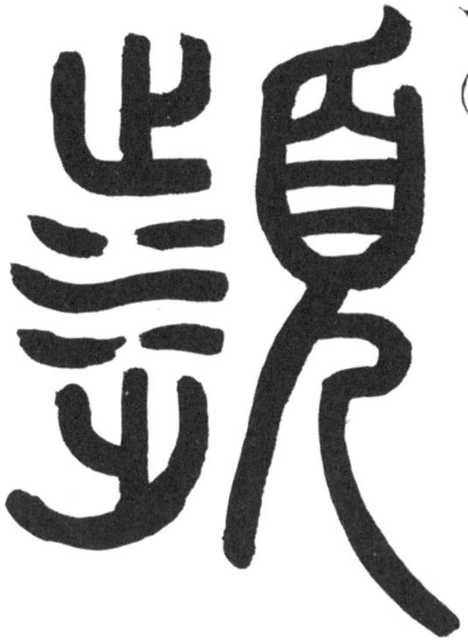

音	形	義
pín 頻	會意。從頁（突出頭部的人）。從涉。會人臨流欲涉。徘徊皺眉之意。	臨流欲涉。皺眉徘徊。引申臨近。

金

く

音：quǎn 犬

形：象形。像一彎曲小水流形。

義：田間小的排水溝。

甲 ㇄

屬字 一

巜

音　kuài 快

形　象形。像兩道流水形。

義　田間大的排水溝。

甲

屬字　二

粼 [lín]　本義：水從山石中滲流出來清澈的樣子

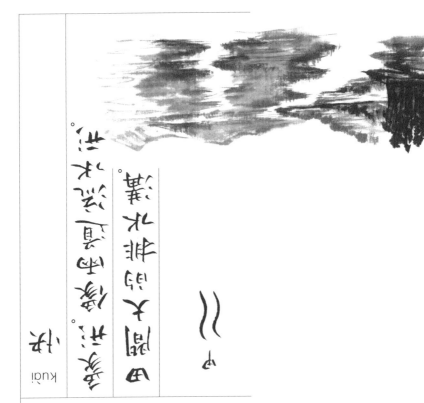

川

音 chuān 川

形 象形。甲骨文。像大河流水形。中間小點是水，兩側是岸。

義 河流。引申山原間平坦陸地。

甲 金

屬字 巛 侃 州 巠

一〇

泉

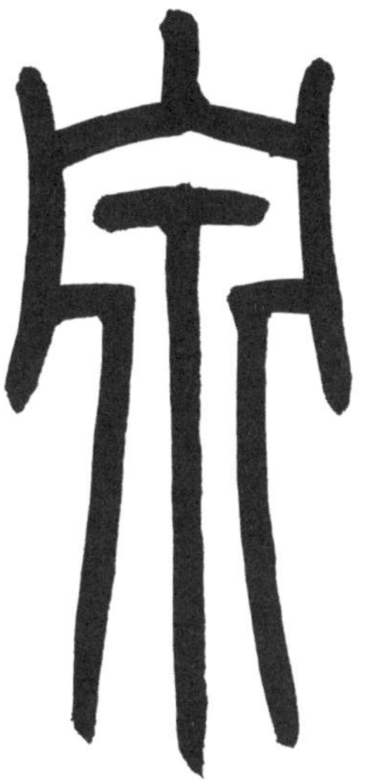

音	quán 泉
形	象形。甲骨文。像從山洞中流出水的形狀。
義	泉水。引申泉眼。地下水。

甲 

金 

屬字 二

 [fàn]

本義：從泉眼湧出的水

灥

音	xún 旬
形	會意。從三泉。會衆泉匯流之意。也是泉的異體字。
義	衆泉匯流。

屬字 二

厵 [yuán]

本義：水泉的本源。同「原」

永

音　yǒng　永

形　會意。甲骨文。中間為人形。左右為水流。是人在水流中游泳。

義　在水流中游泳。引申水流長。

甲 

金 

屬字　二

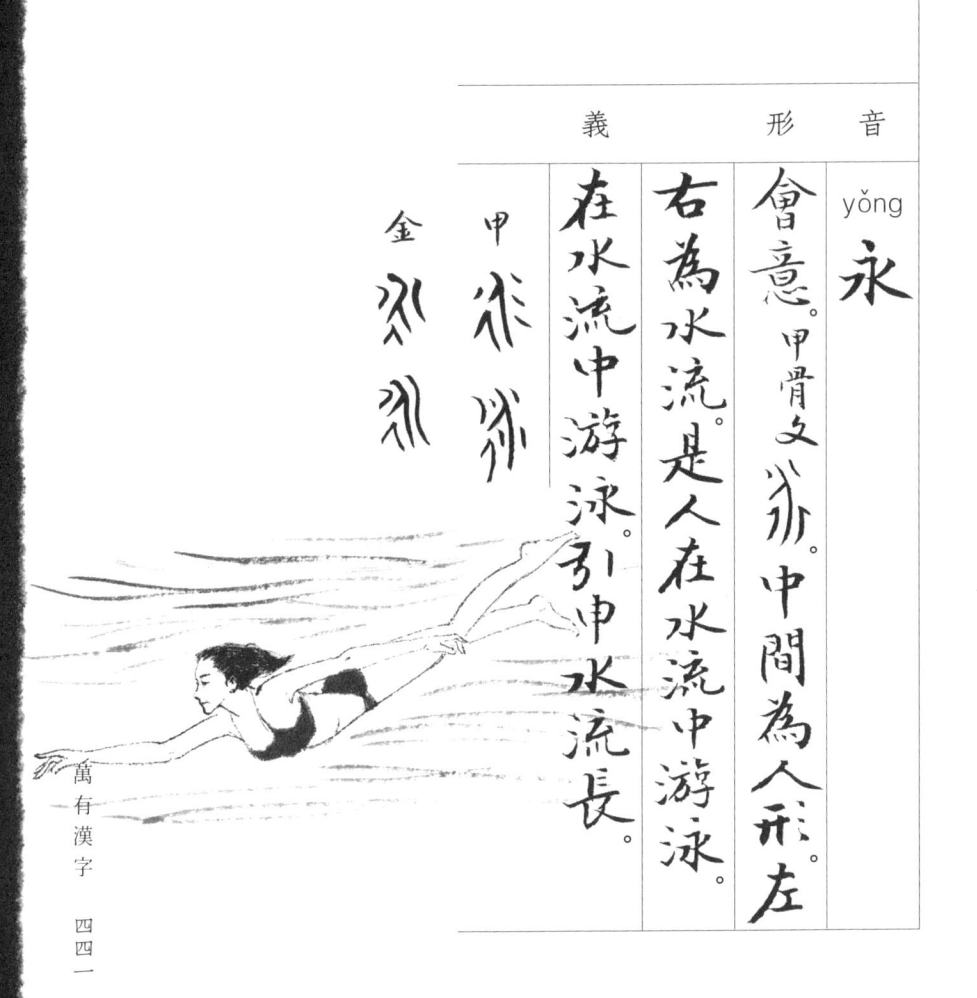

羕 [yàng]　本義：水流長

𠂢

音：pài 𠂢

形：會意。甲骨文。是（永）的反寫。

義：表示人在水中游泳。水的支流。

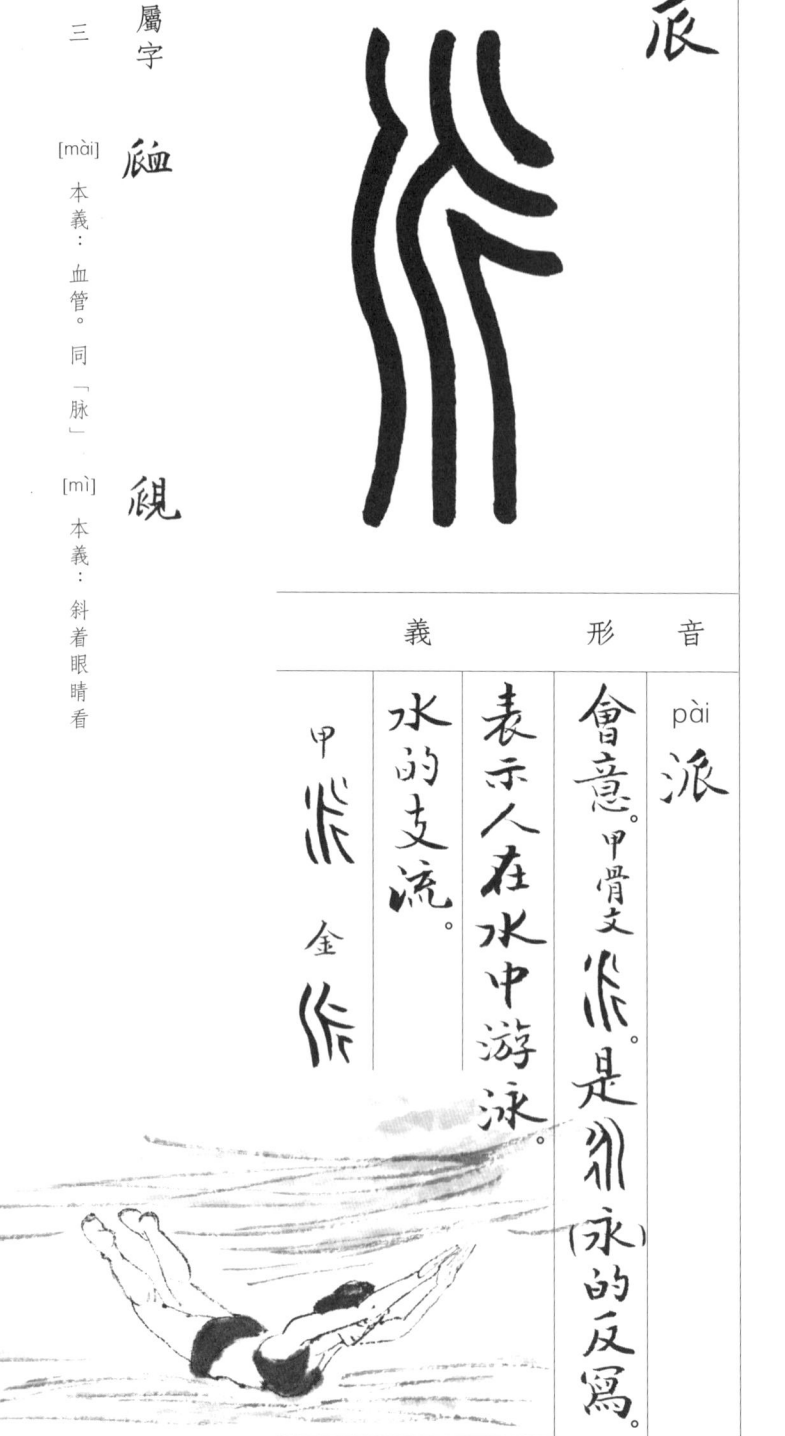

甲　金

屬字

三

[mài] 𧖴　本義：血管。同「脉」

[mì] 覛　本義：斜着眼睛看

谷

音	形	義
gǔ 谷	會意。甲骨文。上像水流。下像山澗泉口。會水從泉口流出。	山澗泉水。 甲  金 

屬字

谿 同「溪」

[huò] 䜭 本義：通敞的山谷

[hóng] 峪 本義：山谷中的回聲

音：bīng 冰

形：象形。金文。像初凝的冰花形。

俗作冫。

義：水凝成的冰花。

甲金

屬字 一七

冬 凋 凍 冷 冰

雨

音	形	義
yǔ 雨	象形。甲骨文。像天上落雨形。	上邊一橫表示雲層。從雲層中向地面降水。

甲　　金

屬字 四七

霖　霜　露　需　零

雲

音：yún 雲

形：象形。金文。像天空中舒卷的雲層形。云被借用後加雨頭。

義：雲氣。引申形狀像雲的東西。

甲

金

古

屬字

二

霒 [yīn]

本義：雲遮住太陽

魚

音	yú 魚
形	象形。甲骨文 。像有頭尾鰭鱗的魚形。
義	水生脊椎動物。引申像魚的事物。

甲  金  石鼓 

屬字 一〇三

鮮 鱗 鯉 鱒 魴

𩺰

音	形	義
yú 魚	會意。甲骨文 。從水。從四魚。	表示水中捕魚。即漁字。
		水中多魚。
		甲  石鼓 

屬字

二　𤅟 [yú] 本義：捕魚。同「漁」

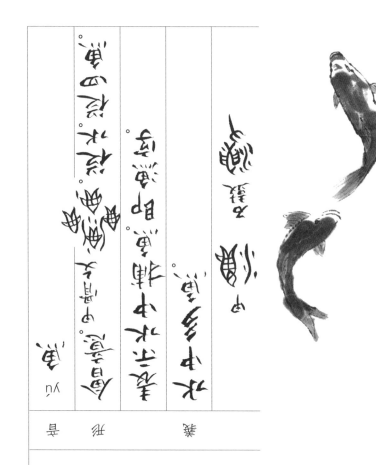

燕

音：yàn 燕

形：象形。甲骨文。像飛動的燕子形。

義：燕子。甲金

屬字

一

龍

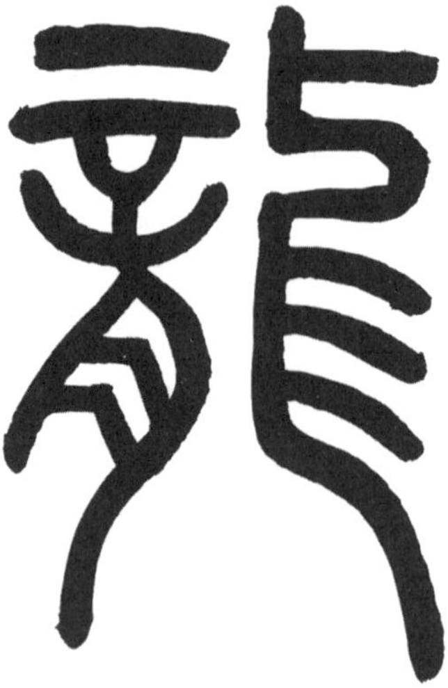

音	形	義
lóng 龍	象形。甲骨文。像傳説中神異動物龍形。	中國古代傳説中的神異動物。

甲 金

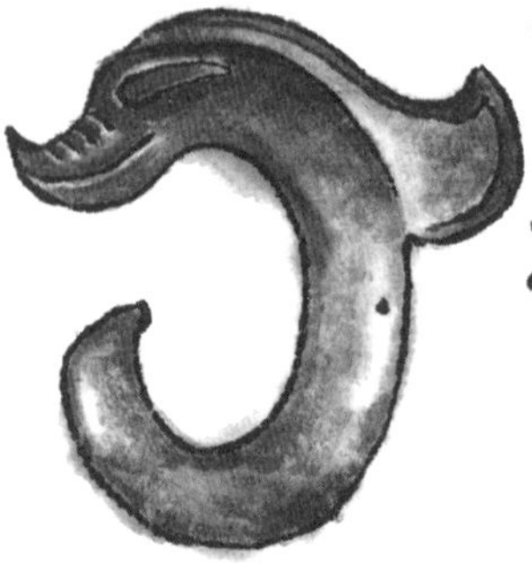

屬字 五

[líng] 龗 本義：龍

[kān] 龕 本義：龍飲水聲

[tà] 龖 本義：飛騰的龍

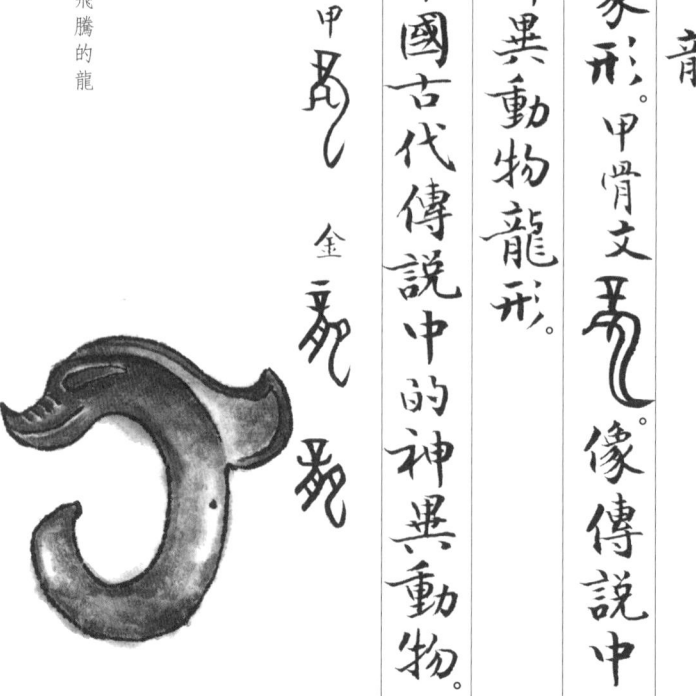

飛

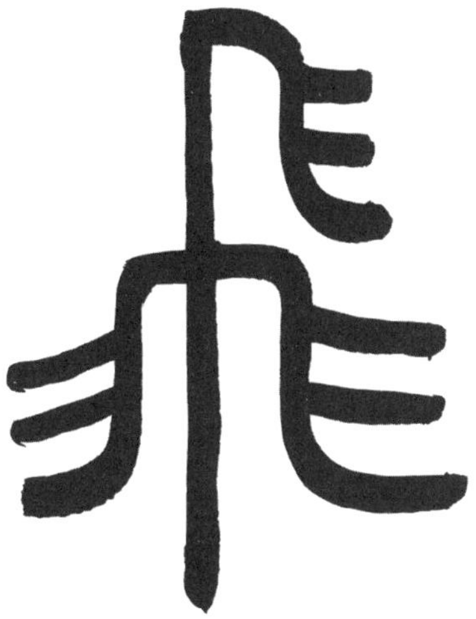

音	fēi 飛
形	象形。篆文像鳥頭頸兩翅展開飛動形。
義	飛翔。引申物體在空中飄浮。

金 

屬字

二 ⿱飛異 [yì] 本義：翅膀。同「翼」

非

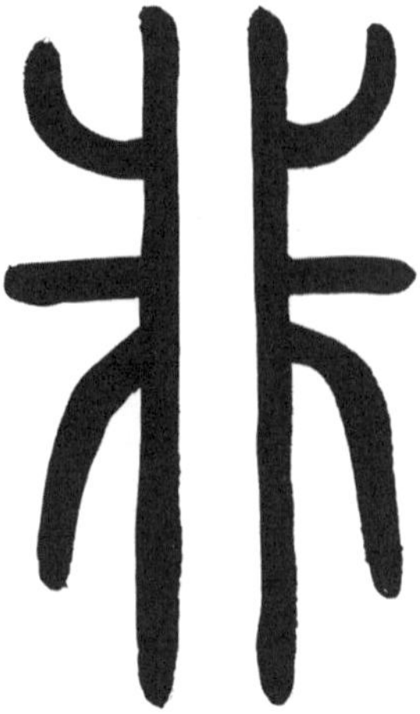

音 fēi 非

形 象形。甲骨文非。像飛動的鳥兩個分張的翅膀。表示相背之意。

義 違背。引申不對。不是。

甲 非 金 非

屬字 五

靡 靠 𩇪 [fěi] 本義：分解

卂

音	形	義
xùn 迅	象形。金文卂。像飛動中的鳥的輪廓形。是飛的省略。表示快意。	鳥飛得快。引申疾速。

金 卂

楚簡 卂

屬字 二

縈 [qióng] 本義：鳥回轉疾飛

乚

音 yà 訝

形 象形。篆文像奶頭的輪廓。

義 奶頭。又表示燕子。

金文

屬字 乳 孔 [kǒng] 本義：孩子吃奶

三

不

音：bù 不

形：象形。甲骨文。像朝下的花萼之萼托形。

義：花萼之柎。又假借為沒有。否。

甲 金 

屬字 二

否

至

音：zhì 至

形：指事。甲骨文 。是遠處的箭落到眼前的地上。

義：到達。引申極點。窮盡。

甲  金 

屬字 六

到 臻 臺

西

音	形	義
xī 西	象形。甲骨文。像竹木編的圓形器具其形。	竹木編製的器具。也表示西方。

甲  金 

屬字

二 垔 [xī] 本義：姓氏

卤

音	形		義	
lǔ 魯	指事。金文 。從西（竹簍）中間	加四點。象徵鹽粒之意。	鹽鹵。引申飲料的濃汁。	金 

屬字 三

鹹 鹺 [cuó]

本義：鹹味

鹽

音：鹽 yán

形：形聲。從鹵(鹽鹵)。監聲。

義：食鹽。

屬字 三

盬 [gǔ] 本義：河東郡的鹽池

鹼 [jiǎn] 本義：鹽鹵

户

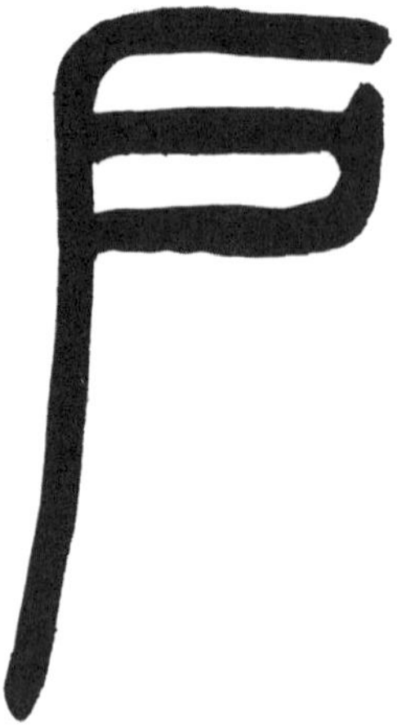

音：hù 户

形：象形。甲骨文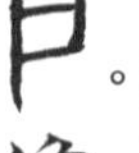。像單扇門形。

義：單扇門。引申人家。

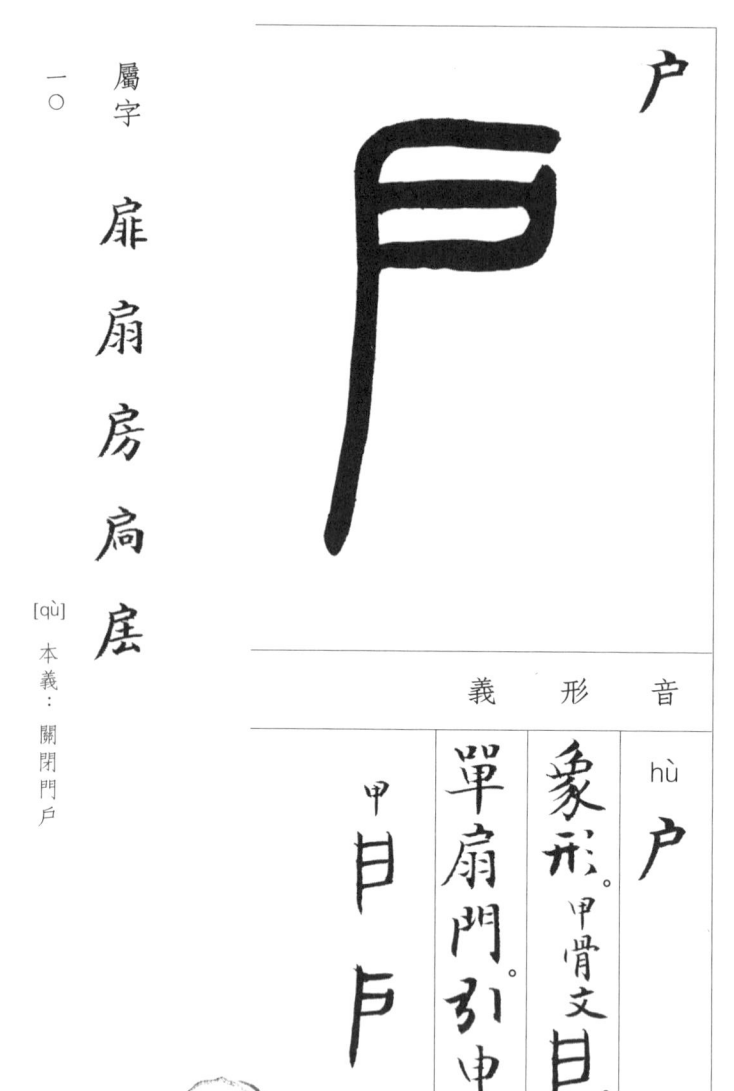

屬字 一〇

扉 扇 房 扃 扈 [qù]

本義：關閉門戶

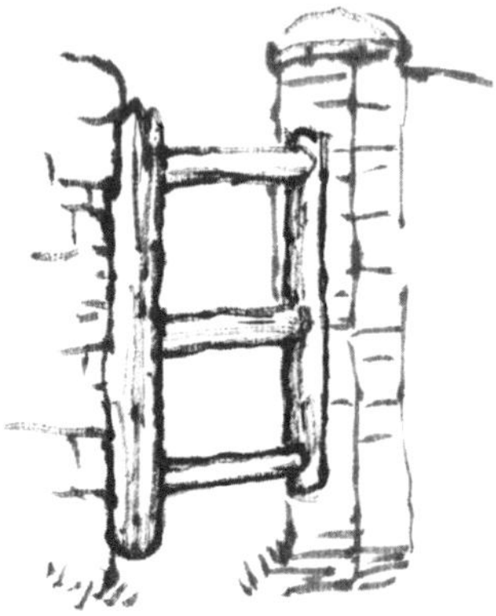

門

音：mén 門

形：象形。甲骨文。像簡易的雙扉柴門形。

義：雙扉門。引申像門的事物。

甲　金

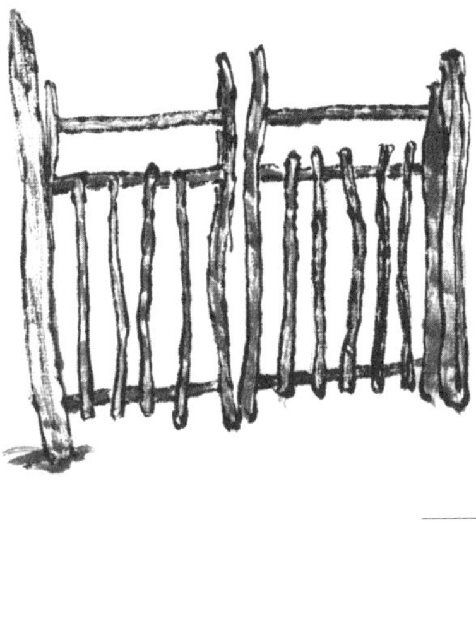

屬字　五七

開　閣　閑　閉　關

耳

音：ěr 耳

形：象形。甲骨文。像人的耳朵形狀。

義：耳朵。引申聽。位置在兩側相對。

甲　金

屬字 三二

耿 聰 聖 聲 聾

𦣞（𦣝）

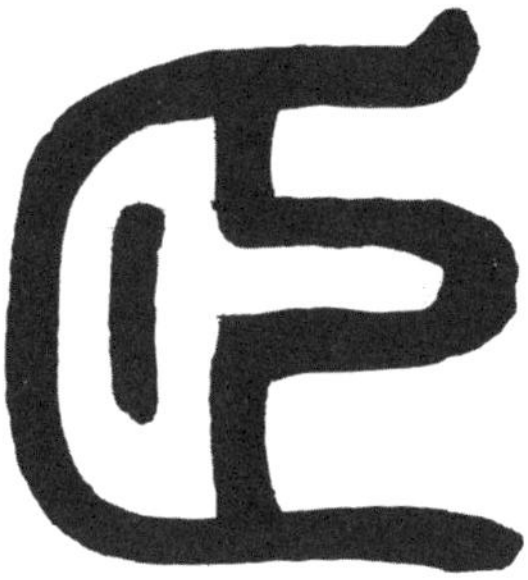

音	yí 移
形	象形。甲骨文。像豎起的寬下巴，以三齒襯托咧開嘴笑形。
義	下巴。
	甲 金

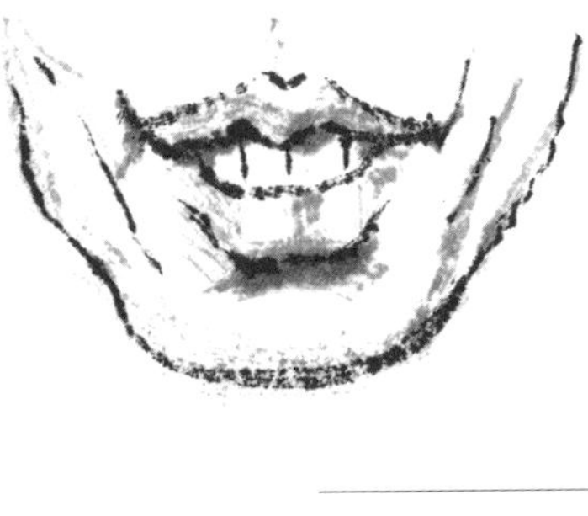

屬字

二

[illegible] [yí] 本義：寬闊的下巴

手

音 shǒu 手

形 象形。金文。像五指分開的

義 手掌形。

手掌。

金 

屬字 掌 拉 搏 提 承

𠦒

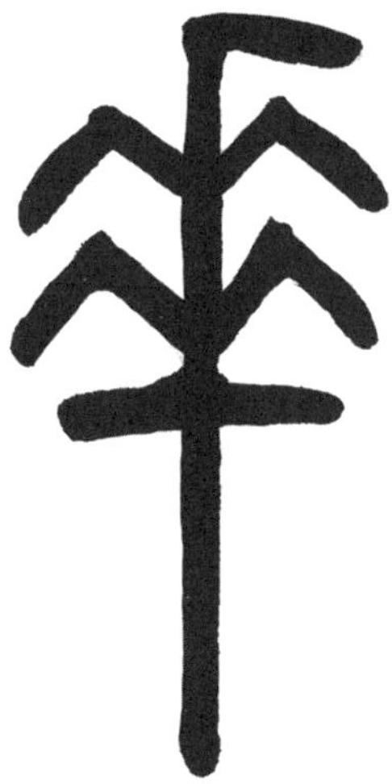

音 guāi 乖

形 象形。像脊骨形。中間為脊柱。兩邊為肋骨。是脊的象形字。

義 脊骨。

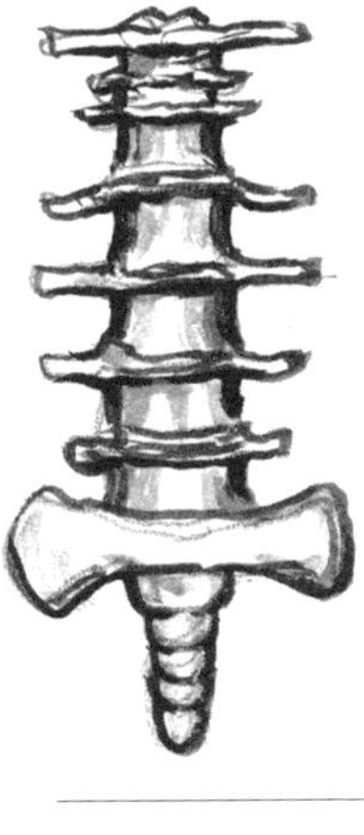

屬字 二

脊

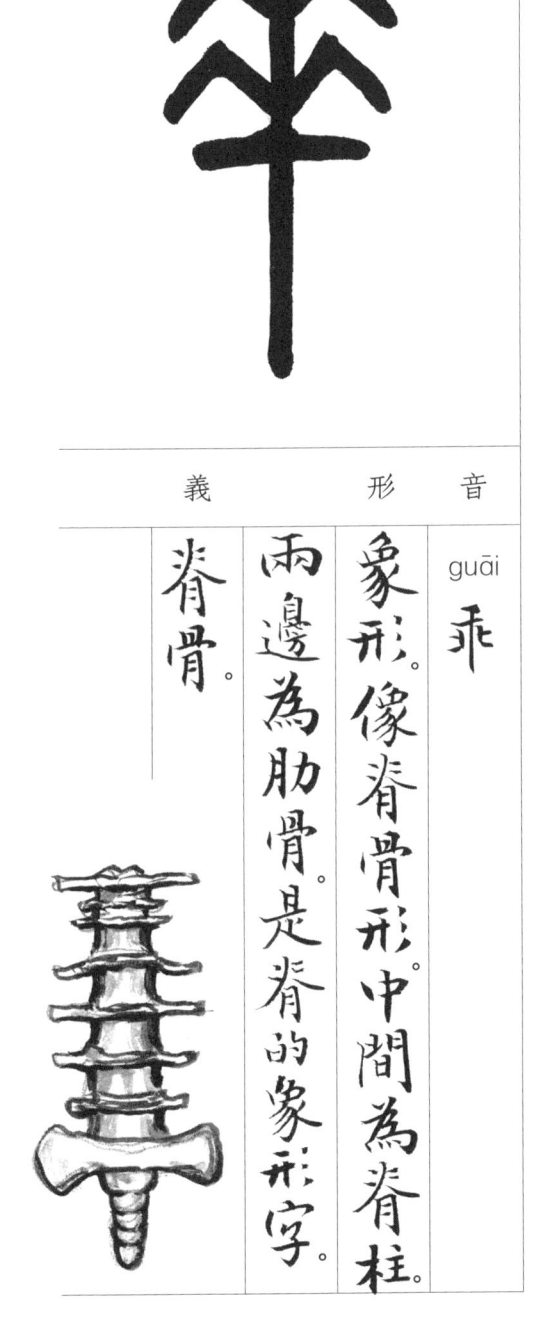

女

音：nǚ 女

形：象形。甲骨文。像跪坐兩手交叉于胸前的女子柔順狀。

義：未嫁的女子。

屬字

姜 嫁 妻 威 妹

二三八

毋

音	形	義
wú 吾	會意。甲骨文。從女（姦情）。從一（禁止）。會禁止之意。	勸阻或禁止。

甲 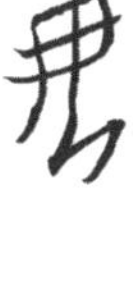

金 

屬字 二

毐 [ǎi] 本義：人品壞

民

音：mín 民

形：象形。金文 。像以銳物刺左目形。古代俘虜被刺瞎左眼為奴。

義：奴隸。引申庶人百姓。

金 

屬字 二

氓

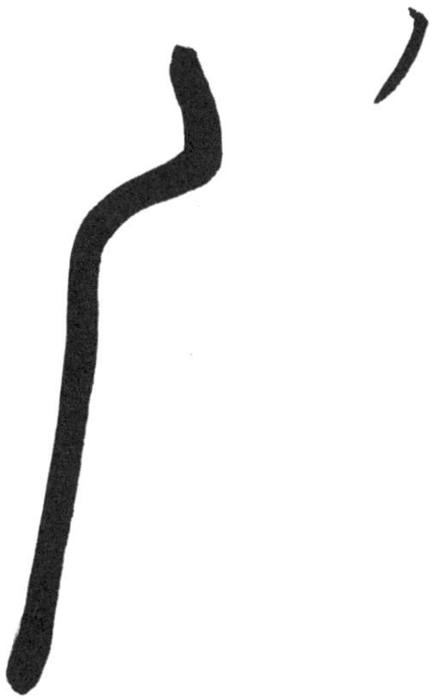

音	形	義
piě 撇	象形。篆文丿。像漢字向左拉的一撇。	表示拉引器物。漢字一撇。

屬字 四

乂 [yì] 本義：割草

弗 [fú] 本義：矯正

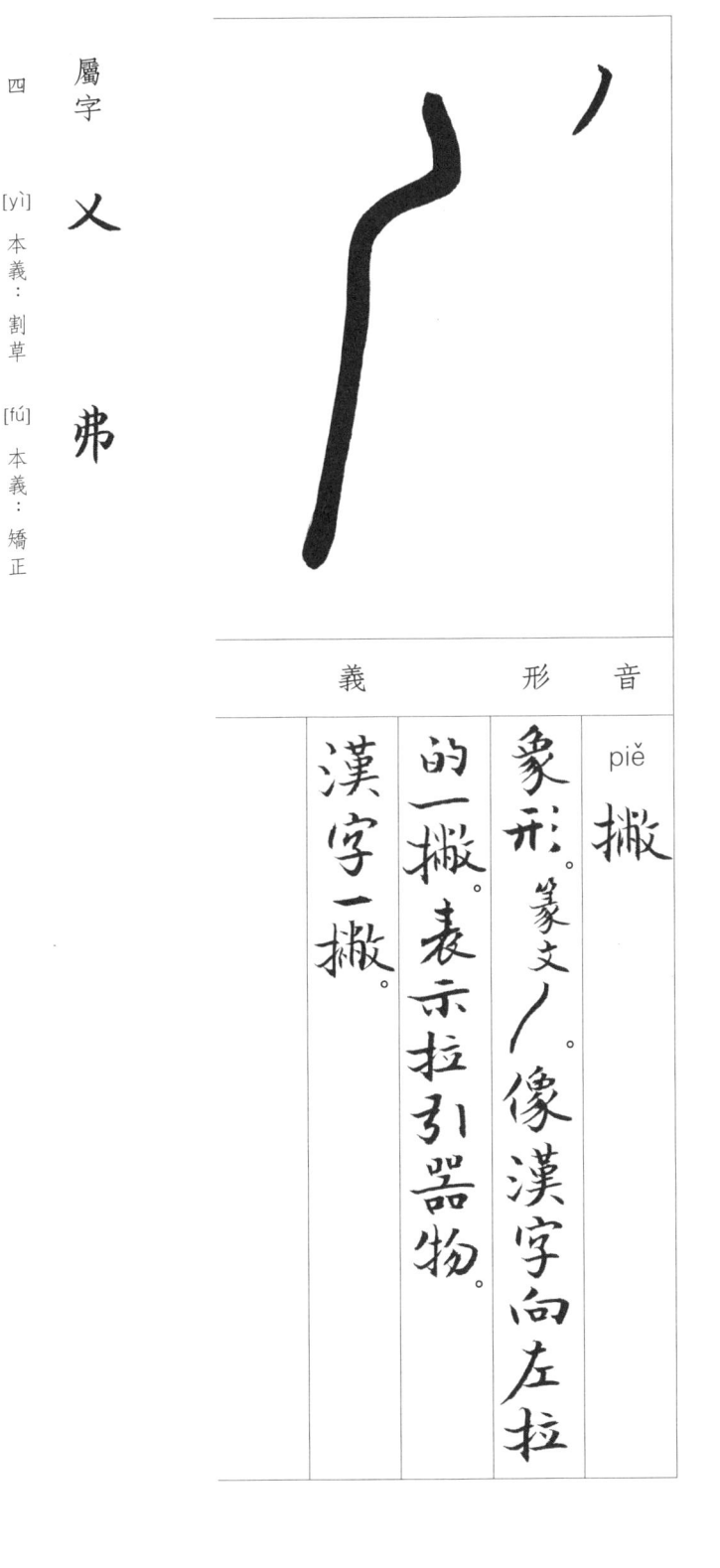

音	形	義
yì 易	象形。篆文丿。像将一曲物拉直形。	表示拉引的符號。牽引。篆文丿

屬字 二

弋

音：yí 移

形：象形。像反向的丿字。移也即從也。表示移動的意思。

義：移動。是乜（秦刻石「也」）最後一筆。

屬字 二

也

氏

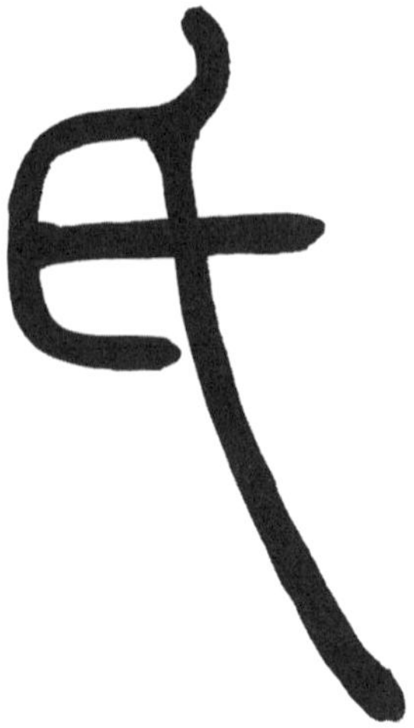

音：shì 氏

形：象形。甲骨文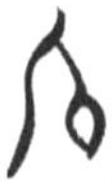。像種子初萌長出一根一芽形。

義：根柢。引申氏族。

甲 金

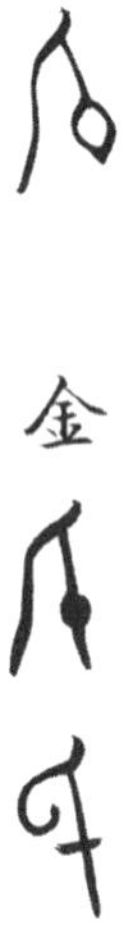

屬字 二

氒 [jué] 本義：樹木的根部

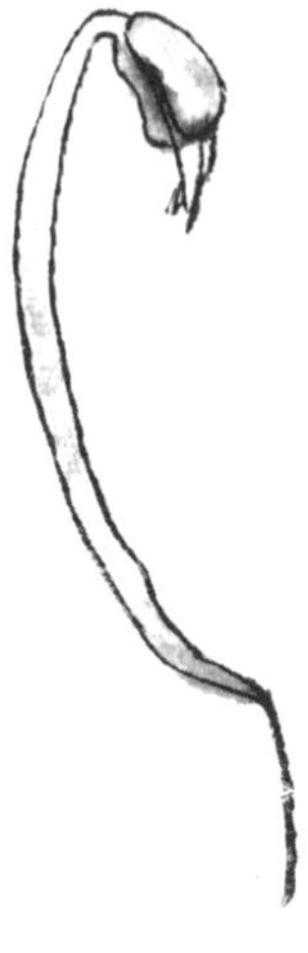

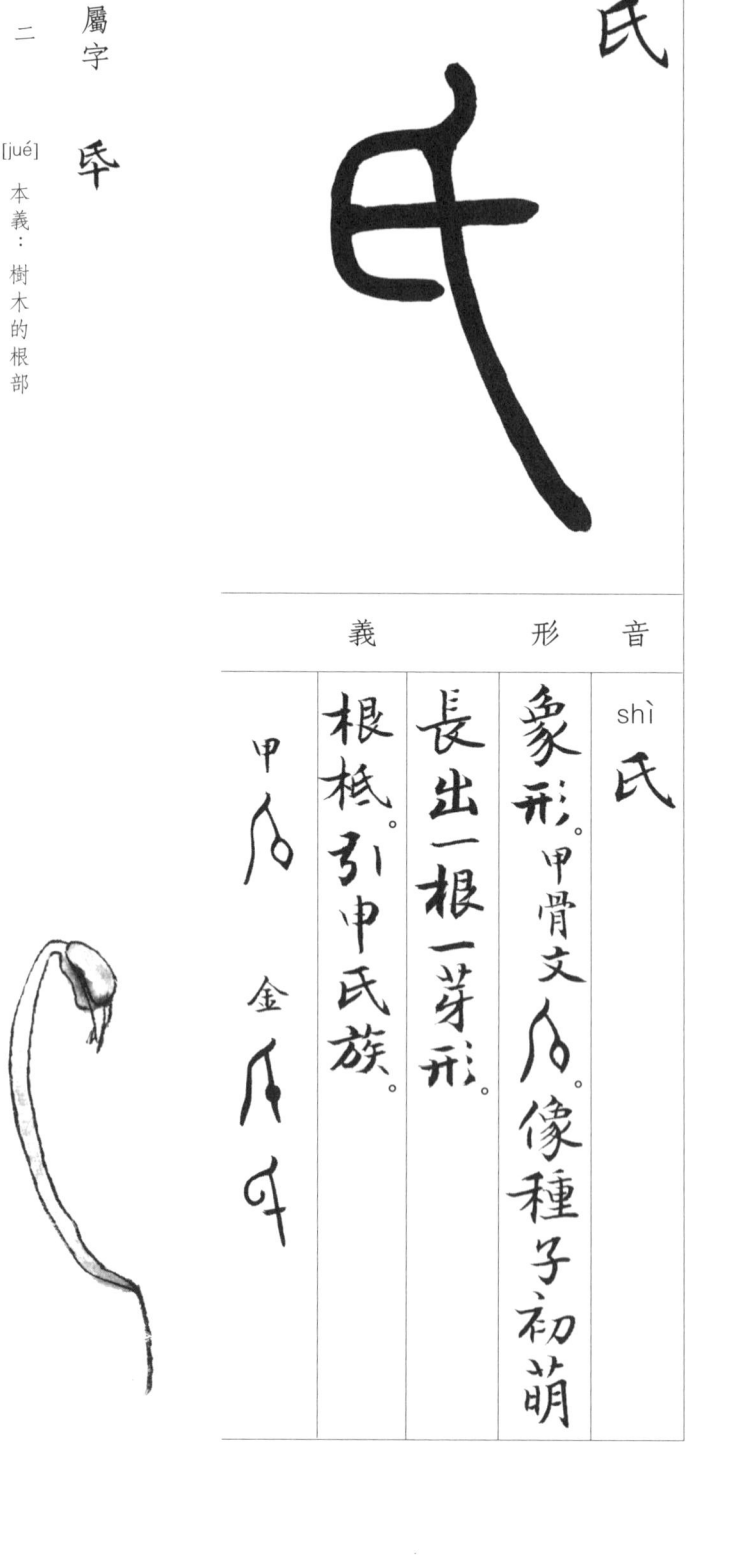

氐

音	形	義
dǐ 底	指事。金文在氐（根柢）的下端加一横，指明根扎到這裏。	根柢。引申止。終極。

金 石鼓 金

屬字 四

⿰氐垔 [yìn] 本義：臥

⿰氐失 [dié] 本義：觸

戈

音：gē 戈

形：象形。甲骨文像古代一種兵器。

義：長柄。橫刃。上有飾物。古代一種長柄橫刃兵器。

甲金

屬字 二六

戛戰戲武或

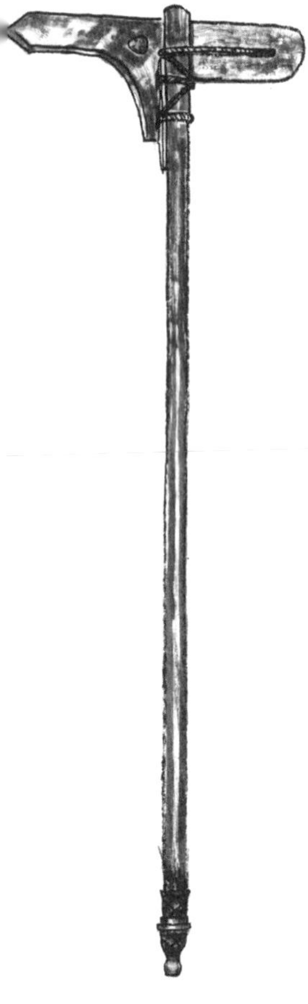

戉

音	yuè 越
形	象形。甲骨文 。象長柄大斧。
義	刃呈圓形。為鉞的象形字。古代兵器名。形似大斧。

甲  金  篆 

屬字

二

戚 [qī]

本義：鉞一類的斧頭

我

音	形	義
wǒ 我	象形。甲骨文。像帶齒的刀鋸形。也用作刑具。	鋸類工具。假借第一人稱代詞。

甲  金 

屬字 二

義

說文卷一二

屬字 二

𠄌 [jué] 「亅」字反形

音	形	義	
jué 决	象形。篆文𠄌。像鈎子形。是	漢字的一種筆形。 倒髭須鈎。即鈎彎向上形。	篆 

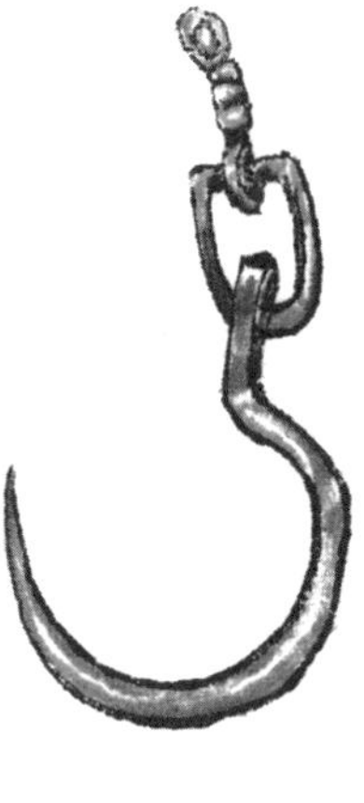

琴

琴

音	形	義
qín 琴	象形。篆文像古琴形。楷書寫作琴。上為琴形。下為今表聲。	古琴。引申泛指某些樂器。

古 

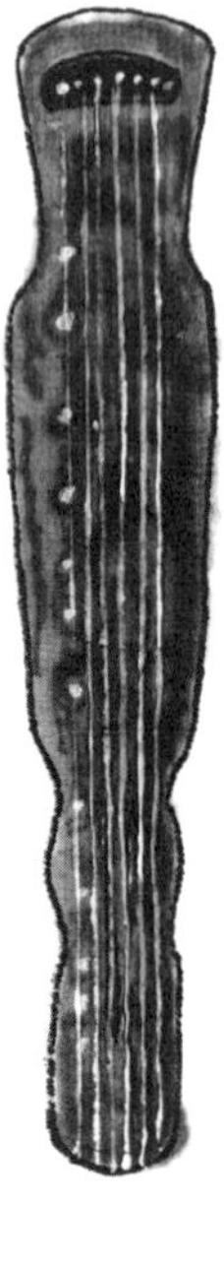

屬字 二

瑟

屬字 二
直

乚

音：yǐn 引

形：象形。像木工用的彎曲的矩尺形。

義：測量垂直的曲尺。也表示藏匿之意。

篆 乚

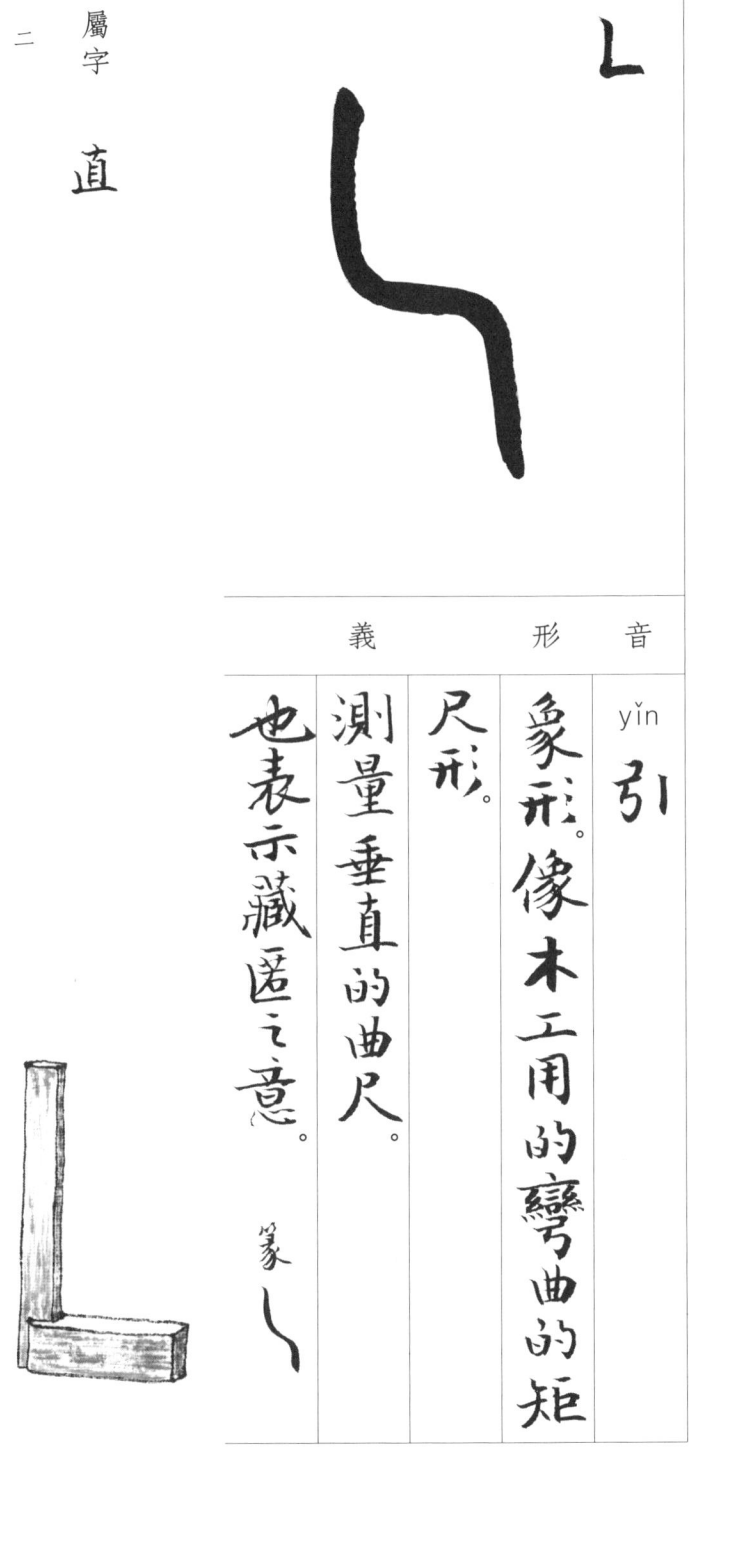

亾（亡）

音：wáng 亡

形：象形。甲骨文。為挖去眼珠的殘目形。是盲的本字。

義：挖去眼珠的人。引申逃亡。失去。

甲  金 

屬字 五

作 望 無 匃

[gài] 本義：乞求。同「匄」

匸

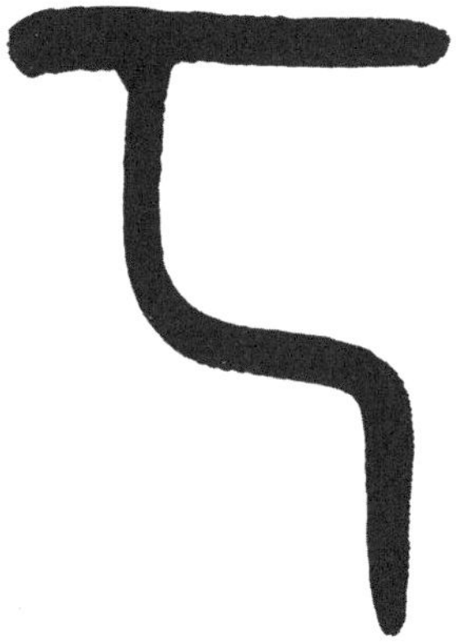

音：xì 細

形：象形。像簡易披間貯藏室的省略形。或用物遮掩形。

義：儲存東西的地方。

甲 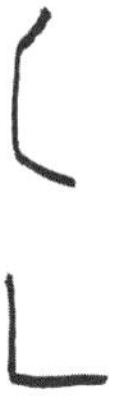

金 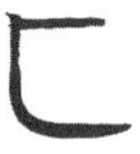

屬字 七

區 匿 医 匹

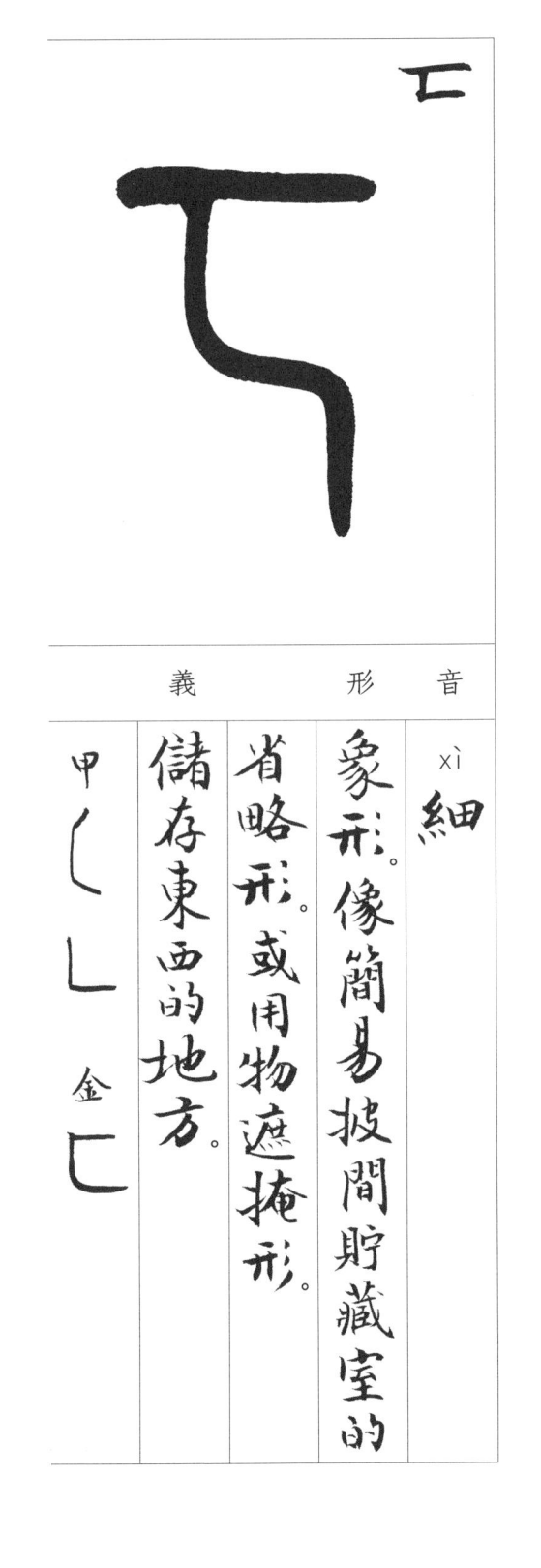

匚

匚

音：fāng 方

形：象形。甲骨文匚。像側放的方形貯物器具。

義：古代一種方形貯物器具。

甲 匚 金 匚 籀 匚

屬字 一九

匠 匣 匯 匪

曲

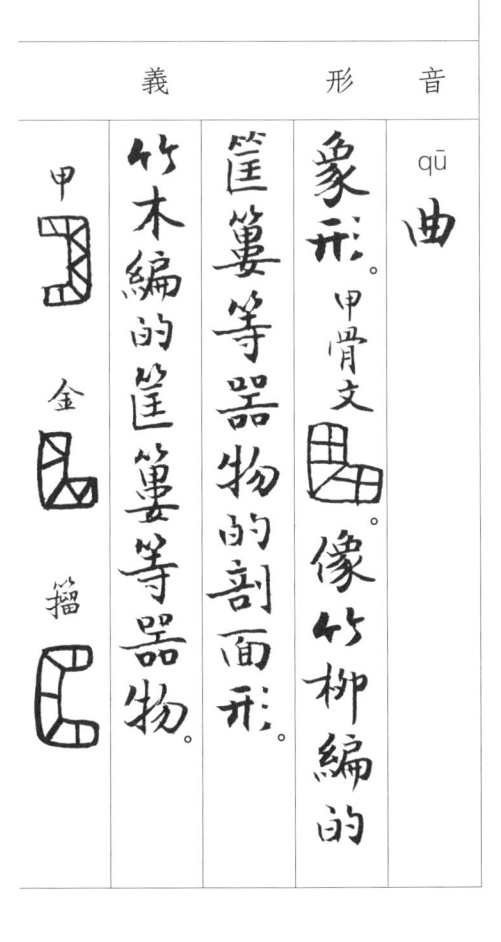

音	形	義
qū 曲	象形。甲骨文 。像竹柳編的筐簍等器物的剖面形。	竹木編的筐簍等器物。

甲  金  籀 

屬字 三

⿱曲土 [qū] 本義：委屈

甾

音	形	義
zī 資	象形。甲骨文。像竹木編的細頸。修口。圓底的盛物器具。	竹木編的筐類器物。

甲  金 

屬字 五

畚 [běn] 本義：用蒲草編製的器具

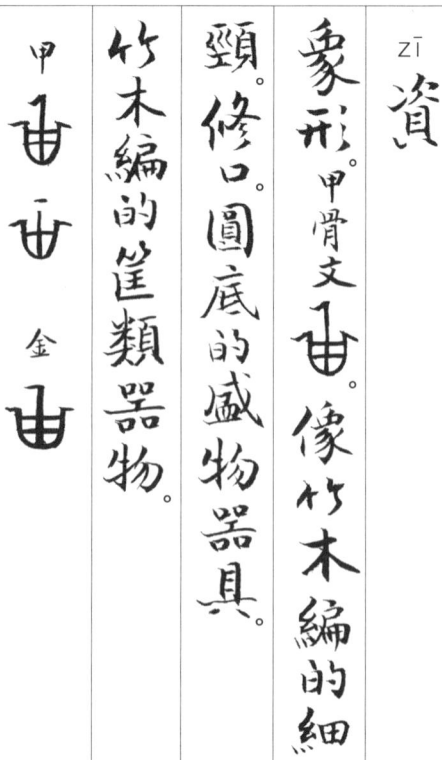

瓦

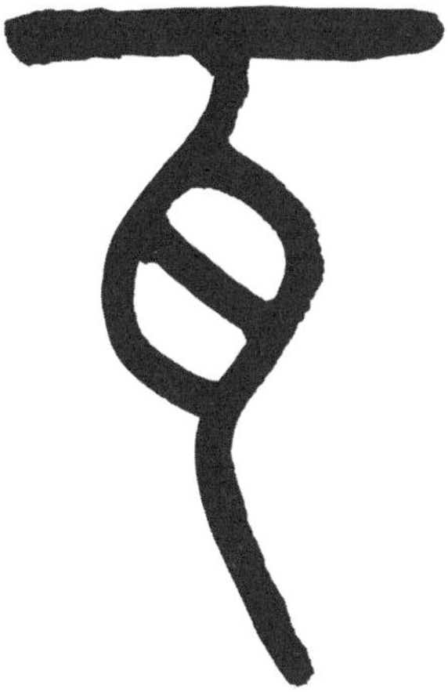

音	wǎ 瓦
形	象形。像房上屋瓦相扣之形。
義	表示瓦片形。一說像紡錘形。 屋瓦。也指泥製的紡錘。

秦簡

屬字 二五

瓮 甑 甌

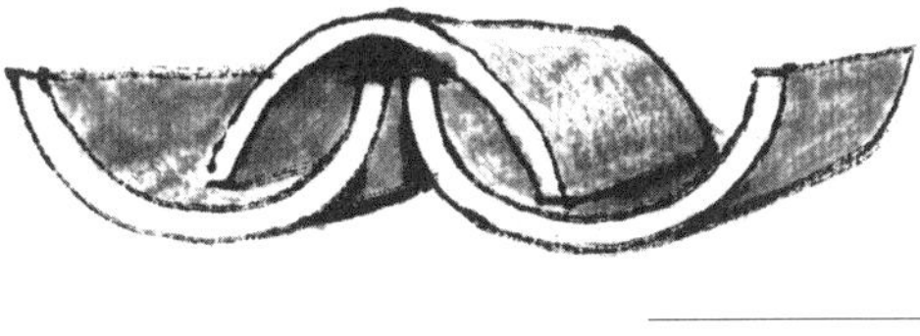

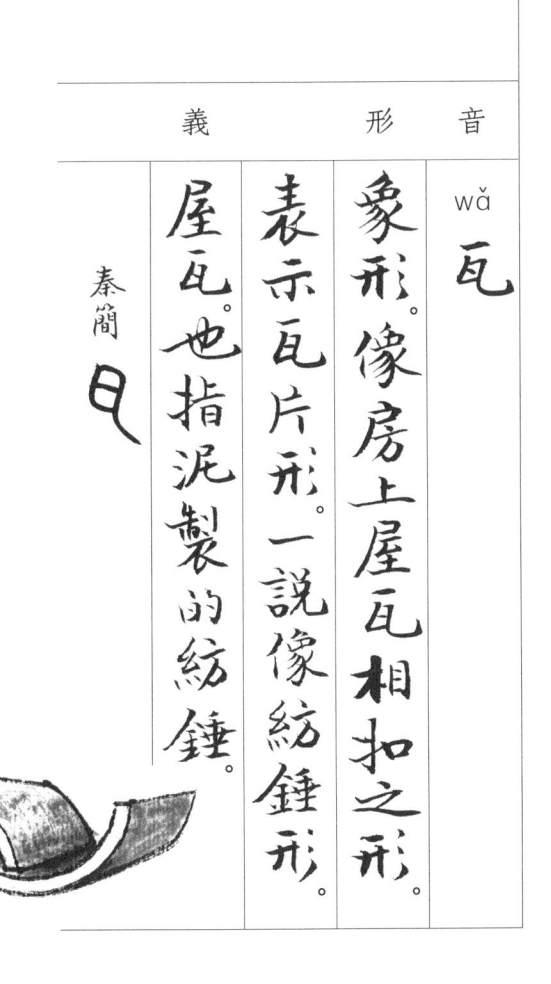

弓

音	gōng 弓
形	象形。甲骨文 。像弓形。金文 。
義	省去弦。是弓鬆弛狀。 射箭或發射彈丸的工具。 甲  金  石鼓 

屬字 二七

張 弩 發 引 彈

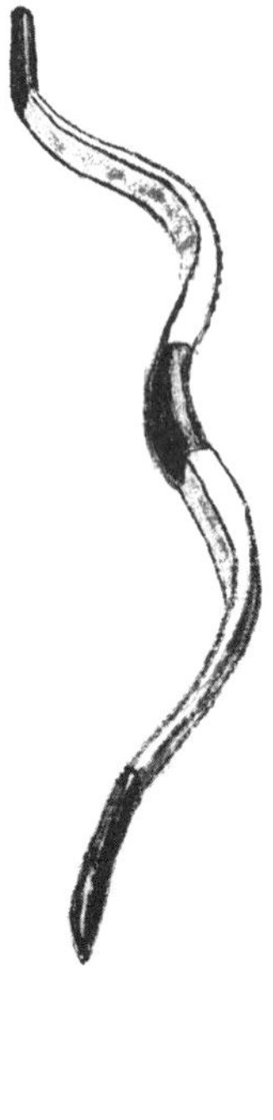

弜

音	形	義
jiàng 匠	會意。從二弓。會弓檠（矯正弓弩的器具）之意。	支撐弓使其保持強度的檠[qíng]。

甲

金

屬字

二 弼 [bì] 本義：輔正；重複

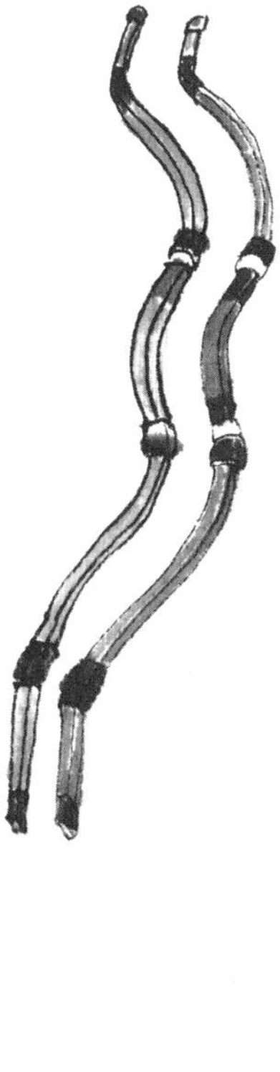

弦

音	形	義
xián 弦	會意。從弓。從玄（絲綫）。會弓上有絲弦之意。	弓弦。引申琴弦。

秦簡 

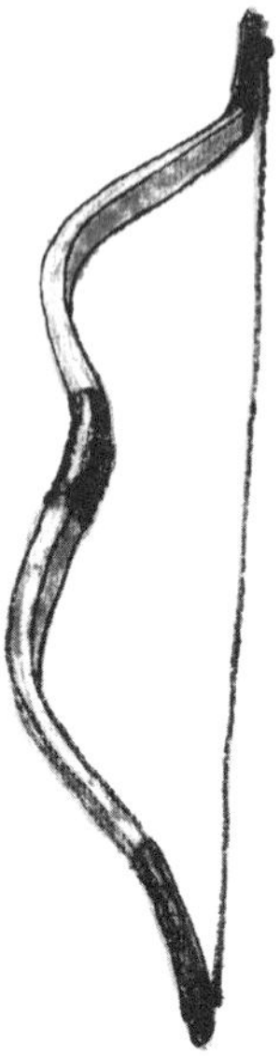

屬字 四

玅 [miào] 本義：神妙，奧妙。同「妙」

⿰玄曷 [yì] 本義：辨事不成而急躁乖戾

系

音	形	義
xì 系	會意。從糸（繩索）。從爫（手簡形）。會以繩索縛人頸之意。	懸結。捆綁。

甲 

金 

古 

四 屬字

孫

[mián] 緜 本義：將微小的絲連接起來

[yáo] 繇 本義：訓象令其順從

糸

音	形	義
mì 密	象形。甲骨文 。像一把束	絲形。細蠶絲。引申微小。

甲

金

屬字 二四八

緒 緬 纖 紊 辮

素

音

sù 素

形

會意。從糸。從𠂹（花朵下垂）。

義

表示絲織物如花一樣光潤柔軟下垂。本色未染的生絹。引申白色。

甲

金

屬字　六

[yuè] 𦃃　本義：白色的絹

[lǜ] 𦆛　本義：絲織品

[huǎn] 𦆍　本義：寬緩

絲

音	形	義
sī 絲	象形。甲骨文 。像兩束絲形。是糸的繁化。	蠶絲。引申絲織物。

甲  金 

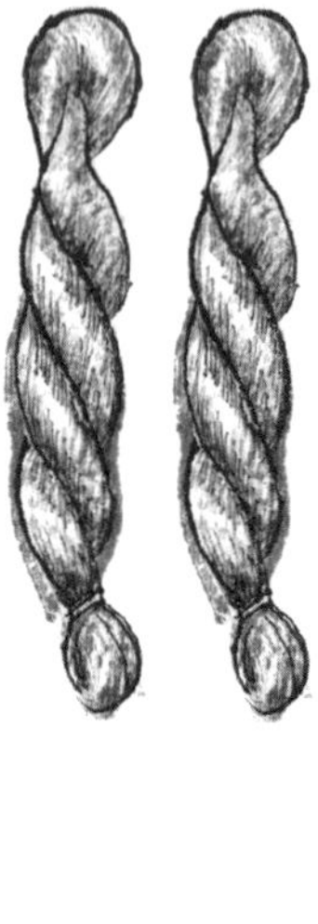

屬字 三

䜌

率

音：shuài 率

形：象形。甲骨文。像牽引綳緊的大繩形。小點表示參起的毛刺。

義：拉緊的大繩。引申捕鳥的網。

甲  金 

「虫」本義是毒蛇，讀[huǐ]。後作爲「蟲」的簡化字時，讀[chóng]。

虫

音	形	義
huǐ 毀	象形。甲骨文。像一條長蛇形。	毒蛇。

甲   金 

屬字 一五三

蛹 雖 蜀 强 蚩

[chī] 本義：蟲名

䖵

音	形	義
kūn 昆	會意。從二虫。會昆蟲之意。虫本意是蛇。昆蟲與蛇相似而群生。	昆蟲類的總稱。

甲

金

屬字 二五

蠶

蠹

蠢

蝱 [méng] 本義：咬人的飛蟲

蠡 [lǐ] 本義：蟲在木中咬木頭

蟲

音	形	義
chóng 蟲	會意。從三虫。會一切動物。有足謂蟲。無足爲豸。小蟲之屬好類聚。所以從三虫。	一切動物的通稱。又特指昆蟲。

屬字　六

蠱 [gǔ] 本義：人腹中的寄生蟲

蜚 [fěi] 本義：臭蟲

風

音	形		義	
fēng 風	形聲。從虫（古人認為風動蟲生）。	凡聲。	空氣流動的自然現象。	甲 

屬字

一三

飄 颯 颺 飆 𩗗

[yù] 本義：大風

屬字
一

宀

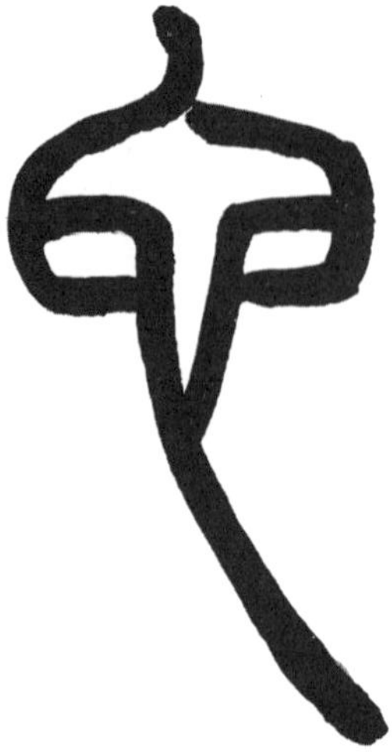

音：tā 它

形：象形。甲骨文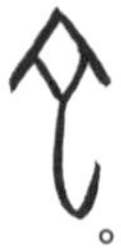。像三角頭的蛇形。

義：蛇。後假借為代词。旁指别的。

甲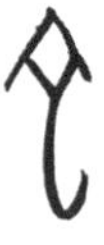 金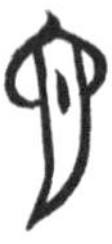

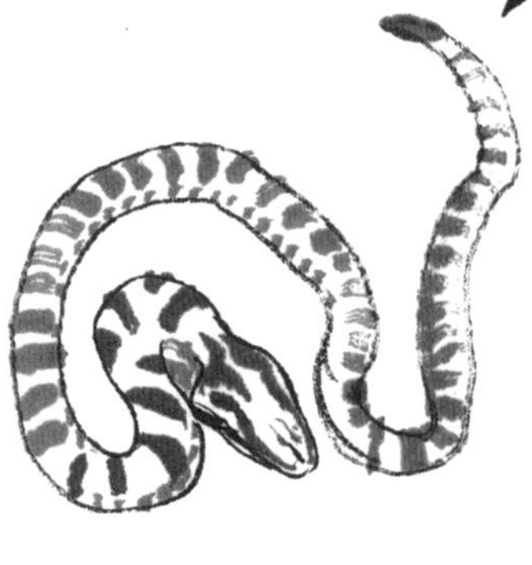

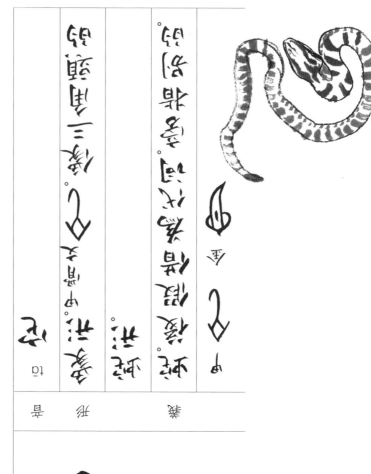

龜

音：龜 guī

形：象形。甲骨文。像側視的烏龜形。

義：龜類爬行動物的總稱。

甲 

金 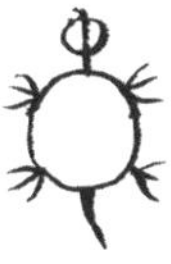

屬字 三

䶌 [rán] 本義：龜的背甲外骨的邊緣

黽

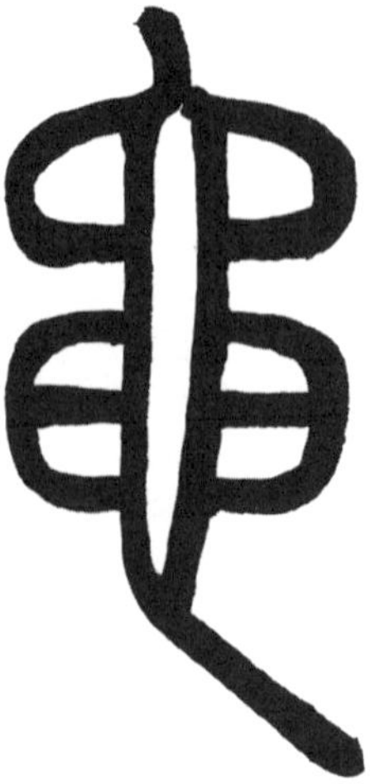

音	形	義
měng 猛	象形。甲骨文 。像青蛙。	青蛙的一種。

甲 

金 

屬字 一三

蠅

鼈

黿 [yuán] 本義：大甲魚

鼉 [tuó] 本義：揚子鰐

䵵 [xí] 本義：田雞

卵

音：luǎn 卵

形：象形。像水草莖葉上附有魚的卵包形。

義：動植物的雌性生殖細胞。

古 卝

屬字 二

毈 [duàn] 本義：卵不育子

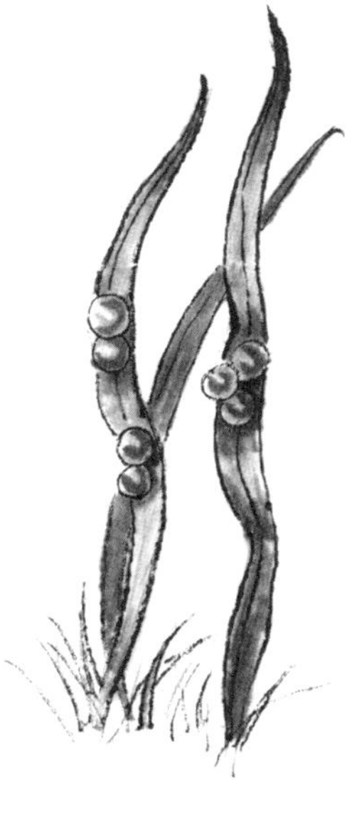

二

二

音：èr 二

形：指事。畫兩道指明是數目二。

義：數字二。引申不忠誠。

甲 二　金 二　篆 二　古 弍

屬字 六

亟　恒　亘　竺

土

土

音：tǔ 土

形：象形。甲骨文。象地上有土塊。土堆形。先民信仰土神。立土為象。

義：土地之神。引申土壤。田地。

甲 

金  

屬字 一三一

地 坤 坡 基 堂

垚

垚

音　yáo　姚

形　會意。從三土重疊。會土高之意。本為燒陶器的窰包。

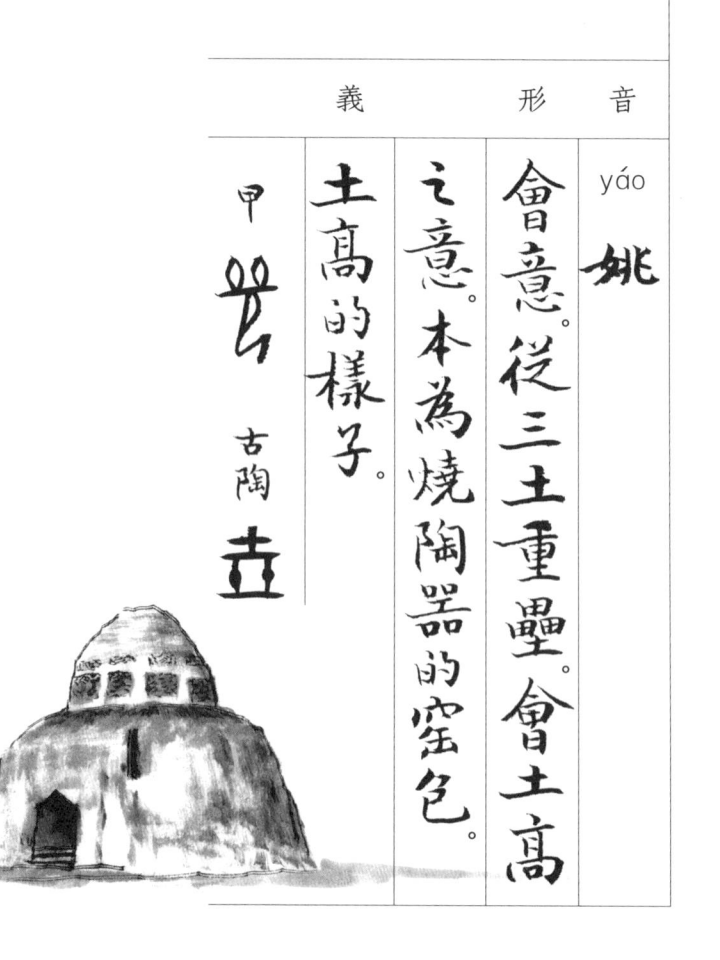

義　土高的樣子。

甲 

古陶 

屬字　二

堯

堇

音：qín 秦

形：會意。甲骨文。像把雙手交縛頭戴枷的人放在火上焚燒狀。

義：艱難。禍患。

甲  金  

屬字 二

艱

里

音 lǐ 里

形 會意。金文。從田從土。會人所聚居之地意。

義 古代村民聚居的地方。引申家鄉。

金

屬字 三

野 釐 [xī] 本義：打麥脫粒，豐收可喜；幸福，吉祥。引申爲治理；微小長度單位，讀[lí]

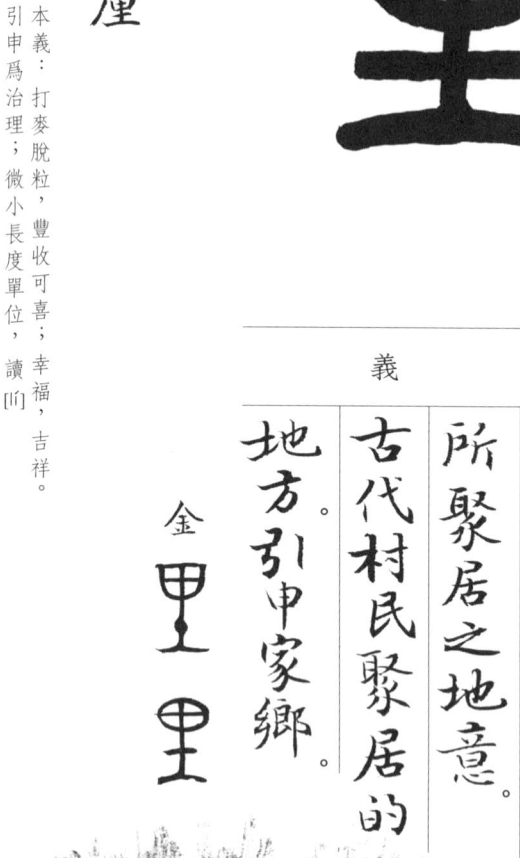

田

音 tián 田

形 象形。像分割整齊的田塊形。

義 耕種的土地。

甲

金

屬字 二九

甸 畿 畔 畜 當

畕

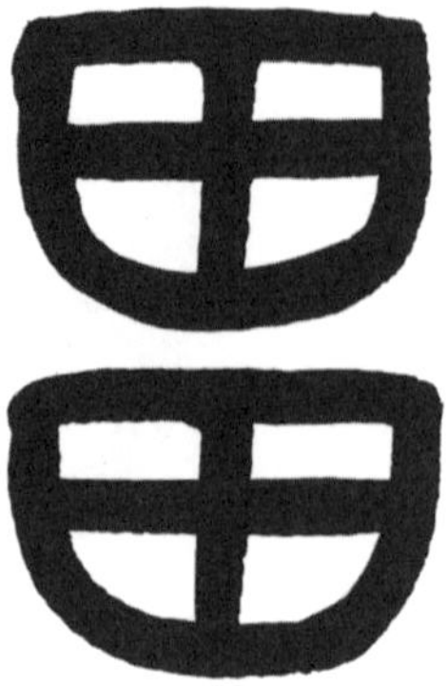

音：江 jiāng

形：會意。甲骨文。是兩田相并聯。

義：表示比鄰。田界。

甲
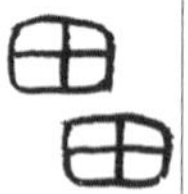

金

屬字 二

畺 [jiāng] 本義：疆界

黃

音	形	義
huáng 黃	形聲。從田（田土屬黃色）。炗（古文光字）為聲。	土地之色。

甲

金

屬字

六

[wěi] 䵋 本義：青黃色

[tiān] 黇 本義：白黃色

[xié] 䵎 本義：鮮明的黃色

男

音：nán 男

形：會意。從田。從力（耒）。用耒耕田。

義：會男子之意。男子。引申兒子。

甲 

金 

屬字 三

舅 甥

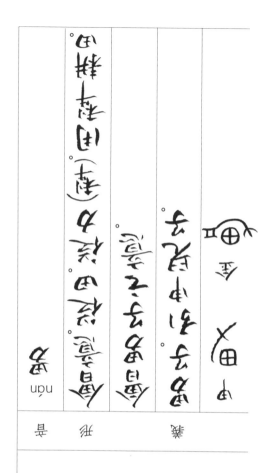

力

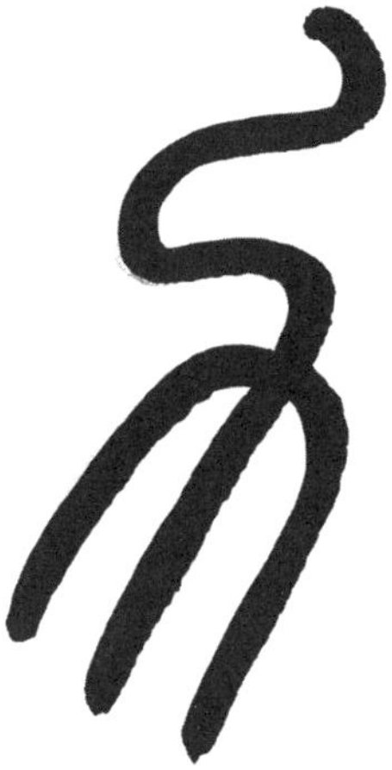

音	形	義
ㄌㄧˋ 力	象形。甲骨文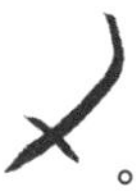。像犁地的耒形。	耒。耕地的農具。引申肌肉效能。

甲 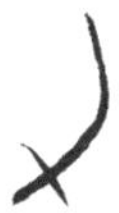

金 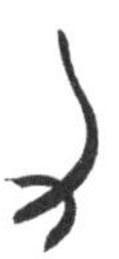

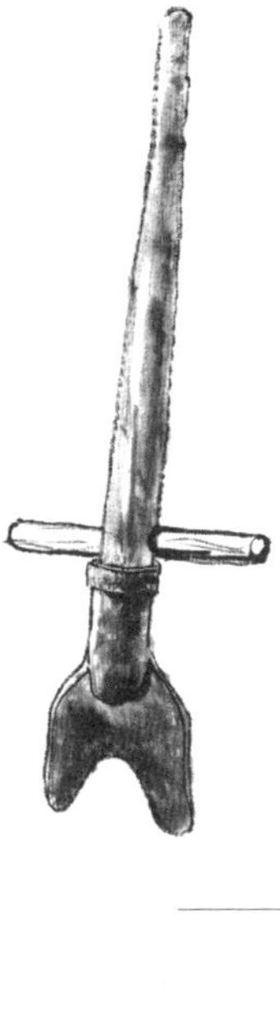

四〇 屬字

功 助 務 勉 加

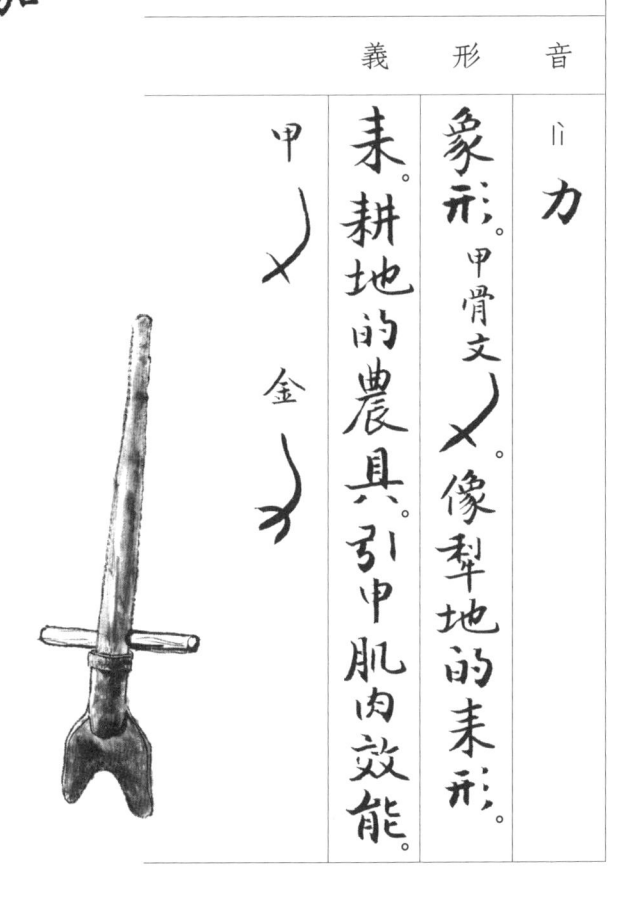

劦

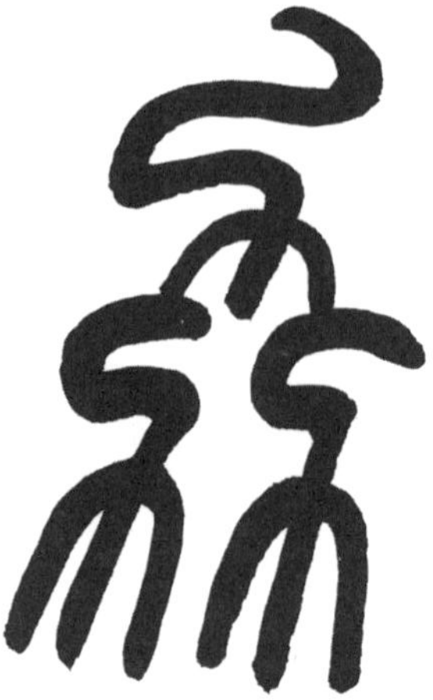

音	形	義
xié 協	會意。甲骨文 。像三耒并耕。	會合力同耕。并耕引申合力。同力。

甲 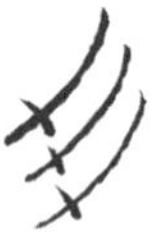

金 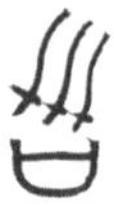

屬字 四

協 勰

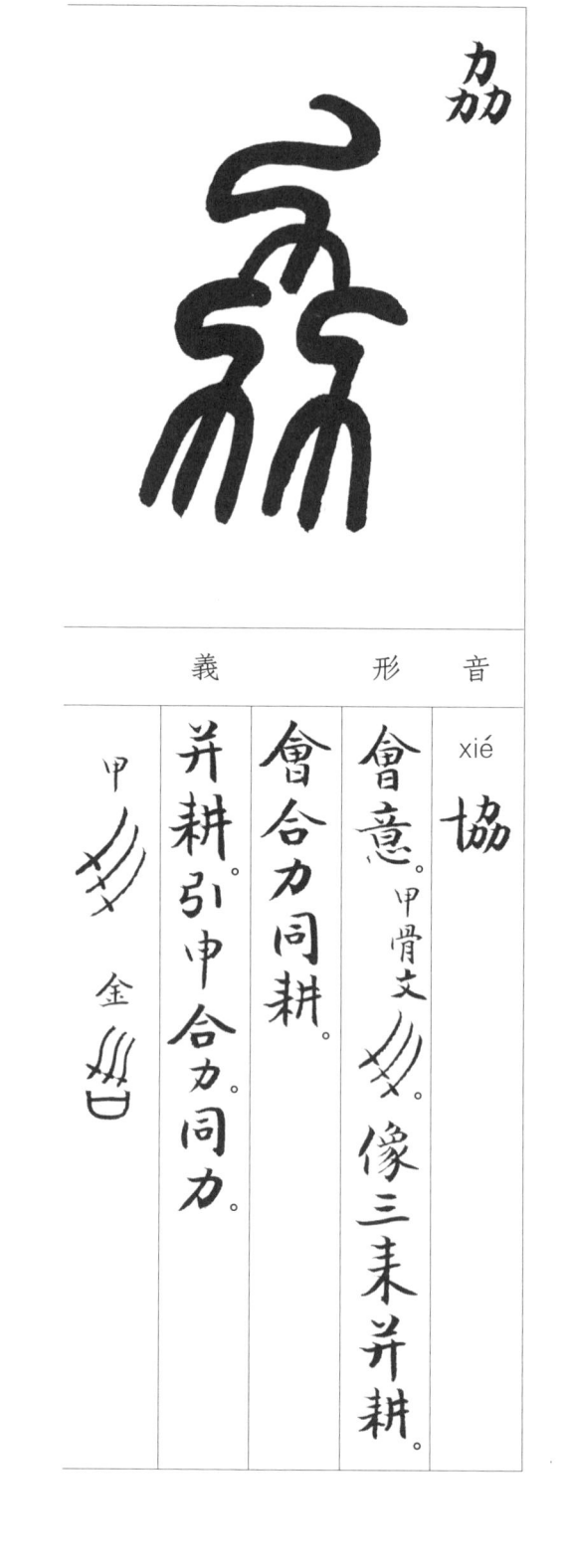

金

音	形	義
jīn 金	會意兼形聲。篆文金。從土（土中含金）。今（今為聲）。	銅。引申泛指金屬。又特指黃金。

金

屬字 一九七

銀 鍾 錯 錢 鑾

幵

幵

音 jiān 尖

形 象形。像兩根并列的簪子。

義 盤髮用的簪子。

篆 幵

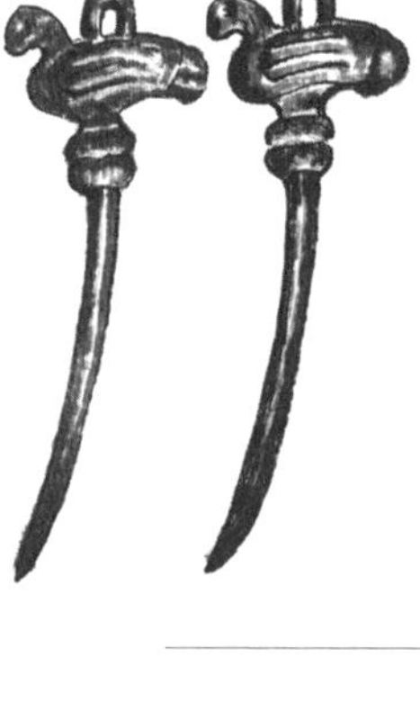

屬字 一

勺

屬字 与 [yǔ] 本義：賜給

二

音	zhuó 卓
形	象形。金文。像用勺舀物形。為勺形。•表挹取之物。
義	用器具舀取。又指舀物器具（讀[sháo]）。

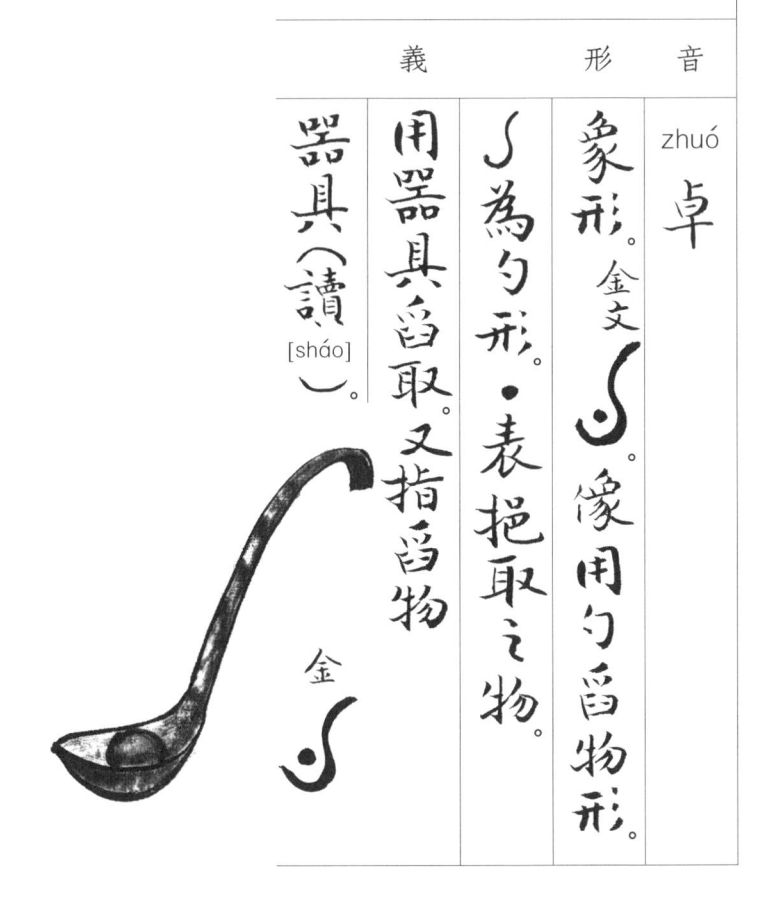

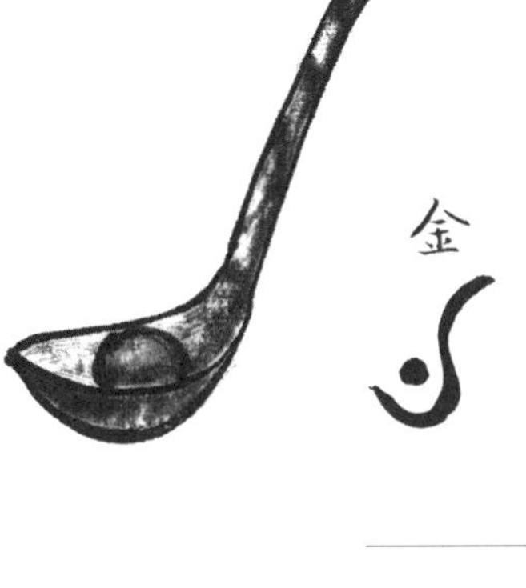

金

几

音	形	義
jī 几	象形。像古人席地而坐時供老人	倚靠的器具。矮桌。引申擱東西的小桌。

古璽

金

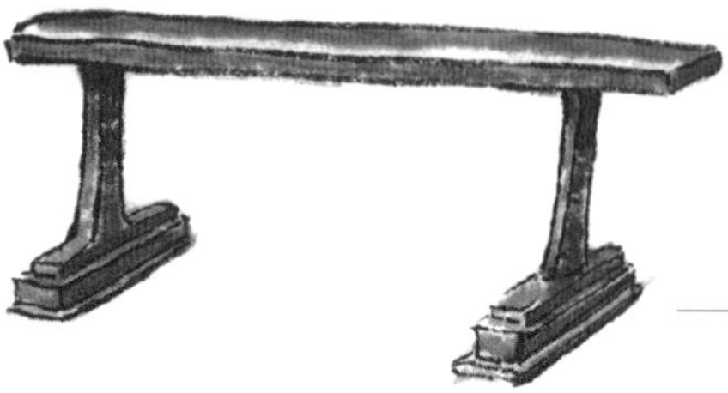

屬字

四

凭 尻 [jū] 本義：止息

処 [chǔ] 本義：止息

且

音	jū 居
形	象形。甲骨文。像雄性生殖器。是先民生殖崇拜的體現。
義	雄性生殖器（讀[jū]）。暫時。即使（讀[qiě]）。

甲  金  

屬字 三

組

 [zù] 本義：姑且匆匆而往

斤

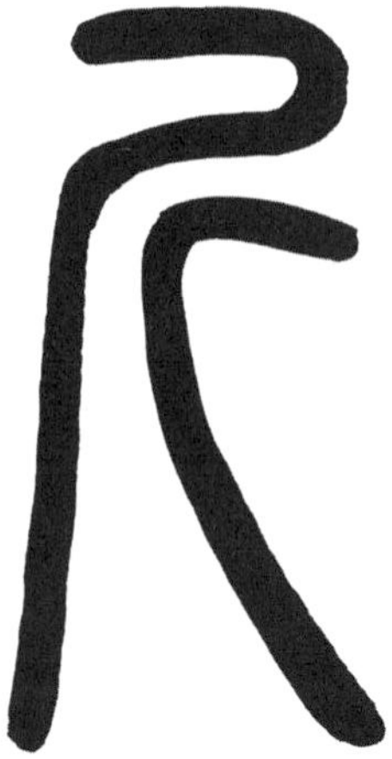

音　jīn　斤

形　象形。甲骨文。像橫刃錛斧形。

義　砍木頭的橫刃錛斧。

甲

金

屬字　一五

斧　所　斯　新

斗

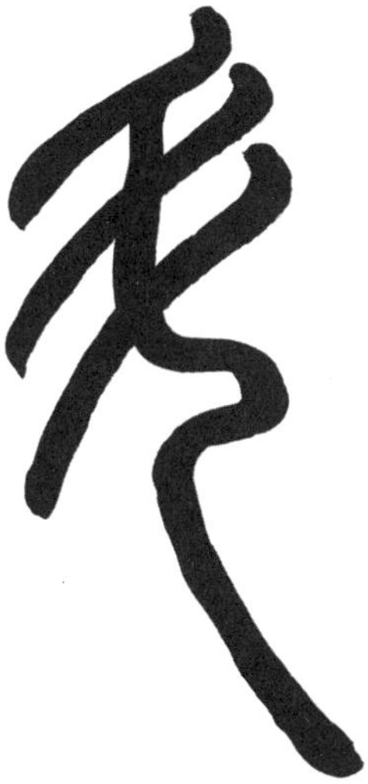

音	dǒu 斗
形	象形。甲骨文 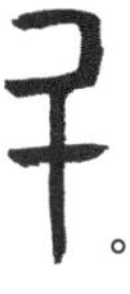。像帶把舀酒的勺子形。
義	舀酒勺。引申為量器。甲 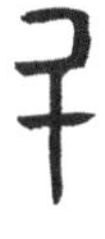 金 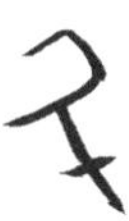

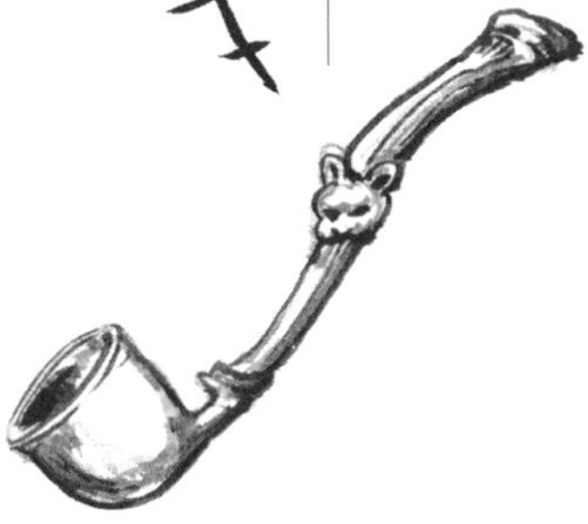

一七 屬字

斛 料 魁 斟 斜

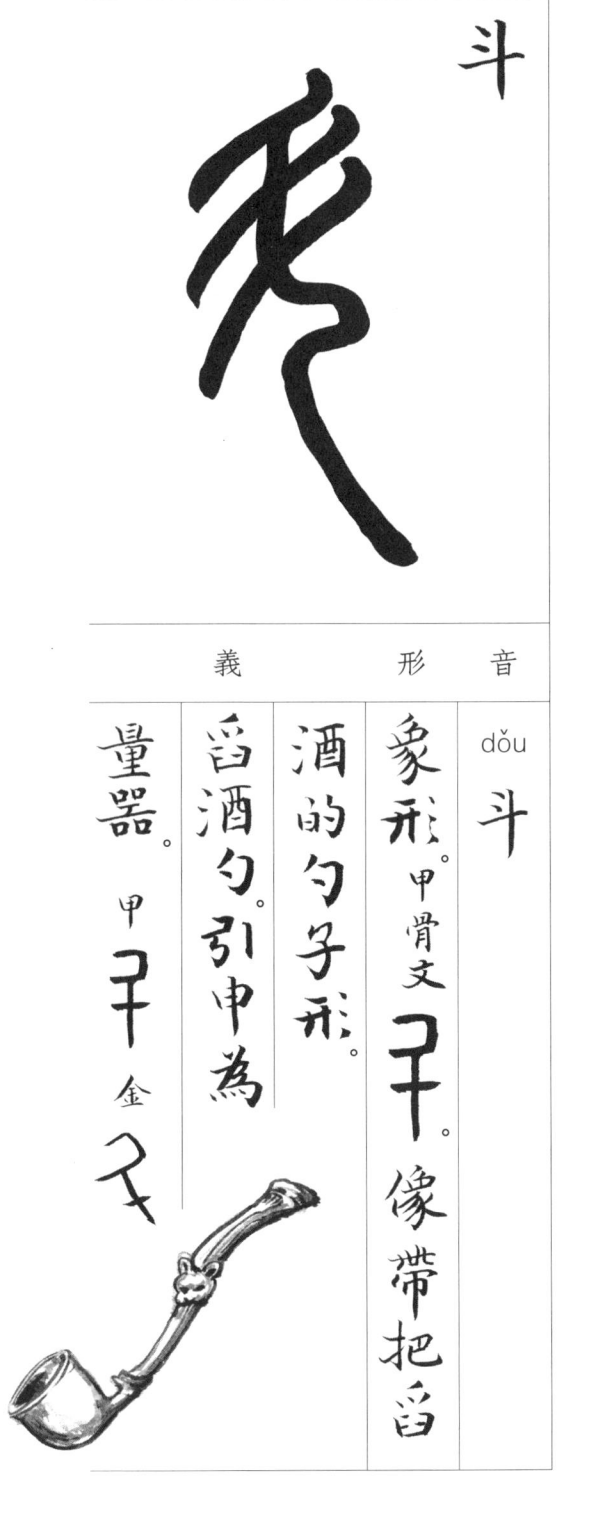

矛

音：矛 máo

形：象形。金 。像古代兵器長矛形。上為鋒。中為身和環鈕。

義：古代直刺兵器。金 

屬字 六

矜 [jīn] 本義：矛的把

𥎦 [láng] 本義：一種矛

鈕 [niǔ] 本義：刺

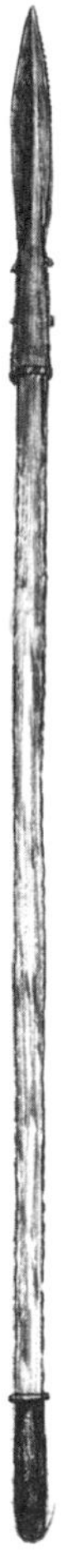

車

車

音：chē 車

形：象形。甲骨文。像車廂車輪轅軛俱全的車形。

義：車子。

甲  金 

屬字 九九

載 軍 軌 轉 輔

𠂤

音：duī 堆

形：象形。甲骨文。像還沒有上緊弦而待用的弓形。

義：沒上緊弦的弓。也表駐扎和小土堆。

甲  金 

屬字 官

三

𨸏

音：fù 阜

形：象形。甲骨文。像地穴墻上挖出供上下用的脚窩形。或山崖石磴。

義：在穴壁上挖的脚窩。引申土山旺盛。

甲  金 

九二

屬字

陵 陽 阿 陜 院

𨺅

音	形	義
fù 復	會意。從二阜（地穴壁上的脚窩）。	表示狹窄的地穴過道。 狹窄的地穴過道。

屬字 四

䦉 [jué] 本義：山陵被鑿穿

厽

音	形	義
lěi 畾	象形。篆文厽。像三個土塊摞起來。表示纍土爲牆。	纍土塊爲墻。 篆 厽

屬字 三

坴 絫 [lěi] 本義：積纍。同「累」。

四

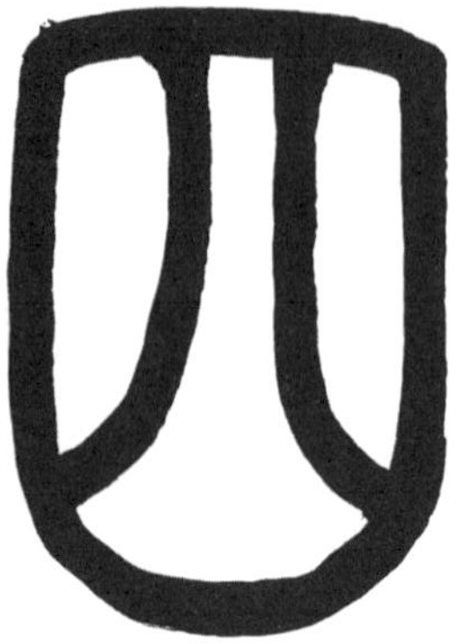

音：sì 四

形：象形。金文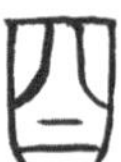。像口上有鼻孔形。表示喘息之義。

義：喘息。假借作數詞。

甲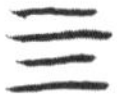 金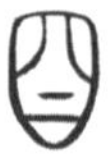 古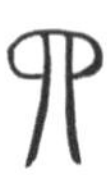

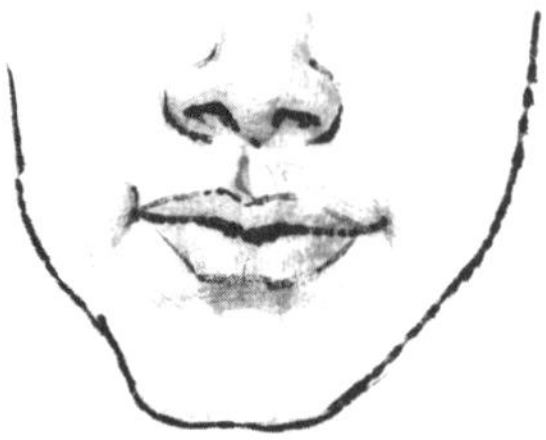

屬字：一

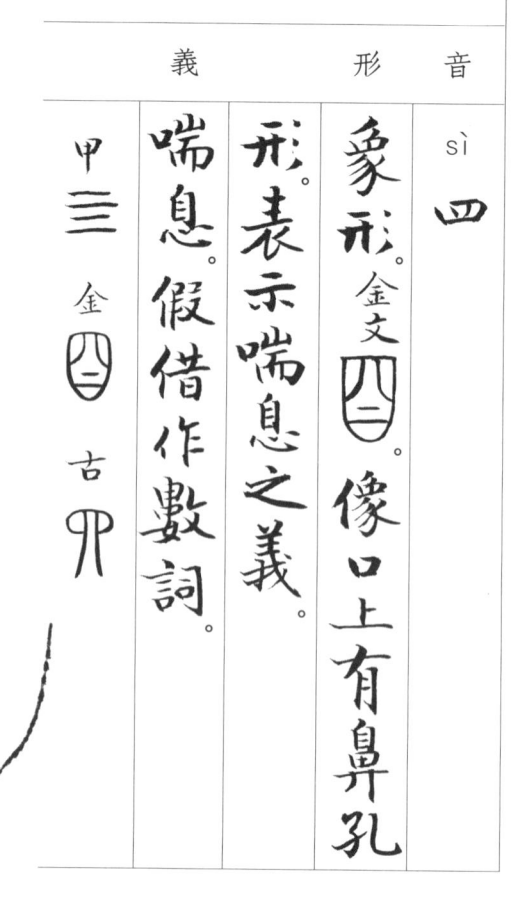

屬字 二

𡦹 [zhǔ]

本義：盛米的器物

宁(貯)

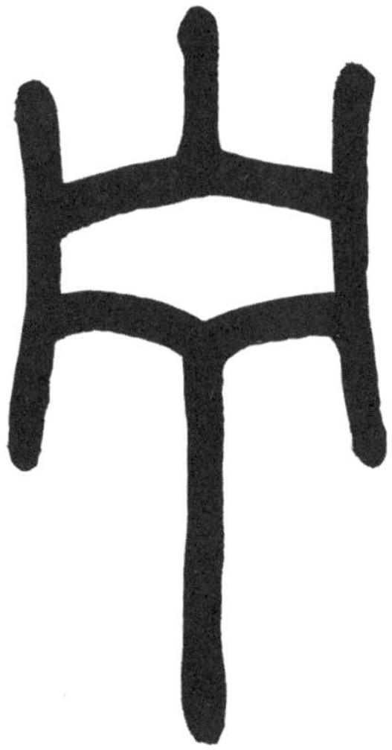

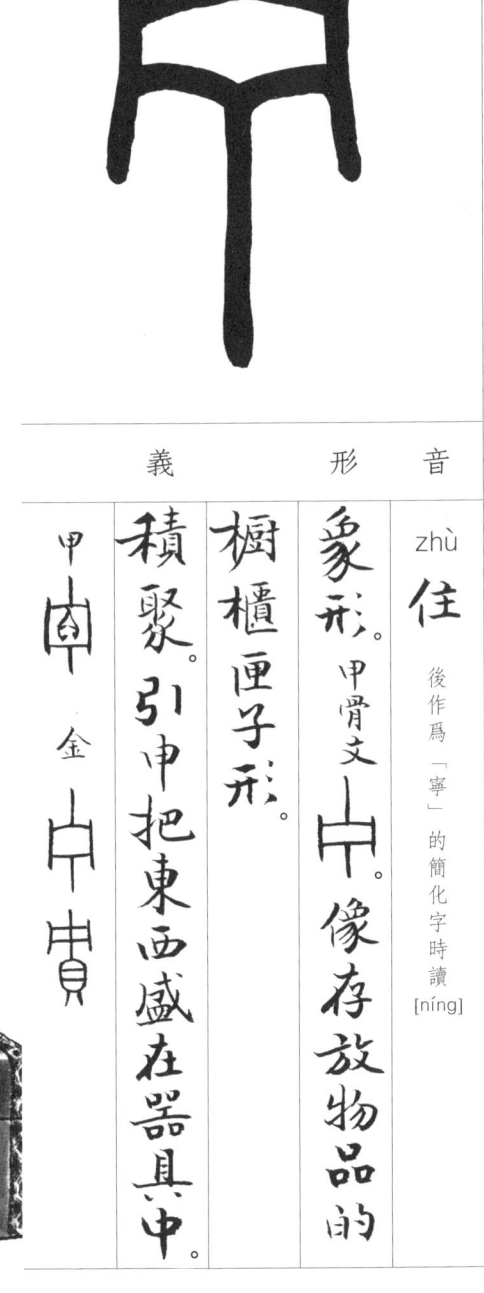

音 zhù 住 後作爲「寧」的簡化字時讀[níng]

形 象形。甲骨文。像存放物品的櫥櫃匣子形。

義 積聚。引申把東西盛在器具中。

甲  金  

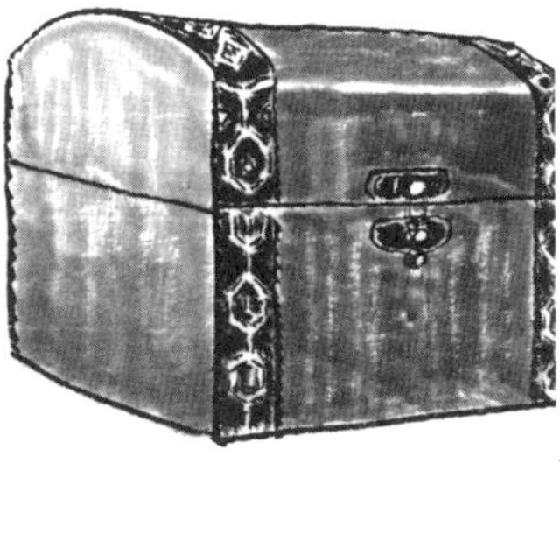

叕

音：zhuó 卓

形：象形。像幾段短繩互相交絡連接形。表示連綴之義。楷書寫作叕。成了四叉(手)相聯。

秦簡

義：連綴。

屬字 二

綴

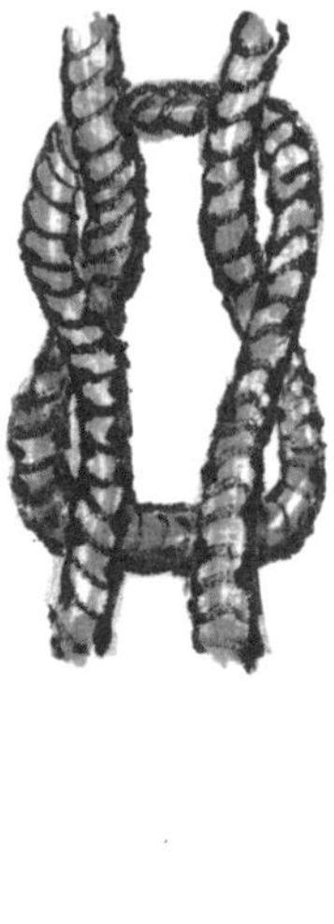

亞

音：yà 亞

形：象形。像古代聚族而居的一組。

義：大型建築的平面圖形。

大型建築平面圖。又指較差的。

甲

金

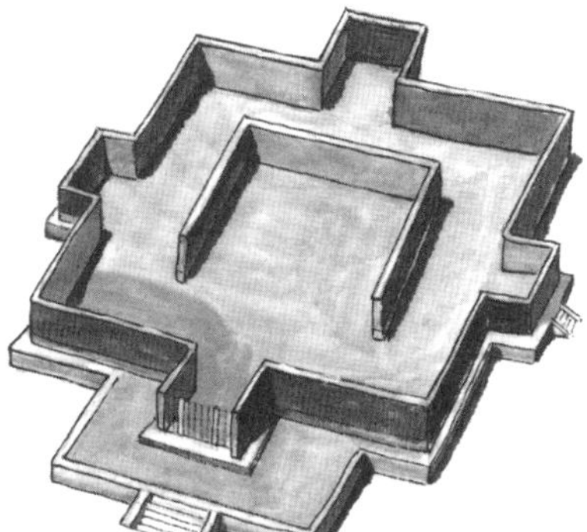

屬字 二

⿱亞日 [yà] 本義：姓氏

屬字 一

五

音 wǔ 五

形 象形。像兩個籌碼交叉。上下各加一橫，籌碼。以突出交錯之意。

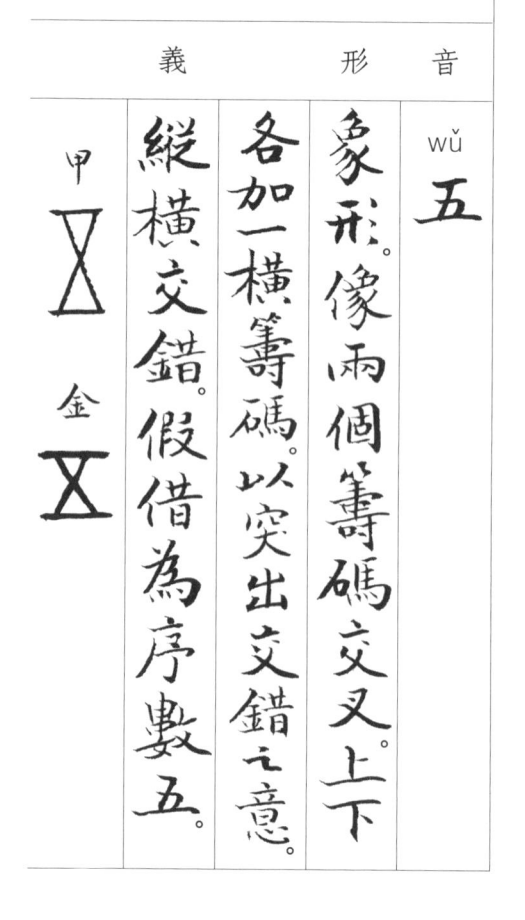

義 縱橫交錯。假借為序數五。

甲

金

六

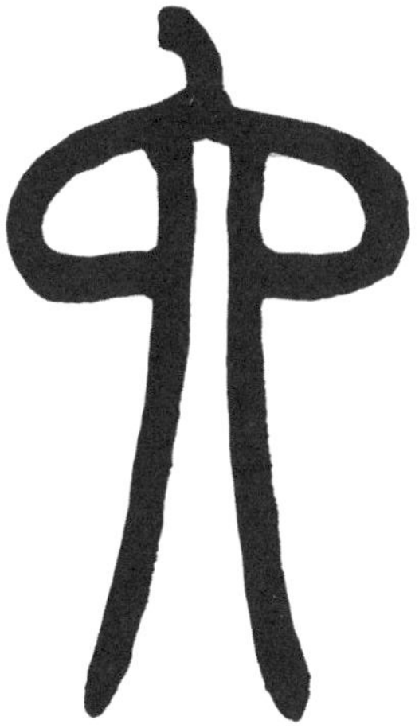

音	六 liù
形	象形。金文 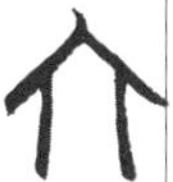。像原始簡易圓形茅廬形。
義	茅廬。假借序數六。

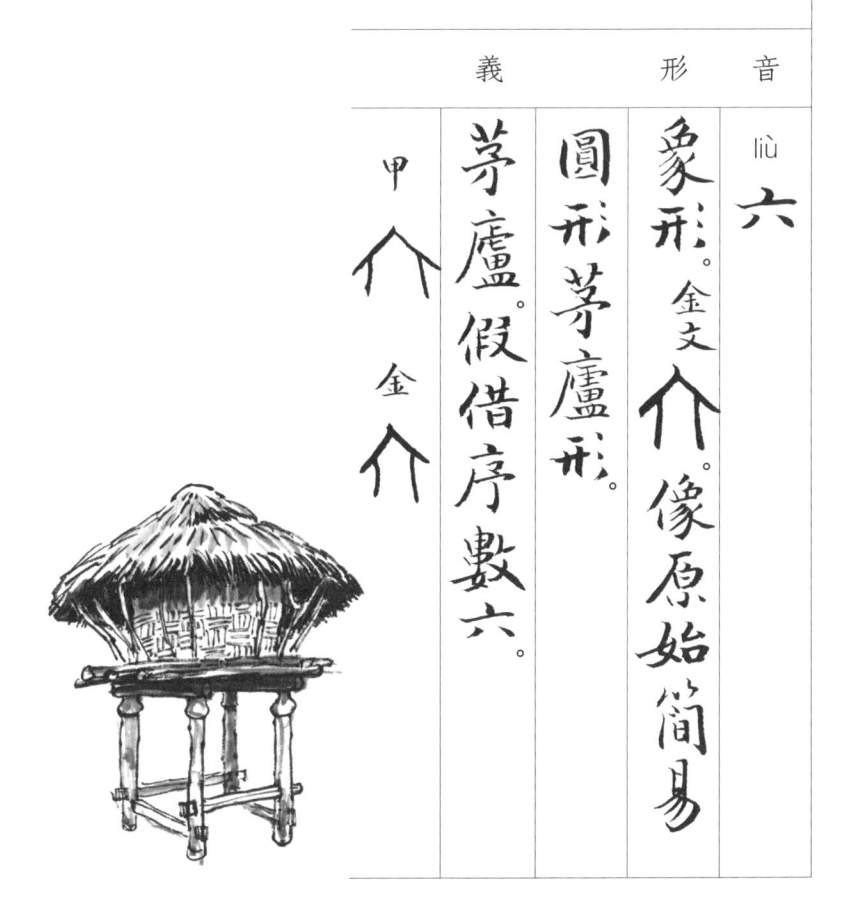

甲 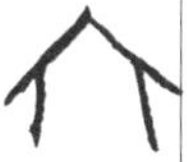 金 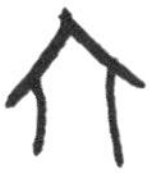

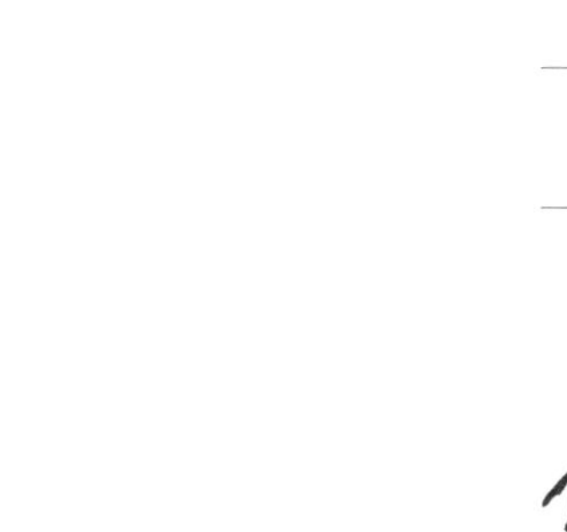

說文卷一四

屬字

一

屬字 一

七

音 qī 七

形 指事。在一根棍棒上加一長横。

表示從這裏將棍棒切開。

義 切斷。假借為序數七。

甲 十　金 十

九

音：jiǔ 九

形：指事。甲骨文。是在獸類尾巴根處加一丿。表示根部。

義：尾巴根。假借序數九。

甲　金

屬字　二

馗

禸

音	形	義
róu 柔	象形。金文  像叉住一爬蟲形。身尾在地上翻動蹂地之義。	獸足反復踐踏地。

甲 

金 

屬字

萬 禹 禽 离 [xiè] 本義：蟲名

七

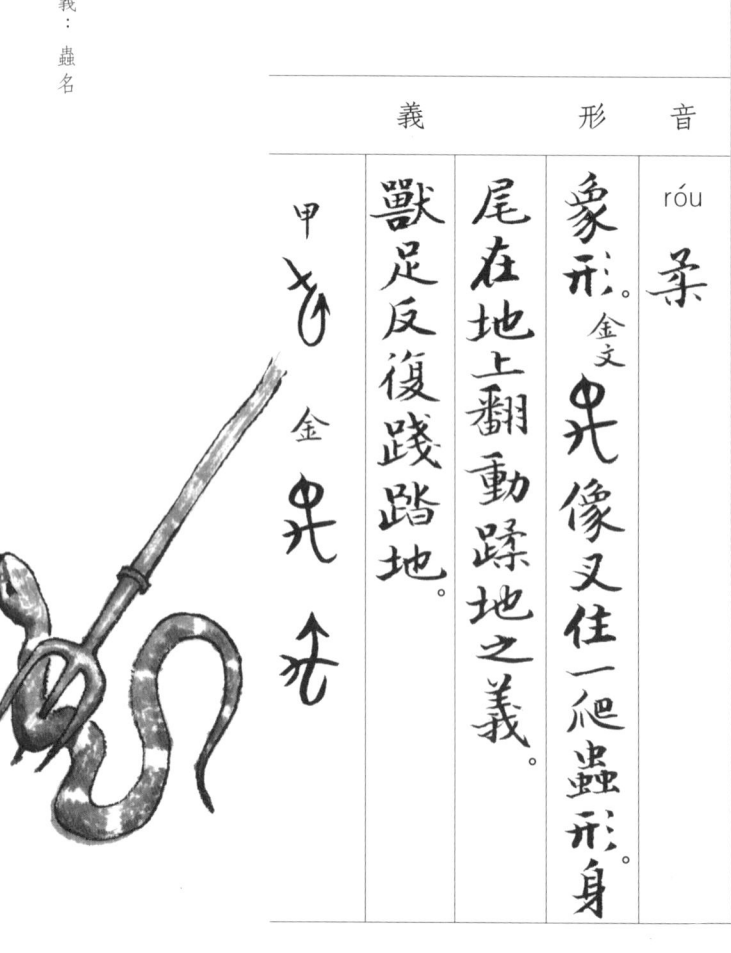

屬字 二

獸

嘼

音 chù 觸

形 會意。甲骨文。從單（獵叉）。從犬。會帶着獵叉和犬狩獵之意。

義 狩獵。牲畜。

甲  金 

屬字 一

甲

音 jiǎ 甲

形 象形。甲骨文⊞。像植物果實成熟時外殼十字裂紋形。

義 植物籽實的外殼。動物身上的鱗片。天干第一位。甲十⊞金⊞甲

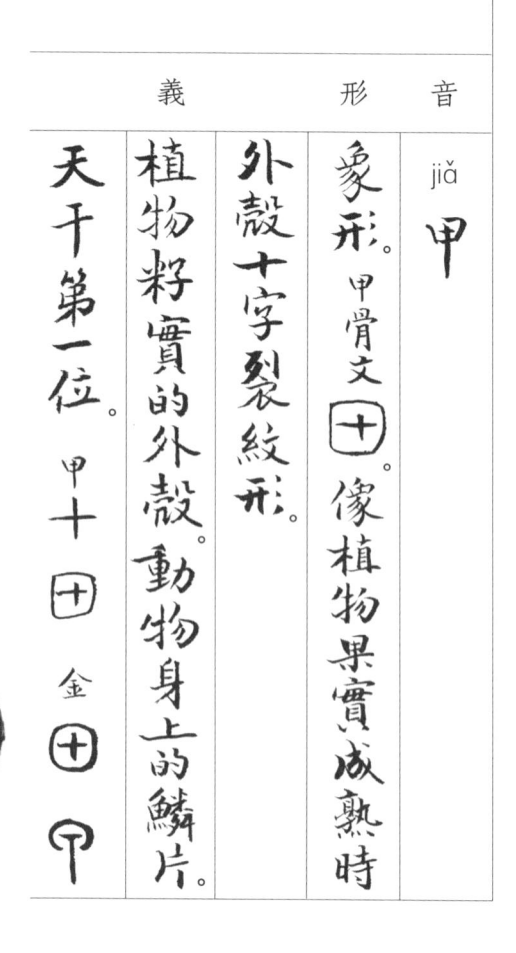

乙

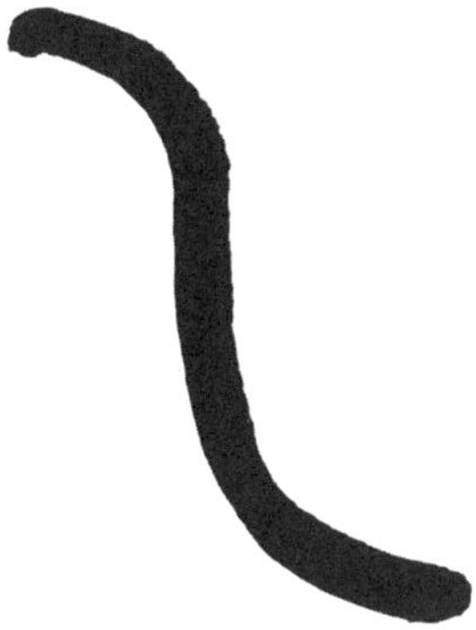

屬字 四

乾 亂 尤

音	形	義
yǐ 乙	象形。像植物破土而出時的萌芽形。	植物屈曲萌芽。天干第二位。

甲 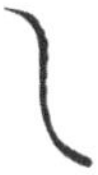

金 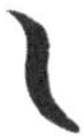

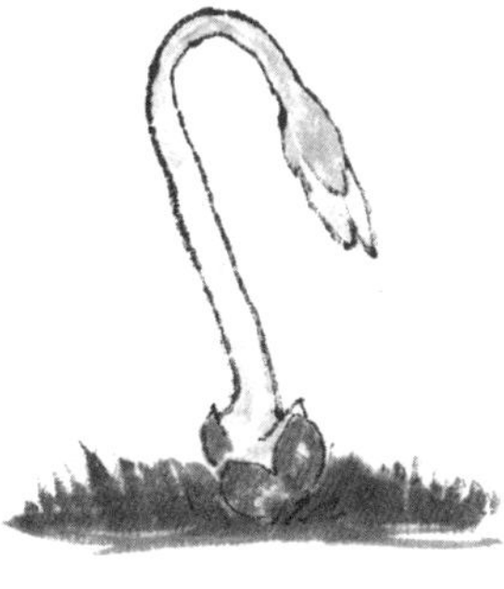

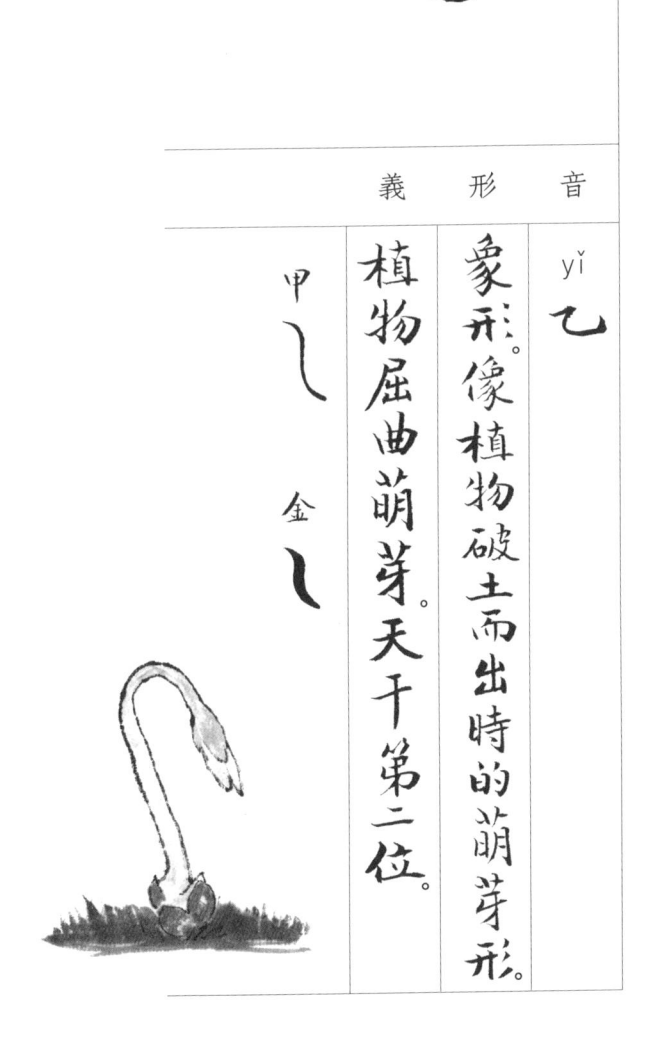

丙

音：bǐng 丙

形：象形。甲骨文像古代烙餅的鏊子形，即餅鐺。

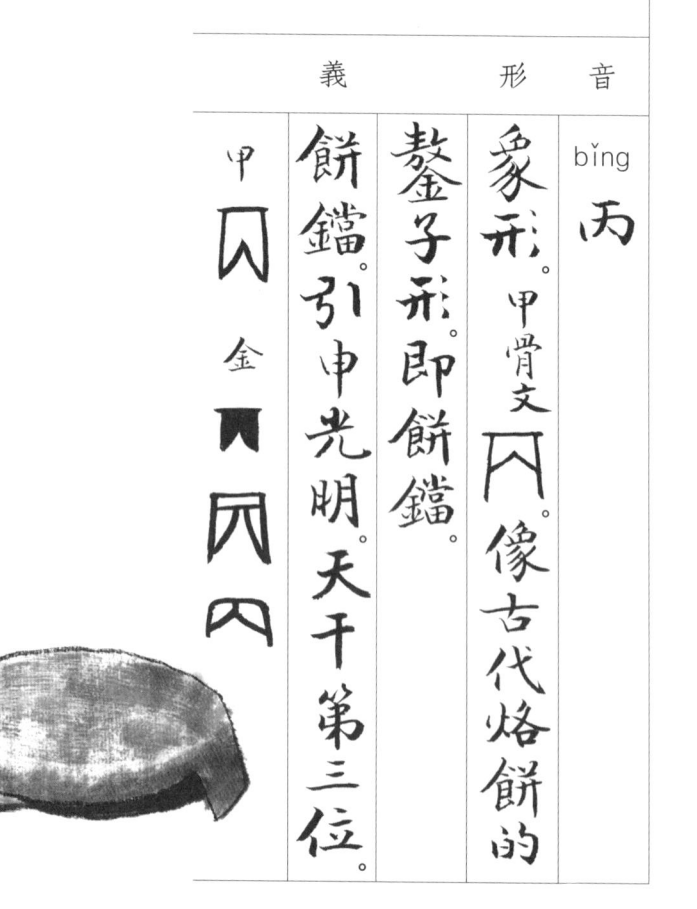

義：餅鐺。引申光明。天干第三位。

甲  金 

屬字 一

丁

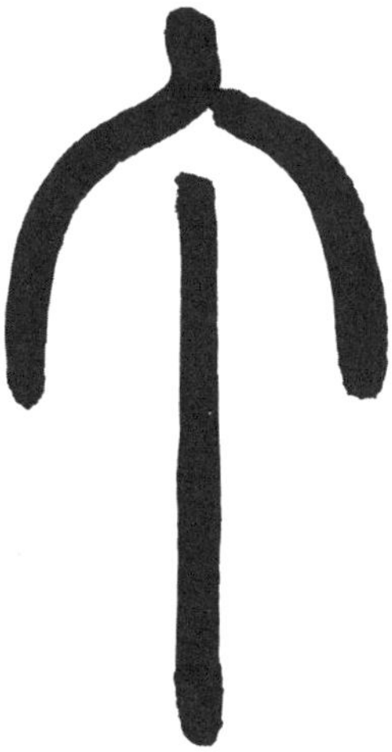

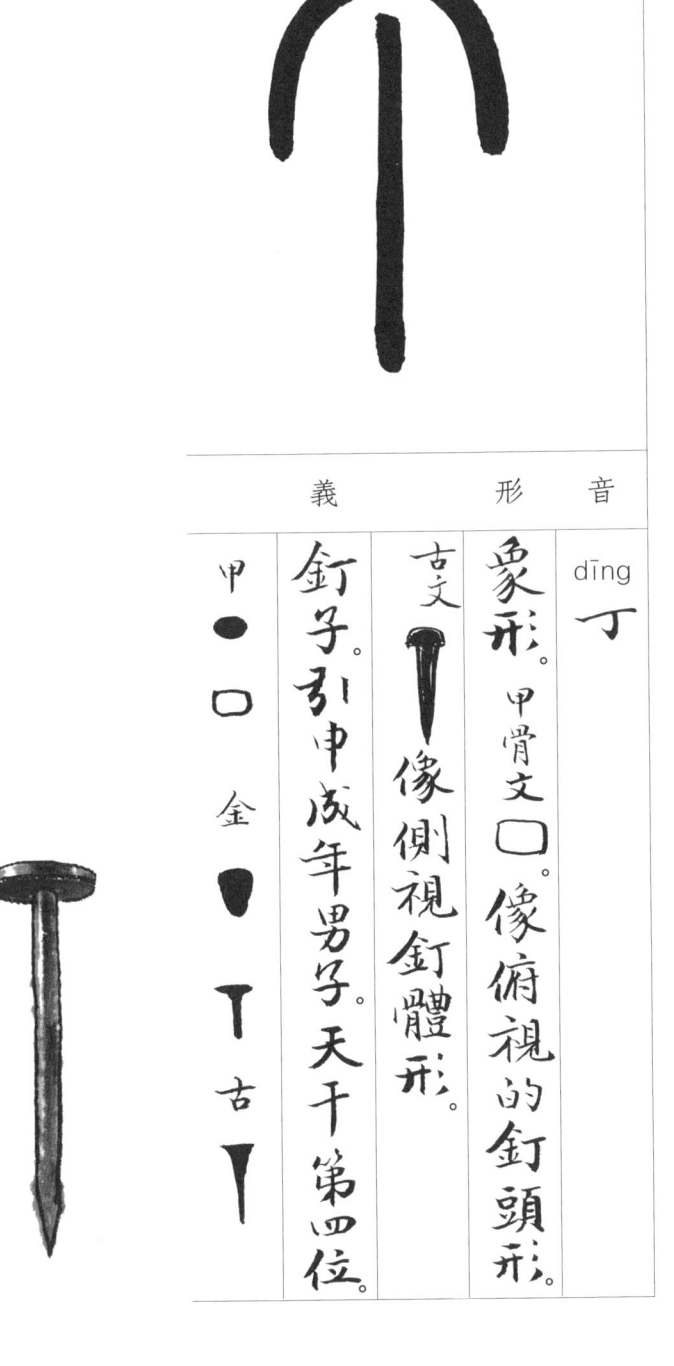

音	dīng 丁
形	象形。甲骨文□。像俯視的釘頭形。古文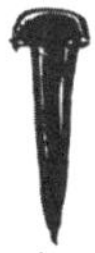像側視釘體形。
義	釘子。引申成年男子。天干第四位。

甲  金  古 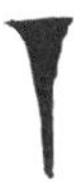

屬字

一

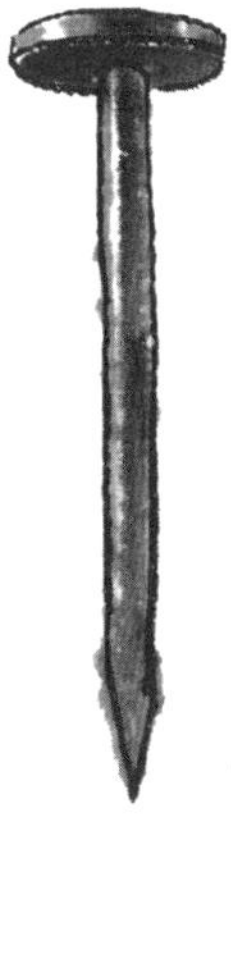

戊

音	wù 戊
形	象形。甲骨文 。像一種狹長有肩的斧子形。
義	斧鉞等一類兵器。天干第五位。

甲  金 

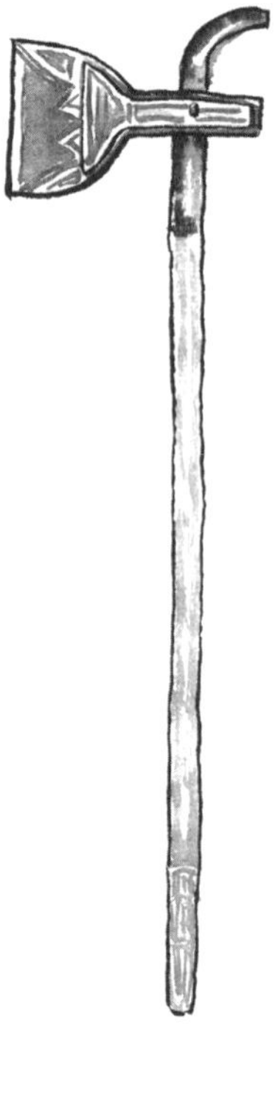

屬字 二 戍

己

己

音	形	義
jǐ 己	象形。甲骨文己。像來回交錯穿插如繩索纏繞之形。	約束絲縷的繩。天干第六位。

甲 己 己　金 己

屬字　三

巹 [jǐn] 本義：小心恭謹地奉承別人

㠱 [jì] 本義：盤起腿坐着

巴

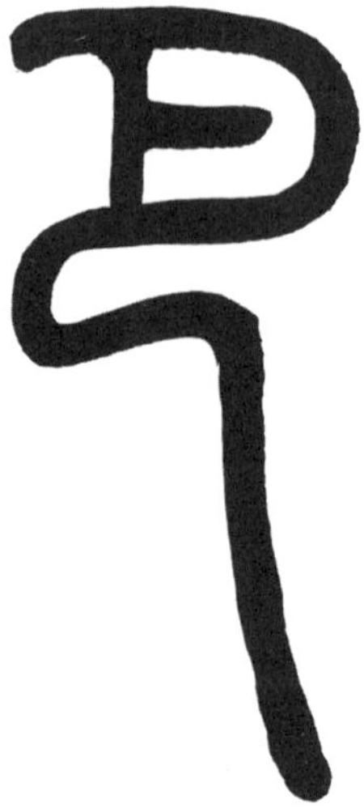

音 bā 巴

形 象形。像張大嘴的蛇形。

義 古代傳說一種大蛇。引申緊貼着黏貼。重慶一帶。

屬字 二

⿰帚巴 [bǎ] 本義：反手擊物

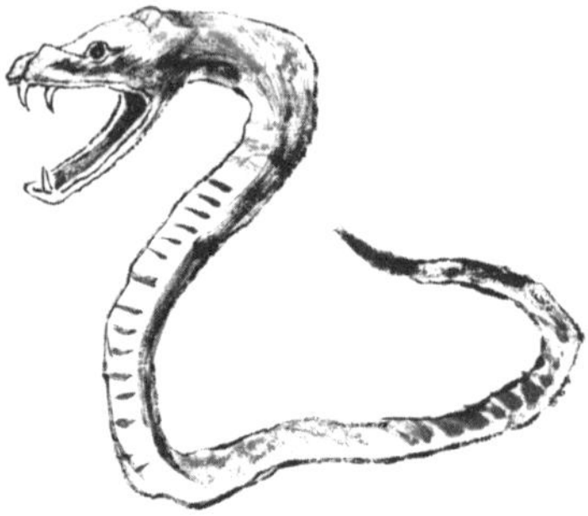

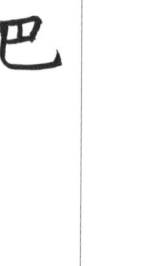

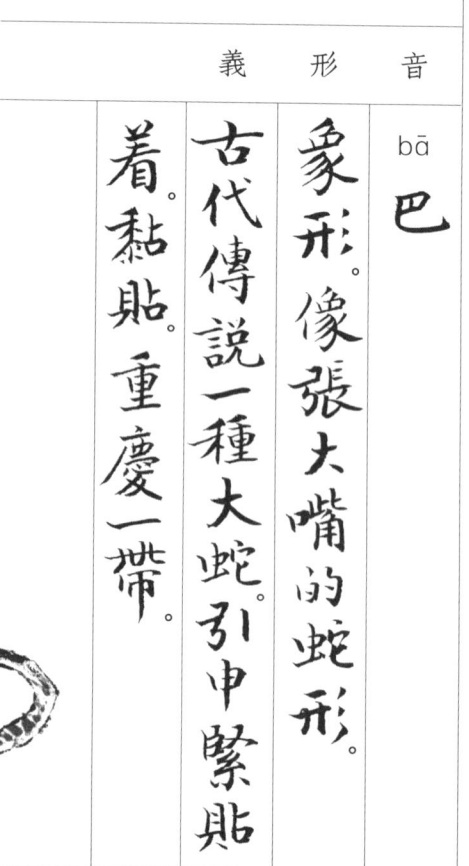

屬字
一

庚

音	形	義
gēng 庚	象形。甲骨文。像有把的摇鈴一類的樂器。	摇動發聲的響鈴。天干第七位。

甲  金 

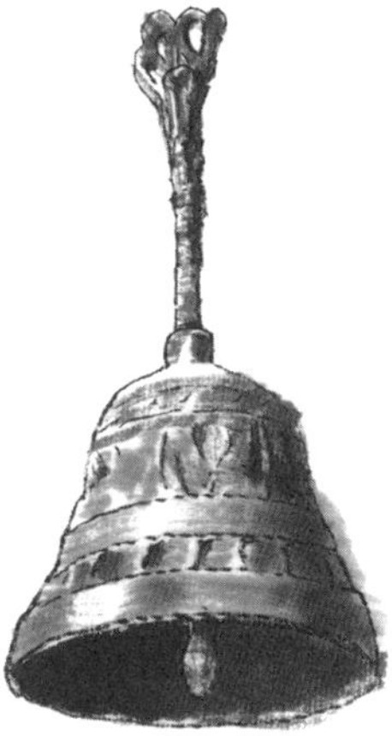

辛

音	辛 xīn
形	象形。甲骨文。像鑿鏨一類工具。
義	鑿鏨一類的工具。天干第八位。

甲 金

屬字

辠 [zuì] 本義：觸犯法律。同「罪」

辜

辭

六

辡

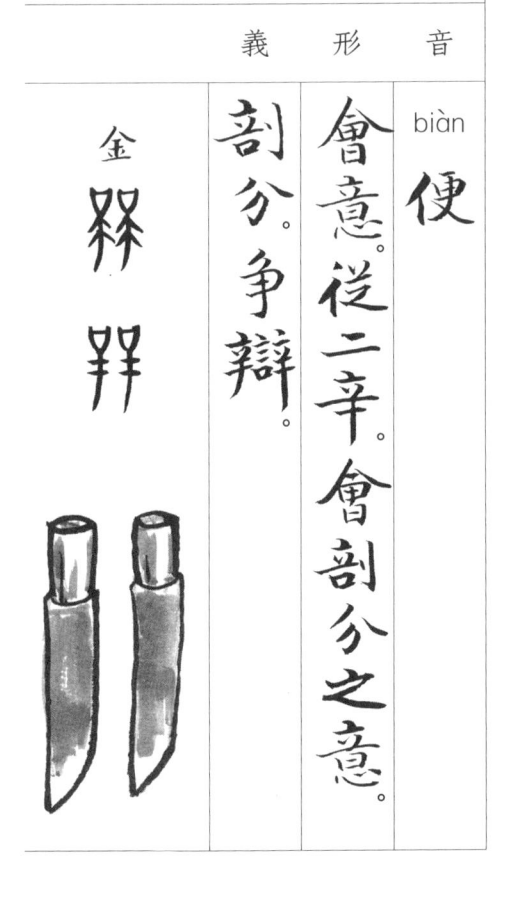

音	形	義
biàn 便	會意。從二辛。會剖分之意。	剖分。爭辯。

金

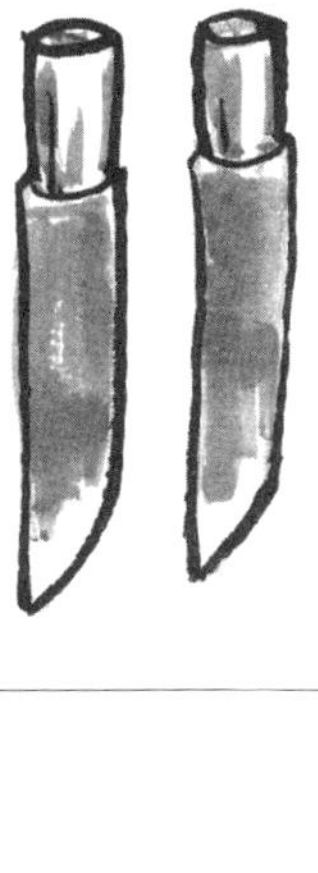

屬字 二

辯

壬

音 rén 壬

形 象形。金文。像古代織布機的機件即筘。

義 持經綫之筘。天干第九位。

甲  金 

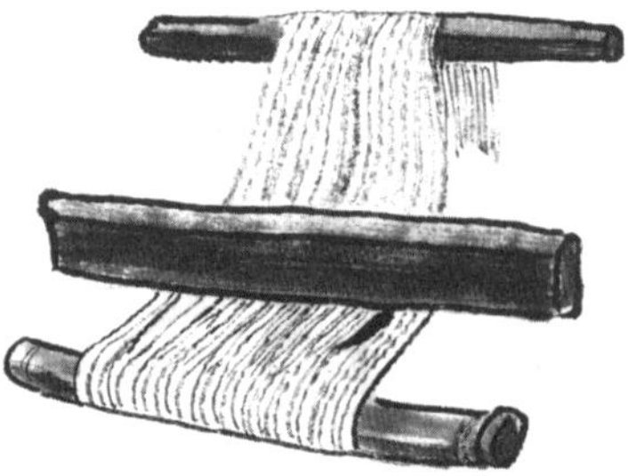

屬字 一

癸

音：guǐ 癸

形：象形。甲骨文X。像兩根木棍交叉形。是古代測量工具。似兩脚規。

義：丈量土地。天干第十位。

甲 金 籀

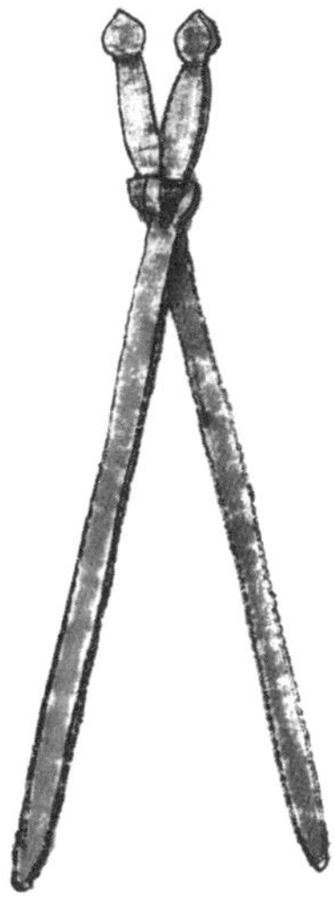

屬字 一

子

音	形	義
zǐ 子	象形。甲骨文。像有頭髮、囟門和身子的嬰兒形。	嬰兒。引申男子美稱。地支第一位。 甲 金 古

一五 屬字

孕 字 孤 孟 存

了

音：liǎo 了

形：象形。篆文像小孩兩臂兩足皆捆縛于襁褓之中。表收束之意。

義：收束。引申結束。明白。

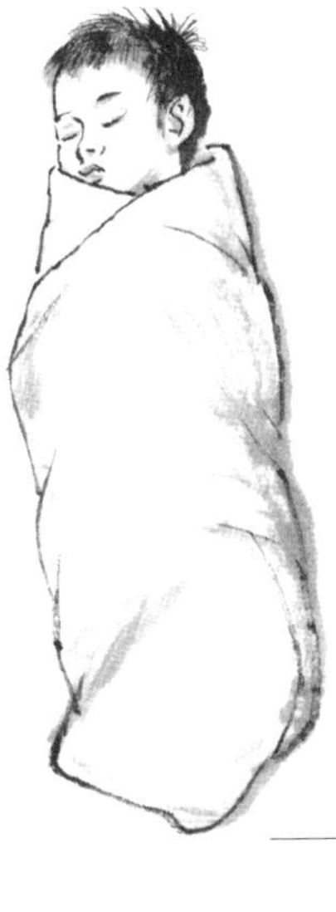

屬字 三

孑 [jié] 本義：沒有左手臂

孓 [jué] 本義：沒有右手臂

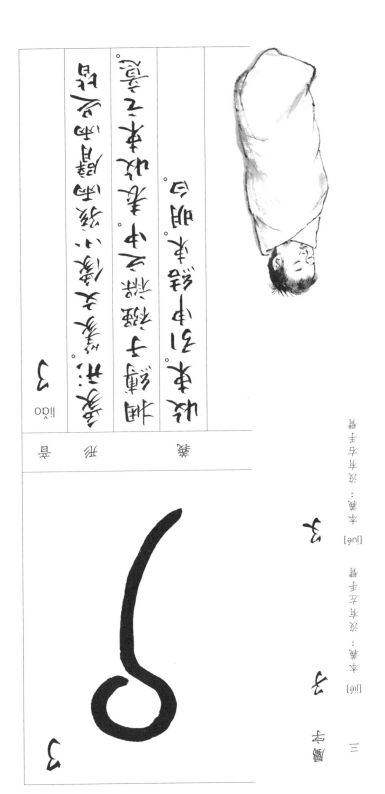

孨

音	形	義
zhuǎn 轉	會意。篆文從三子。會羣皃之意。	羣皃。引申弱小。聚集的樣子。

屬字 三

孱 [chán]

本義：狹窄

𠫓

音：tū 突

形：象形。倒子形。像小孩剛剛生出。

義：孩子忽地一下生出來。引申忽然出現。

甲  金 

屬字 三

育 疏

丑

屬字 三

羞

音	形	義
chǒu 丑	象形。甲骨文。像手指鈎曲用力揪物形。金文加一豎代物。	揪扭。地支第二位。

甲  金 

寅

音：yín 寅

形：會意。甲骨文。從矢。從口（箭函）。會從函中取出箭之意。後箭頭訛為寶蓋。將口（函）訛為臼（雙手）。

義：從箭匣中取箭。地支第三位。

甲 金

卯

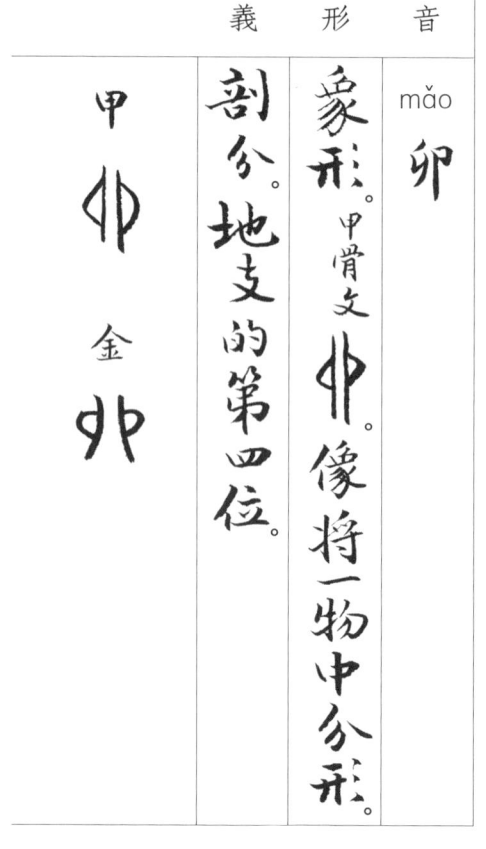

音	形	義
mǎo 卯	象形。甲骨文。像將一物中分形。	剖分。地支的第四位。

甲

金

屬字 一

辰

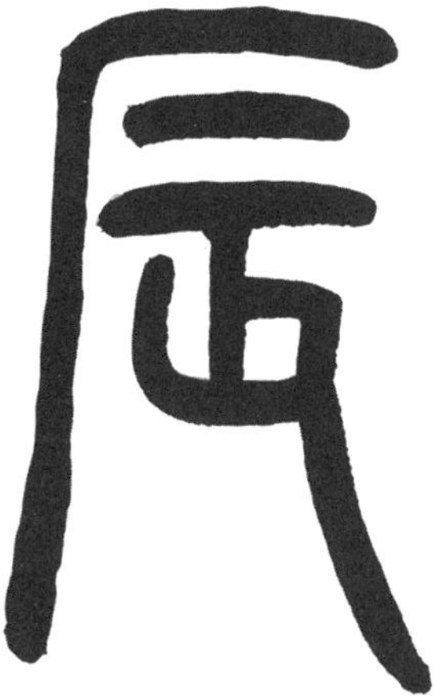

音	形	義
chén 辰	象形。甲骨文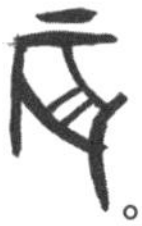。像寬刃的除草農具形。	清除草木的農具。假借地支第五位。

甲 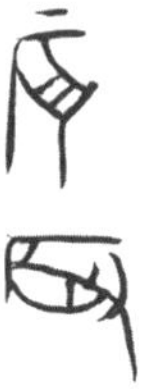

金 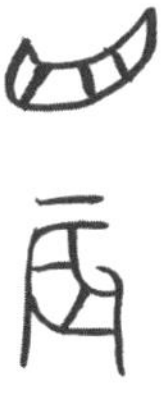

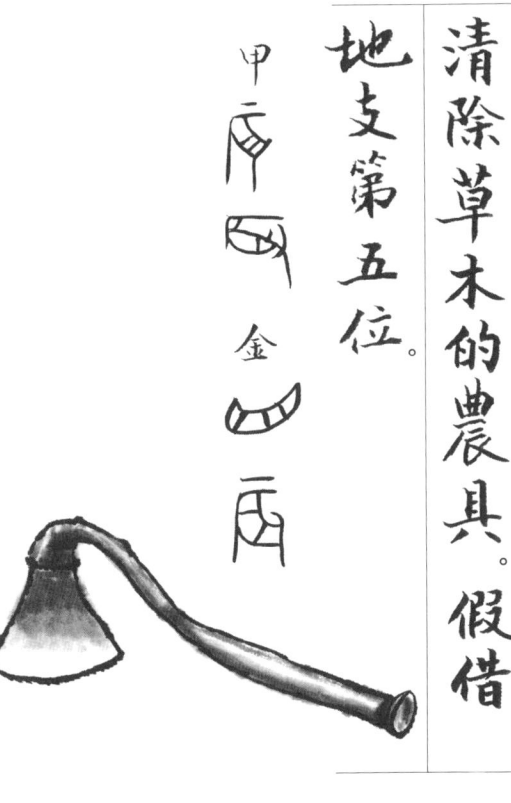

屬字 二

辱

巳

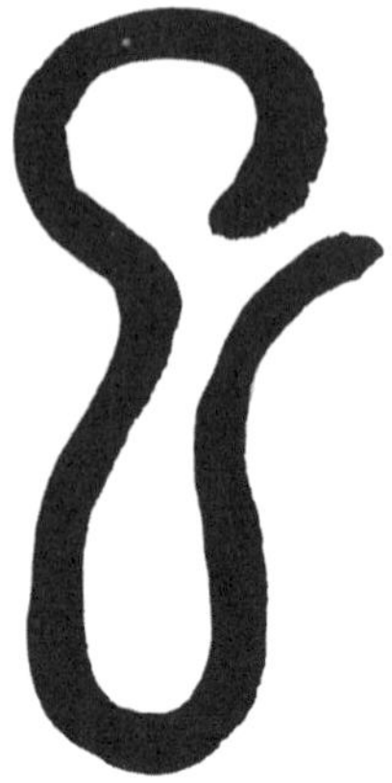

音	sì 巳
形	象形。甲骨文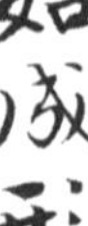。像始成形的胎兒形。
義	胎兒。後假借為地支第六位。

甲  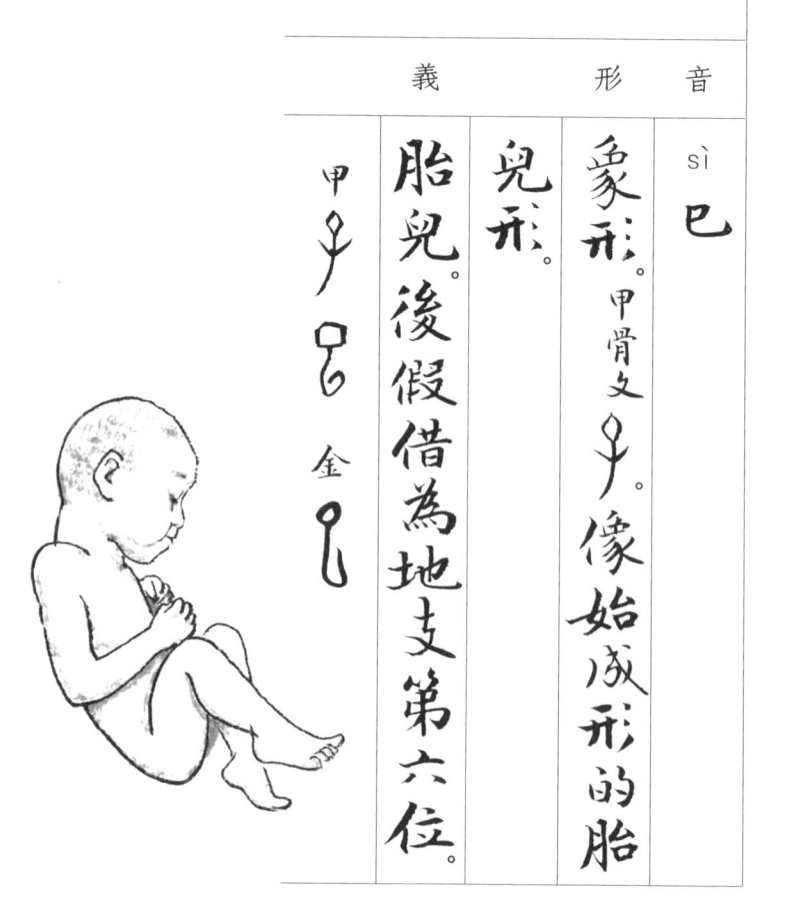

金 

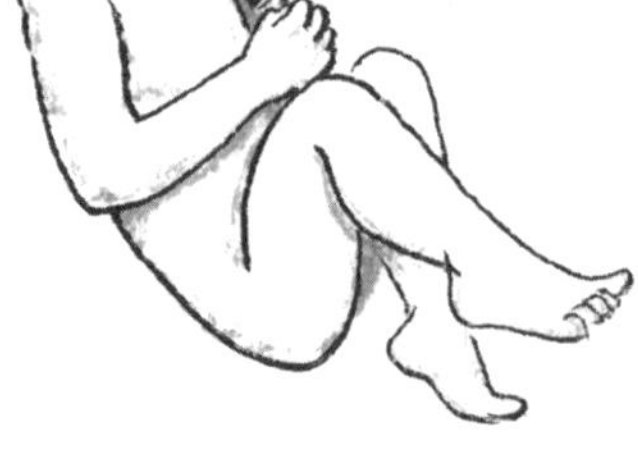

屬字

二 已 [yǐ] 本義：以（反「巳」形）

午

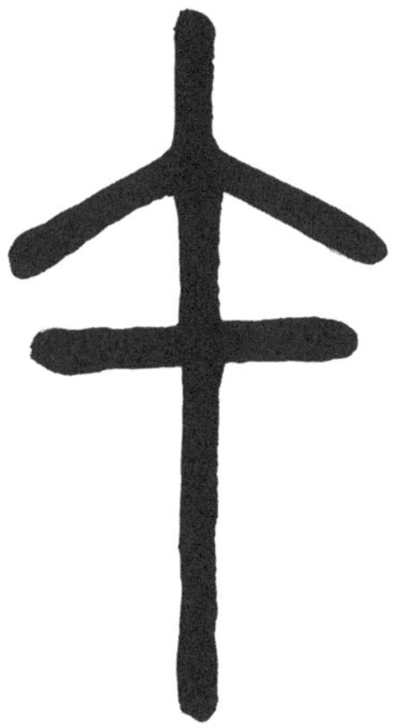

音	wǔ 午
形	象形。甲骨文。像舂米的細腰木杵形。是杵的初文。
義	舂杵。假借為地支第七位。

甲 金

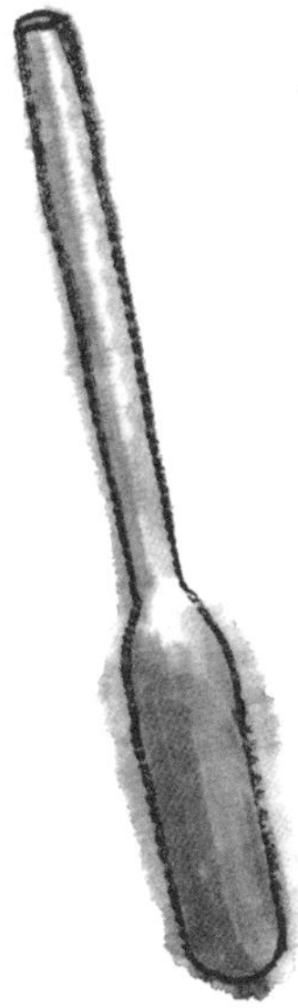

屬字 二

啎 [wǔ] 本義：觸逆

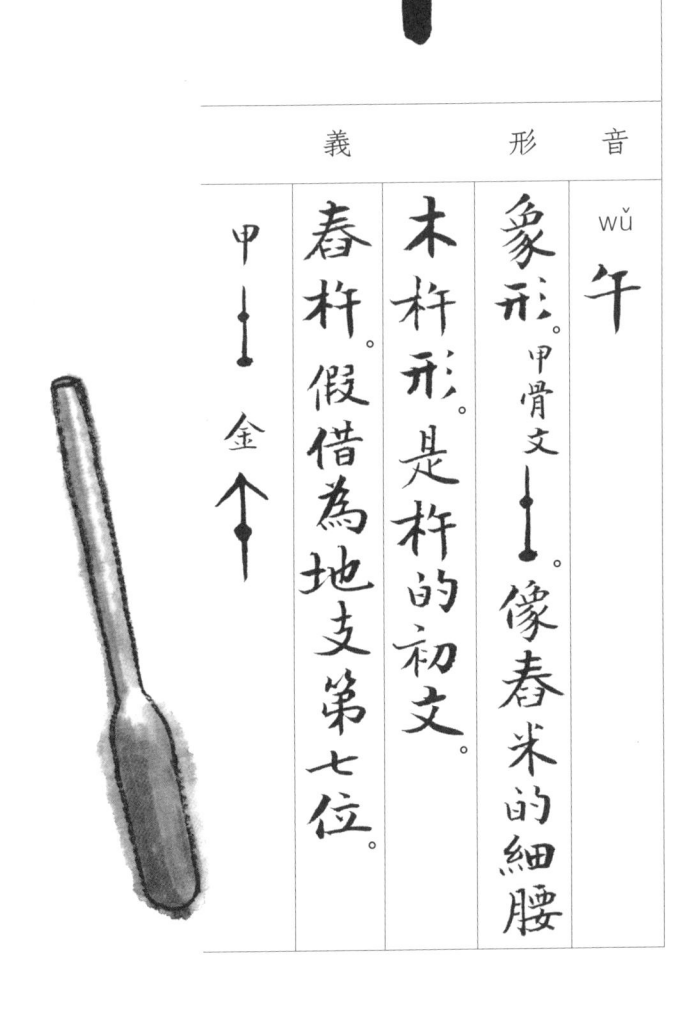

未

音	形	義
wèi 未	象形。甲骨文。像樹木枝葉重疊繁茂之形。	繁茂。假借為地支第八位。

甲 

金 

屬字 一

申

音	形	義
shēn 申	象形。金文。像閃電舒張形。篆文將閃電拉直。	閃電。伸展。地支第九位。

甲 金

屬字 四

臾 [yú] 本義：捆綁時抓住頭髮拖拉

曳 [yè] 本義：拖拉

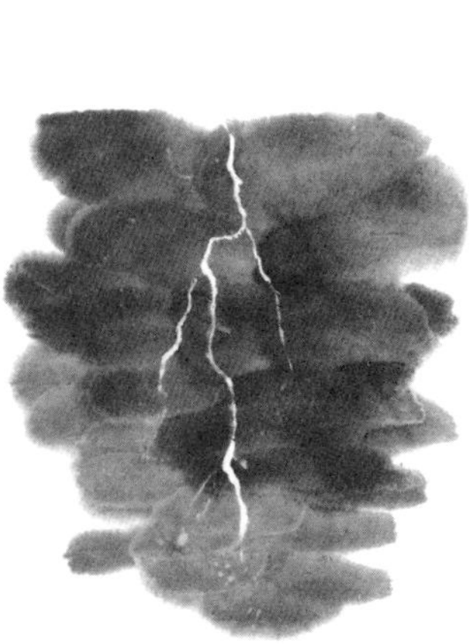

酉

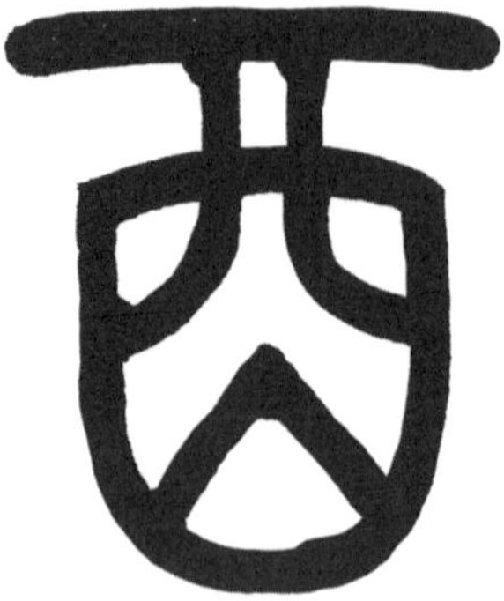

音	形	義
yǒu 酉	象形。甲骨文。像尖底的酒罈子形。	酒罈子。假借地支第十位。

甲  金 

屬字 酒 酷

六七

酋

音	形	義
qiú 酋	象形。篆文從酉。上像酒滿溢欲流出形。或酒香外溢之形。	久釀的酒。引申部落首領。

屬字 二

尊 [zūn]

本義：盛酒的器皿

戌

音 xū 需

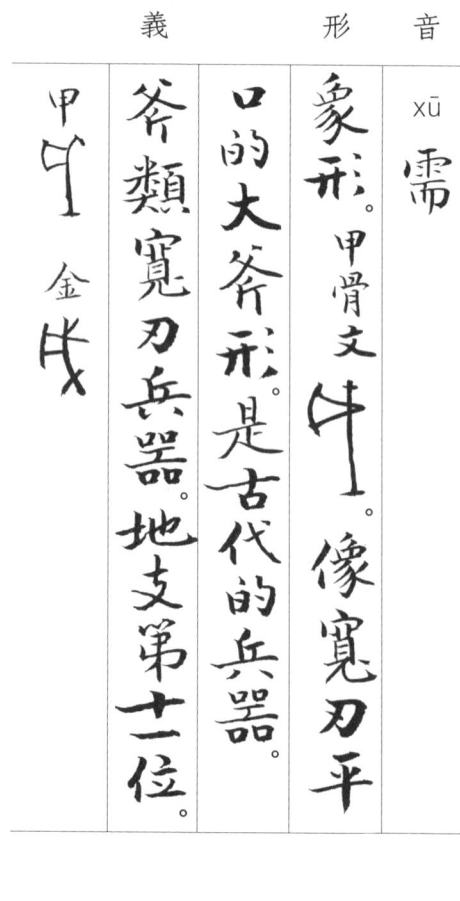

形 象形。甲骨文。像寬刃平口的大斧形。是古代的兵器。

義 斧類寬刃兵器。地支第十一位。

甲 金

屬字 一

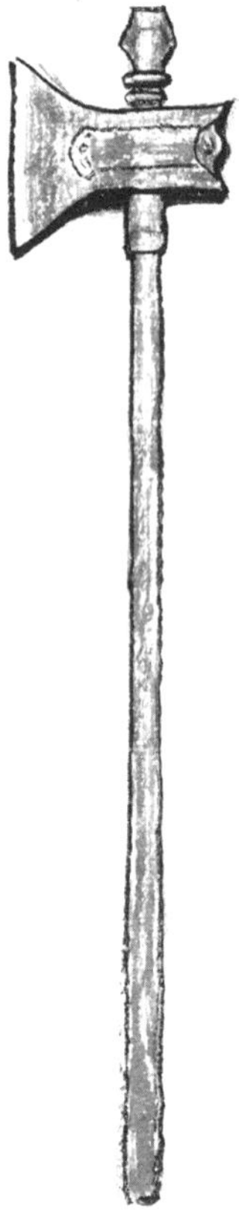

屬字 一

亥

音	形	義
hài 亥	象形。甲骨文。像刮了毛切割了頭。蹄的豬形。	切割。假借地支第十二位。

甲  金 

檢字表

【一畫】	一 二四	丨 三三	丶 一九七	ㄑ 四三六	乚 四五四	丿 四六九	乀 四七一	亅 四七七
𠃊 四七九	乙 五三七	【二畫】	亠 二五	八 三九	凵 四六	丩 七五	十 七七	又 九九
𠂇 一〇〇	𠘧 一一一	卜 一一七	刀 一六〇	乃 一七五	丂 一七六	厶 一九四	入 二〇七	冂 二一一
㔾 二六七	冖 二九八	人 三一〇	匕 三一一	𠤎 三一二	儿 三三四	卩 三六一	勹 三六六	厶 三七一
厂 三七七	巛 四三七	𠂆 四七〇	匸 四八一	匚 四八二	二 五〇二	力 五一一	几 五一六	七 五三二
九 五三三	丁 五三九	了 五四九	【三畫】	三 二七	士 三三	屮 三四	小 三八	口 四五
彳 五七	夂 五八	干 七〇	寸 一一二	幺 一四六	刃 一六一	丌 一六八	工 一七〇	亏 一八〇

亼 二〇四
夂 二二一
夊 二二六
久 二二七
才 二三三
乇 二三九
囗 二四九
夕 二六四
宀 二九二

冂 二九九
巾 三〇四
尸 三二八
彡 三五四
山 三七三
广 三七六
丸 三七八
彑 三八七
大 四一二

才 四二五
川 四三八
凡 四五三
女 四六六
亾 四八〇
弓 四八六
土 五〇三
勺 五一五
己 五四一

子 五四八
巳 五五六

【四畫】

王 二八
气 三一
牛 四二
止 五〇
歺 六二
收 八五
戏 八六
爪 九六
丮 九七
支 一〇二
殳 一〇九
攴 一一五
文 一一九
予 一五〇
丰 一六三

曰 一七四
兮 一七八
丹 一九八
井 二〇〇
木 二二九
之 二三四
币 二三五
市 二三七
日 二五四

月 二六〇
毌 二六六
片 二七二
凶 二八三
朩 二八四
冃 三〇〇
市 三〇五
从 三一三
比 三一四

壬 三一八
毛 三二六
尺 三二九
方 三三三
先 三三六
欠 三四三
旡 三四六
丙 三五〇
文 三五六

勿 三八二
冄 三八三
犬 四〇〇
火 四〇五
矢 四一四
夭 四一五
宂 四一七
亢 四二二
夫 四二六

心 四三一
水 四三三
夊 四四四
不 四五五
户 四六〇
手 四六四
毋 四六七
氏 四七二
戈 四七四

斤 五一八
斗 五一九
五 五三〇
六 五三一
内 五三四
巴 五四二
壬 五四六
𠫓 五五一
丑 五五二

午 五五七

【五畫】

示 二六
玉 二九
半 四一
癶 五一
正 五四
疋 六四
冊 六七

只 七二
句 七四
古 七六
史 一〇一
聿 一〇三
皮 一一三
用 一一八
目 一二三
白 一二七

丫 一三五
玄 一四九
歺 一五四
左 一六九
甘 一七三
可 一七七
号 一七九
皿 一九三
去 一九五

矢 二〇九
出 二三六
生 二三八
禾 二四三
旦 二五五
禾 二七六
瓜 二九〇
穴 二九五
疒 二九七

白 三〇七
北 三一五
丘 三一六
兄 三三五
司 三五九
危 三六〇
卯 三六四
包 三六七
屵 三七五

石 三八〇	夲 四二三	夰 四二四	立 四二七	永 四四一	民 四六八	氐 四七三	戉 四七五	瓦 四八五
宅 四九八	田 五〇七	且 五一七	矛 五二〇	四 五二六	宁 五二七	甲 五三六	丙 五三八	戊 五四〇
卯 五五四	未 五五八	申 五五九	【六畫】	艸 三五	吅 四七	此 五三	延 五九	行 六〇
舌 六九	赤 七八	辛 八二	共 八七	聿 一〇四	臣 一〇八	自 一二六	羽 一三一	羊 一三七
丝 一四七	叐 一五二	死 一五五	冎 一五六	肉 一五八	㓞 一六二	耒 一六四	竹 一六六	旨 一八一
虍 一九〇	血 一九六	缶 二〇八	舛 二二二	叒 二二三	㫃 二五七	有 二六一	多 二六五	朿 二七一
米 二八〇	臼 二八二	亦 二八七	网 三〇二	襾 三〇三	似 三一七	𠂤 三二二	衣 三二三	老 三二五
舟 三三二	兆 三三八	先 三三九	后 三五八	印 三六二	色 三六三	由 三七〇	屾 三七四	危 三七九

而 三八四	亦 四一三	交 四一六	囟 四二九	㫃 四四二	至 四五六	西 四五七	耳 四六二	匝 四六三
曲 四八三	弜 四八七	糸 四九〇	虫 四九四	劦 五一二	幵 五一四	𠂤 五二二	厽 五二五	戌 五六二
亥 五六三	【七畫】	釆 四〇	告 四四	走 四九	步 五二	辵 五六	足 六三	谷 七一
肉 七三	言 七九	臼 九〇	華 一四四	奴 一五三	角 一六五	巫 一七二	豆 一八六	皀 二〇一
旱 二一五	弟 二二五	束 二四七	貝 二五一	邑 二五二	囧 二六三	克 二七四	呂 二九四	网 三〇一
身 三二一	尾 三三〇	皃 三三七	禿 三四〇	見 三四一	次 三四五	百 三四八	彣 三五五	豕 三八五
豸 三八九	囱 四〇八	赤 四一一	谷 四四三	我 四七六	系 四八九	卯 五〇一	里 五〇六	男 五一〇
車 五二一	辛 五四四	辰 五五五	酉 五六〇	【八畫】	玨 三〇	隶 一〇六	臤 一〇七	㸚 一二〇

佳 一三二
重 一四八
放 一五一
虎 一九一
青 一九九
京 二一三
㐭 二一七
來 二一九
東 二三〇
林 二三一
明 二六二
彔 二七五
𣏟 二八五
帛 三〇六
㡀 三〇八
臥 三二〇
長 三八一
帚 三八六
昜 三九一
免 三九八
炏 四〇一
炎 四〇六
炙 四一〇
幸 四二〇
林 四三四
雨 四四五
非 四五二
門 四六一
甾 四八四
弦 四八八
金 五一三
皀 五二三
癹 五二八
亞 五二九
庚 五四三

【九畫】

是 五五
品 六五
音 八一
革 九三
复 一二一
眉 一二四
盾 一二五
首 一三六
壴 一八三
食 二〇三
亯 二一四
韋 二二四
鹵 二六九
香 二七九
耑 二八八
韭 二八九
重 三一九
頁 三四七
面 三四九
首 三五一
県 三五二
茍 三六八
皃 三九七
思 四三〇
泉 四三九
飛 四五一
風 四九七
垚 五〇四
癸 五四七
孨 五五〇
酋 五六一

【十畫】

哭 四八
丵 八三
舁 八九
鬲 九四

門 九八	朋 一三三	烏 一四三	冓 一四五	骨 一五七	豈 一八五	卷 二〇二	倉 二〇六	高 二一〇
畗 二一六	桀 二二八	乑 二四〇	員 二五〇	倝 二五六	冥 二五八	柬 二六八	秝 二七七	宮 二九三
髟 三五七	鬼 三六九	馬 三九三	能 四〇三	竝 四二八	素 四九一	畕 五〇八	【一一畫】	殺 一一〇
教 一一六	習 一三〇	奞 一三三	鳥 一四二	麥 二二〇	巢 二四五	桼 二四六	麻 二八六	瓠 二九一
豚 三八八	鹿 三九五	魚 四四七	鹵 四五八	卒 四六五	率 四九三	堇 五〇五	寅 五五三	【一二畫】
茻 三七	品 六八	業 八四	異 八八	畫 一〇五	皕 一二九	雈 一三四	筋 一五九	珏 一七一
喜 一八二	舜 二二三	華 二四二	晶 二五九	黍 二七八	黹 三〇九	毳 三二七	須 三五三	舄 三九〇
象 三九二	莧 三九九	黑 四〇七	焱 四〇九	壺 四一八	壹 四一九	奢 四二一	悤 四三二	雲 四四六

琴 四七八
絲 四九二
蚀 四九五
黄 五〇九
【一三畫】
鼓 一八四
豊 一八七
虛 一八九
會 二〇五
啚 二一八
䇺 二四一
跁 二五三
鼎 二七三
裘 三二四
辟 三六五
蒐 三七二
廌 三九四
鼠 四〇二
黽 五〇〇
【一四畫】
蓐 三六
詰 八〇
晨 九一
瞢 一一四
鼻 一二八
箕 一六七
齊 二七〇
覞 三四二
熊 四〇四
辡 五四五
【一五畫】
犘 四三
齒 六一
稽 二四四
履 三三一
㱃 三四四
餌 五二四
罟 五三五
【一六畫】
彌 九五
雔 一四〇
虩 一九二
亶 二一二
毇 二八一
燕 四四九
龍 四五〇
龜 四九九
【一七畫】
龠 六六
【一八畫】
彝 一三八
瞿 一三九
豐 一八八
櫜 二四八
蟲 四九六
【一九畫】
瀕 四三五
【二一畫】
㝱 二九六
【二二畫】
鱻 四四八
【二四畫】
雥 一四一
【二五畫】
鹽 四五九
【二七畫】
纝 四四〇
【二九畫】
爨 九二
【三三畫】
麤 三九六